Arqueología e Historia del mundo antiguo: contribuciones brasileñas y españolas

Edited by

Pedro Paulo A. Funari
Dionisio Pérez-Sanches
Glaydson José da Silva

BAR International Series 1791
2008

Published in 2016 by
BAR Publishing, Oxford

BAR International Series 1791

Arqueología e Historia del mundo antiguo: contribuciones brasileñas y españolas

ISBN 978 1 4073 0279 9

© The editors and contributors severally and the Publisher 2008

The editors are grateful for the financial support of FAPESP – Fundação de Amparo à Pesquisa do Estado de São Paulo.

The authors' moral rights under the 1988 UK Copyright,
Designs and Patents Act are hereby expressly asserted.

All rights reserved. No part of this work may be copied, reproduced, stored,
sold, distributed, scanned, saved in any form of digital format or transmitted
in any form digitally, without the written permission of the Publisher.

BAR Publishing is the trading name of British Archaeological Reports (Oxford) Ltd.
British Archaeological Reports was first incorporated in 1974 to publish the BAR
Series, International and British. In 1992 Hadrian Books Ltd became part of the BAR
group. This volume was originally published by Archaeopress in conjunction with
British Archaeological Reports (Oxford) Ltd / Hadrian Books Ltd, the Series principal
publisher, in 2008. This present volume is published by BAR Publishing, 2016.

Printed in England

BAR titles are available from:

        BAR Publishing
        122 Banbury Rd, Oxford, OX2 7BP, UK
EMAIL   info@barpublishing.com
PHONE +44 (0)1865 310431
FAX   +44 (0)1865 316916
        www.barpublishing.com

Arqueología e Historia del mundo antiguo: aproximaciones periféricas

La arqueología e historia del Mundo Antiguo componen uno de los más distinguidos campos académicos: los estudios de la antigüedad clásica o, para ser más precisos, la arqueología e historia de la antigüedad clásica. La arqueología de la antigüedad clásica, entendida como actividad académica, emergió de la Filología y fue puesta en práctica dentro de instituciones dedicadas a los *clásicos*. En varios campos, la arqueología y la historia del arte eran consideradas como semejantes, puesto que el estudio de los restos materiales del mundo antiguo estuvo relacionado, desde un principio, con la arquitectura, la escultura y la pintura. La arqueología de la antigüedad clásica también estuvo relacionada, directamente, con las ambiciones imperiales de los estados británico, francés y alemán, así como con las de los Estados Unidos, lo que resultó en la fundación de importantes instituciones arqueológicas en Atenas y Roma, concretamente la *British School,* la *École Française,* el *Deutsches Archäologisches Institut* y la *American Academy*, desde el siglo XIX, escuelas que luego fueron seguidas por otras, ubicadas cerca de otros sitios *clásicos*. La arqueología de la antigüedad clásica estuvo ligada, directamente, con las políticas imperialistas.

La arqueología de la antigüedad clásica, definida como el estudio arqueológico de Grecia y Roma, tiene sus orígenes en la filología y su núcleo metodológico es filológico. La propia definición de su objeto de estudio está basada en los lenguajes escritos utilizados por esté último campo, el Griego y el Latín. Por estar estrechamente relacionada con ambas lenguas, es común que los arqueólogos de esta área deban aprenderlas y profundizar en el estudio de sus áreas culturales de origen. Los arqueólogos de la antigüedad clásica son, entonces, por definición, helenistas o romanistas y, la especialización temprana en uno de estos universos, es algo común. Detrás de estos rasgos está la presunción de que los arqueólogos estudian civilizaciones diferentes, un concepto de origen alemán que sirve para referirse a una - algo ambigua - mezcla de costumbres, *ethos,* y otros aspectos subjetivos de la identidad comunitaria. La disciplina, por haberse desarrollado como efecto secundario del estado-nación moderno, tendió a interpretar el mundo greco-romano como si fuera homogéneo, como si se tratara de sus contrapartes modernas. En ese mismo sentido, como en los estados modernos se acostumbraba a considerar la idea de que ellos estaban llevando la civilización superior de Occidente a sus pueblos colonizados e inferiores, supuestamente sedientos por adoptarla, los académicos del área acuñaron los términos "helenización" y "romanización" para referirse a la adopción de los rasgos, supuestamente superiores, griegos y romanos, y a las modas de su cultura material. Otro rasgo, asociado con la arqueología de la antigüedad clásica, enraizado en sus orígenes filológicos, es la importancia de la evidencia arqueológica escrita, estudiada por arqueólogos especializados en epigrafía y paleografía. La publicación de inscripciones desde mediados del siglo XIX ha sido un importante objetivo del arqueólogo de la antigüedad clásica, y fue la publicación de un *corpus* de inscripciones la que sirvió como modelo de la publicación académica de artefactos arqueológicos. El *Corpus Vasorum Antiquorum* y el *Lexicon Iconographicon Mythologiae Classicae,* son dos distinguidos ejemplos del modelo filológico de publicación de iconografía arqueológica. La arqueología de la antigüedad clásica también desarrolló una amplia variedad de campos de estudio, desde el análisis de monedas, o numismática, hasta el estudio de ánforas, todos ellos caracterizados por la publicación de *corpora* de artefactos, acompañados tradicionalmente por extensas referencias al estilo alemán.

Dentro de este contexto global, y desafiando los enfoques tradicionales de la disciplina, el presente volumen es el resultado de puntos de vista periféricos. Los autores que han contribuido con él provienen de la periferia europea y mundial – España y Brasil – y comparten un interés marcado por la promoción y desarrollo de nuevas formas de interpretar el mundo antiguo. Sin negar la importancia de la tradición, y mucho menos, sin desconocer la amplísima producción académica proveniente de los países del centro, los colaboradores creen firmemente que, una aproximación desde la periferia, puede resultar bastante "iluminador". La mayoría de las personas del mundo antiguo vivieron vidas periféricas, en los límites; y, quizás, nuestras percepciones modernas pueden producir miradas originales, útiles, incluso para los académicos del centro. Los colaboradores abogan por la diversidad de aproximaciones y apoyan la mezcla complementaria de arqueología e historia como una forma de entender las sociedades de la antigüedad. La publicación de este volumen en español también es un mensaje político, ya que adopta una lengua periférica – el castellano – el cual, paradójicamente, es hablado por cientos de millones en varios países y es una de las lenguas más importantes de hoy en día.

Archaeology and history of the ancient world: peripheral approaches

Archaeology and history of the ancient world is a most distinguished scholarly field: classical studies, or more precisely, classical archaeology and history. Classical archaeology as a scholarly endeavour sprung from philology and was usually practised within institutions devoted to the classics. In several quarters, archaeology and art history were considered as twin subjects, as the study of the material remains of the ancient world was first concerned with high style architecture, sculpture and painting. Classical archaeology was also directly linked to the imperial ambitions of the British, French and German states, as well as from the United States and the result was the founding of important archaeological institutions in Athens and Rome, namely the British School, the École Française, the Deutsches Archäologisches Institut and the American Academy, from the mid nineteenth century, followed by archaeological schools in several other classical sites. Classical archaeology was thus directly linked to imperialist policies.

Classical archaeology, as the archaeological study of Greece and Rome, is rooted in philology and its core methodology is philological. The definition itself of its subject is based on the written languages used, Greek and Latin. As it is linked to the study of those languages, usually the classical archaeologist must also learn Greek and Latin and then specialise in one of these two languages and cultural areas. Classical archaeologists are thus almost by definition Hellenists *or* Romanists, and the early specialisation in one of those fields is generalised. Underlying these features of the discipline is the assumption that archaeologists study different civilisations, a concept of German origin to refer to a rather ambiguous mix of customs, ethos and other subjective aspects of a common identity. As the discipline developed as a side-effect of the modern nation state, it interpreted the ancient Greek and Roman worlds as homogeneous entities, like their modern counterparts. In the same direction, as the modern states considered that they were spreading superior Western civilisation to inferior colonised peoples, eager to adopt the more developed Western culture, classical scholars coined the terms "hellenisation" and "romanisation" to refer to the adoption of supposedly superior Greek and Roman traits, not least, material culture fashions. Another feature associated to classical archaeology and rooted in its philological origins is the importance of written archaeological evidence, studied by archaeologists specialising in epigraphy and palaeography. The publication of inscriptions since the mid nineteenth century has been an important aim of the classical archaeologist and the publication of a corpus of inscriptions served as the model for the scholarly publication of archaeological artefacts. The Corpus Vasorum Antiquorum and Lexicon Iconographicon Mythologiae Classicae are two distinguished examples of the philological model in the publication of archaeological iconography. Classical archaeology has also developed a wide variety of fields, from the study of coins, or numismatics, to the study of amphorae, all of them characterised by the publication of corpora of artefacts, usually with German style comprehensive references.

In this overall context, and challenging traditional approaches to the discipline, this volume is the result of peripheral outlooks. The contributors are in the periphery of Europe and of the world – Spain and Brazil -, sharing some concerns for the fostering of new ways of interpreting the ancient world. Without denying the importance of tradition, and even less dismissing the huge scholarly production in the core countries, the contributors do believe that a peripheral approach can be enlightening. Most people in the ancient world lived peripheral lives, at the fringes in several senses, and perhaps our modern perceptions can produce original insights, useful including for scholars at the core. Furthermore, the contributors pledge for a diversity of approaches, and support a complementary mix of archaeology and history for understanding ancient societies. The publication of the volume in Spanish is also a political statement, fostering both a peripheral language – Spanish – which, paradoxically, is understood by hundreds of millions in several countries, being one of the most important languages today.

Table of Contents

Antigüedad Clásica en Brasil: la antigüedad tardia através de Las Monedas del Museo
Histórico Nacional / Río de Janeiro
CLÁUDIO U. CARLAN 1

Logos Cristiano y *Logos* Griego en el universo político cultural del siglo IV D.C.: Apuntes sobre *Contra Juliano*
MARGARIDA M. CARVALHO 5

El performance musical: entre lo sagrado y lo profano
FÁBIO V. CERQUEIRA 13

Identidades y conflictos: la arena romana en discusión
RENATA GARRAFFONI 21

Luchando contra el tiempo: análisis de algunas construcciones severianas en la ciudad de Roma
ANA T. M. GONÇALVES 31

Un estudio hermenéutico de la *egiptomanía* y la egiptología
RAQUEL S. FUNARI 37

Brasileños y romanos: colonialismo, identidades y el rol de la cultura material
PEDRO P. A. FUNARI 41

Ciudadanía, esclavitud y conflicto social en los tiempos de Nerón
FÁBIO D. JOLY 47

La noción de frontera en estrabón y Diodoro De Sicilia
AIRTON POLLINI 55

La moneda romana con mención imperatoria hasta la muerte de César
PILAR RIVERO-GRACIA 61

Historia Antigua: nuevas posibilidades de investigación
IVAN E. ROCHA 67

Plutarco y la politica imperial
MARIA A. O. SILVA 73

Nazismo fascismo y vichismo: la historia y la arqueología al servicio de los regímenes autoritarios de Europa
GLAYDSON J. SILVA 79

Plinio el Joven saluda a sus amigos y familiares: la vida cotidiana romana a través de sus cartas
RENATA L. B. VENTURINI 87

Tierra y libertad: libertos y ***institores*** en el ***ager barcinonensis*** (Barcelona)
ORIOL OLESTI-VILA & CÉSAR CARRERAS-MONFORT 93

Antigüedad Clásica en Brasil: la antigüedad tardia através de Las Monedas del Museo Histórico Nacional / Río de Janeiro

Cláudio U. Carlan

doctor en Historia – Universidad Estadual de Campinas

Introducción

La Moneda: un documento alternativo

Hay en Brasil un grande número del documentos que retratan la Antigüedad Clásica, en especial la Greco – Romana. No apenas las fuentes escritas, pero también ligadas la cultural material como estudo arqueológico del edificio, estatua, cerámica, pinturas, monedas, entre otras categorías de artefacto (Funari, 2003: 96). Es exactamente sobre las monedas que nosostros destacaremos.

Las monedas han sido estudiadas por los historiadores bajo el prisma de mercadería, objeto de cambio. Buscó juntarla con la historia social, o sea, con los reflejos que la mutación monetaria produjo en la sociedad a nivel de salarios, costo de vida e los consecuentes comportamientos colectivos ante éstos. El estudioso de la moneda se ha preocupado más con el cuerpo económico social que ella servía que con el metal que producía y la informaba. Estructuralmente éste transponía los límites geográficos del poder que la emitía y definía ideológicamente no sólo un pueblo, pero también la civilización a la que éste pertenecía.

Durante mucho tiempo, la numismática se quedo confinada a las reservas técnicas de los museos, no sendo el principal objeto de estudos o análisis. Quedando solamente como soporte para la documentación escrita. Com la fundación de las sociedades numismáticas, siglo XIX, las monedas enpezaran a tener una cronología específica. En la Escuela de los Ananles, es instituída una nueva visión de documento, entre ellos la iconografía. La moneda pasa ser mirada como un documento alternativo, una relación entre emisor y receptor.

Lo estudos clásicos en Brasil y la Colección del Museo Histórico Nacional / RJ

En Brasil lo estudo de la Historia Antigua siempre se quedo a un plano secundário. Un área poco importante, direccionada por lo romantismo y curiosidad sobre civilizaciones "desaparecidas". El cine reforzo esa idea sobre lo asunto. Amor y aventura en un mundo perfecto, sin miseria, pobreza, amble. Apenas hombres fuertes y mujeres belísimas (Carlan, 2005: 148).

En las universidades brasileñas un grande numero de becas son direccionadas, para las ciencias exactas. Quedandose, en un plano pequeño, Historia del Brasil. La Antigüedad queda en un tercero plano. ¿"Por que estudiar Egito, Grecia y Roma en una nación que no tuve contacto directo con eses pueblos "? Todos los estudiantes y pesquisidores de la Antigüedad escucharan esas críticas.

Olvidan de la grande influencia de las civilizaciones clásicas en nuestra cultura y sociedad. Muchos costumbres estan ligados directamente (Funari, 2003: 96) a eses pueblos. Constumbres que no recordamos más. La lengua (latin), las leys (Derecho Romano), en las artes, en los ditos populares.

El Museo Histórico Nacional, localizado en la plaza 151, en la ciudad del río de Janeiro, tiene la más grande colección numismática del América Latina. El acervo del Museo es superior 130 mil monedas. Desde la primer acuñación, en la Lígia, hasta el euro. También hay otras piezas en exposición, como las carruajes del siglos XVII, XVIII y XIX; las armas y medallas del Imperio Brasileño, el fabuloso "patio de los cañones", la estatua del Imperador D. Pedro II, a caballo, en yeso[2].

El origen de la colección es un tanto obscuro. El cuerpo técnico del museo cree que la mayor parte de las piezas fue legado, en 1921, de la grande colección reunida por el comendador Antonio Pedro a la Biblioteca Nacional, donde el su antiguo director, Ramiz Galvão, desde 1880 había empezado a formar lo que más tarde vendría a ser la "colección oficial brasileña" (Vieira, 1994: 23)

Antonio Pedro reunió una colección de 13.941 monedas y medallas que comprende, entre otros núcleos expresivos, 4.559 monedas y 2.054 medallas portuguesas y 4.420 monedas de la Antigüedad.

Es también posible que algunos ejemplares sean precedentes de las colecciones de la familia imperial, legadas por el imperador D. Pedro II al museo Nacional en 1891 e incorporadas por la Biblioteca Nacional en 1896.

En 1922, cuando el museo Histórico Nacional fue creado, el decreto que lo instituyó también determinó que el acervo

---

[1] Local donde la família regia portuguesa desembarco en el Río de Janeiro (1808).
[2] Estatua comemorativa por la Victoria Del ejército brasileño en la Guierra del Paraguai (1865).

numismático existente en la Biblioteca Nacional – así como en otras instituciones como el Archivo Nacional y la Casa de la Moneda – fuera para allí transferido. En el momento en que efectuó la cesión, la colección total ultrapasaba las 48 mil piezas. Hoy ella llega a la aproximadamente 130 mil.

En 2002, durante la fiesta de 80 años del Museo, fue inaugurada la exposición permanente, con las monedas más bien preservadas de lo acervo.

La colección romana es superior a siete mil piezas. En nostra pesquisa trabajamos con las monedas del siglo IV d.C., más precisamente de la Tetrarquia hasta la división del Imperio realizada por Teodósio I. Un total de 1888 monedas[1].

Poder, legitimación y representación en la Antigüedad Tardia

El hombre contemporáneo difícilmente puede unir la moneda a un medio de comunicación entre pueblos distantes. Al poseedor romano de una determinada especie monetaria desconocida, ésta le hablaba por el metal noble o no en que era cuñada, por el tipo de legenda. El primero le informaba la riqueza de un reino y los otros dos elementos le decían algo sobre el arte, o sea, el mayor o menor refinamiento técnico usado en el fabrico del numerario circulante, sobre el poder emisor y, sobretodo, sobre la ideología político-religiosa que le daba el cuerpo. Es dentro de este último aspecto que pretendemos explorar la fuente numismática.

Gran parte de esa colección es compuesta por monedas de bronce, naturalmente más gastas, debido su mayor circulación en las capas más populares del Imperio, que las de plata o de oro. Y, artísticamente hablando, de categoría inferior, están determinadas por factores históricos precisos y definidos; o su estudio puede venir a elucidar rasgos fundamentales del momento histórico en que esas piezas se difunden.

Enseñando una análisis, identificando las monedas del período, decubrimos una gran variedad y riquezas de informaciones en las piezas. La propia colección del Museo aunque es poco conocida, prácticamente inédita en los estudios académicos brasileños.

La relación emisor / receptor es identificada en las acuñaciones durante el siglo IV. Diocleciano, Galério, Constâncio I, Maximiano, Severo Augusto, Maximino Daia, acuñaran monedas con representaciones semejantes: GENIO AVGVSTI, GENIO POPVLI ROMANI, VIRTVTI EXERCITVS, CONCORDIA MILITVM, SAC MON VRB AVGG ET CAESS NN, VOT XX. Ellos defendían la salvación del Imperio, volviendo al pasado y sus divinidades, mirando una ideología a través del vehículo propagandista, donde toda la población tenia contacto: la moneda.

Los símbolos que habitan la numismática están dotados siempre de una clara organización hieroglífica, pues proceden del hecho de que esas imagines difundidas se articulan siempre con el idioma figurado, en lo cual el poder se expresa secularmente. Se trata, según de la Flor, del surgimiento de representaciones de águilas, leones, como también de torres, cruces (1995: 183), dc la fénix, de imperadores o de personajes pertenecientes a una elite político-económica, que representan la órbita de acción del poder, llegando al punto en que la numismática puede ser definida"como un monumento oficial al servicio del Estado."

Así siendo, analizamos los símbolos reproducidos nos reversos monetarios, como ejemplo, la imagine femenina con la cornucopia o una cesta de frutas, presentes también en las monedas republicanas brasileñas de 1926, en las piezas de Maximiano y Constancio II, con la legenda SALVIS AVGG ET CAESS...; La África, granero del Imperio, junto de un elefante, en las acuñaciones de Maximiano. FELIX ADVENT AVGG; dos legionarios con dos estandartes, acuñadas para los sueldos del los legionarios, GLORIA EXERCITVS, también presentes en monedas de otros imperadores del siglo IV (Fig. 1)

Constantino (317), empeñas las asociaciones de los símbolos paganos con los cristianos, en los reversos monetarios. Los símbolos no fueran sustituidos, y sí asociados a ideología imperial. Esa simbología del divinidades romanas esta presente en varias piezas acuñadas en siglos posteriores, mismo en Brasil del siglo XX. En un segundo momento el esquema del Imperador derrotando sus enemigos, como en los AE CENTENIONALIS2 de Constancio II.

En un período en que las legiones romanas preparaban para las peleas contra los persas sassânidas3, Constancio II acuña monedas donde una cabalero, el propio Imperador, con una aureola elíptica, que representa la radiación de la luz espiritual, derrotando un enemigo persa, otro cabalero, con la rodillas en suelo, en posición de arrepentimiento (Fig. 2). Segundo Chevitarese, la imagine del cabalero armado, derrotando su enemigo es un símbolo natural de la Victoria (2003: 119).

La moneda, como documento, puede informar sobre los más variados aspectos de una sociedad. Tanto político y estatal, como jurídico, religioso, mitológico, estético. Según Mendes, son estas concepciones ideológicas, constituyendo una especie de derecho divino, del gobernante, de influencia persa, en el cual ocurre una aproximación con la divinidad (2002: 124). Todo lo que rodeaba los imperadores, paganos como Juliano o cristianos como Constancio II, era considerado sagrado. En las numarias acuñadas en el período, se nota en la efigie la aureola apretando la cabeza

---

[1] Junto con algunas monedas encontramos el recibo de compra, Del siglo XIX (Portugal y España).

[2] Padrón monetário que entro en circulación con Constancio II, en el Oriente, y Constante en el Occidente. Era más pesada que las monedas de Constantino, pero fue preciso devaluar su valor real.

[3] La dinastia Sassânida (224 – 651), así llamado em honor a Sassan, antepasado lengendario Del primer rei Aldachir I, fue um constante tormento para Roma.

Fig. 1. Anverso: FL IV CONSTANTIVS NOB C; busto encorazado, a la derecha. Es común en las acuñaciones con esa titulación NOB C (nobilísimo César, título exclusivo de los miembros de la familia imperial) la imagen del emperador con ropas militares (encorazado).
Reverso: GLORIA EXRCITVS; dos legionarios, armados de astas con armadura, cabezas vueltas para el centro de la pieza. Arriba del estandarte central el símbolo O. La legenda demuestra la importancia del ejército en el Cuarto Siglo Cristiano. En el exergo o línea de tierra SCONT. Acuñada en el año de 337 en Constantinopla.
Denominación: AE 4. Peso: 1,96g.

Fig. 2. Anverso: DN CONSTANTIVS PF AVG; busto diademado a la izquierda, con el manto imperial. A la izquierda, en la mano derecha, el globo, símbolo del poder real. La letra N, uno de los símbolos que identifican las acuñaciones de Constancio II, a la derecha.
Reverso: GLORIA ROMANORVM; imperador representado a caballo, de armadura, lanza, brinca sobre un enemigo suplicante. Una vez más la letra N a la izquierda. El caballo sobre las dos patas (parecido a San Jorge) pisotea el escudo del enemigo. La aureola en vuelta de la cabeza del caballero diviniza la imagen del imperador. Exergo RT. Acuñada en Roma en el año de 350.
Denominación: AE centenionalis. Peso: 4,53g.

del gobernante. Ocurre una exaltación o, hasta mismo, una legitimación del poder real.

Conclusión

Florenzano afirma que la moneda es la imagine reducida de una idea, que tiene sus objetivos ideológicos y políticos, no solamente el económico (2002: 59). Los grandes depósitos monetarios se quedaban en los templos y santuarios.

Cuando colocan el busto del soberano y sus insignias, estaremos delante una utilización directa de la imagine, para interpretar los conflictos políticos, mostrando como ciertas fórmulas de representación pueden ser impostas, en una "pelea simbólica" (Ginzburg, 1980: 74).

La impresión iconográfica de las monedas, dejándose de lado las inscripciones, revela figuras diversas: animales, vegetales, blasones, objetos edificios y emblemas más o menos estilizados. Generalmente, estas figuras se refieren al local de acuñación y a la respectiva autoridad, designada de un modo claro para sus contemporáneos por una figura, una actitud, o atributos cuyos significados hoy muchas veces nos escapan.

Esas representaciones son comúnmente alegóricas o simbólicas y el mensaje que transmiten va, casi siempre, más allá de los rasgos visibles. Se encuentran con frecuencia, en esas monedas, nombres de ciudades, países, festivales, monumentos famosos, divinidades, miembros de una familia, que auxilian en la interpretación de su significado y sentido.

Se trata de una exposición de ideas, una composición de emblemas, como el birrete frigio que tiene el significado de libertad, la cornucopia que remete a la abundancia, y la concordia representa la unión de los esfuerzos. En algunos casos también son representadas por manos estrechadas. Otras coberturas, como el velo, que puede indicar modestia o viudez, birretes y yelmos, indicando campañas militares, la ornamentación con la corona de laureles (laureadas), que tienden a asimilar aquellos que las llevan a la divinidad, también son comunes en las representaciones monetarias.

Debemos dejar claro que cualquier sistema de símbolos es una invención o refinamiento de lo que fueron, en otros tiempos, percepciones del objeto dentro de una mentalidad despojada de imagines, tornando el lenguaje visual universal.

Agradecimientos

Agradecemos al profesor Dionísio Pérez – Sanchés y los compañeros de la UNICAMP, en especial a Pedro Paulo Abreu Funari e Glaydson José da Silva, por la oportunidad de cambiarmos ideas, y también a Ciro Flamarion Santana Cardoso, Maria Beatriz Borba Florenzano, Vera Lúcia Tosttes, Rejane Maria Vieira, Eliane Rose Nery, Edinéa da Silva Carlan, Francisca Santiago da Silva, Ilma Dias Corrêa da Silva. Mencionamos, aunque, el apoyo institucional del Núcleo de Estudos Estratégicos (NEE/Unicamp) y de la CAPES. La responsabilidad por las ideas restringese al autor.

Referencias bibliograficas

A) Catalogos/ Diccionarios/ Enciclopedias

CHEVALIER, Jean; GHEERBRANT, Alain. *Dicionário de Símbolos*. 8a. ed. Tradução: Vera Costa e Silva, Raul de Sá Barbosa, Ângela Melim, Lúcia Melim. Rio de Janeiro: Editora José Olympio, 1994.

COHEN, Hernry. *Description Historique des Monnaies. Frappés Sous L'Empiere Romain*. Communément Appelées Médailles Impériales. Deuxième Edition. Tome Septième e Huitième. Paris: Rollim e Feuardent, Éditeurs, 1880-1892.

JUNGE, Ewald. *The Seaby Coin Encyclopaedia*. Second impression with revisions. London: British Library, 1994.

ROMAN IMPERIAL COINAGE. Edited by Harold Mattingly, C.H.V. Sutherland, R.A.G. Carson. V. VIII. London : Spink and Sons Ltda, 1983.

B) Obras Generales

CARLAN, Cláudio Umpierre Carlan. Numismática / Documento / Arqueologia: a cultura material e o ensino da História. In: *Cadernos de História*, n. 12 / 13. v. 1. Uberlândia: UFU, Instituto de História, Centro de Pesquisa em História, 2005, p. 148.

CARLAN, Cláudio Umpierre. Imagens de Roma: ideologia e propaganda no Quarto Século Cristão. In: *Fragmentos de Cultura*. V. 15, n. 8. Goiânia: Universidade Católica de Goiás, 2005.

CHARTIER, Roger. *A História Cultural*: entre práticas e representações. Rio de Janeiro: Bertrand, 1990.

CHEVITARESE, André Leonardo. Salomão e Cultura Helenística. In: *Fragmentos de Cultura*, n. 13. Revista da Pontifícia Universidade Católica de Goiânia. Goiás, 2003, p. 117-135.

FLOR, Fernando R. de La. *Emblemas Lectures de La Imagem Simbólica*. Madrid: Alianza Editorial, 1995.

FLORENZANO, Maria Beatriz B. Numismática e História Antiga. In: *Anais do 1º Simpósio Nacional de História Antiga*. João Pessoa: 1984.

FLORENZANO, Maria Beatriz B. "O Outro Lado da Moeda" na Grécia Antiga. In: *O Outro Lado da Moeda*. Livro do Seminário Internacional. Rio de Janeiro: Museu Histórico Nacional, 2001.

FUNARI, Pedro Paulo Abreu. A Renovação no Ensino de História Antiga. In: KARNAL, Leandro (org.). *História em Sala de Aula*. São Paulo: Contexto, 2003, p. 96.

FUNARI, Pedro Paulo de Abreu. *Grécia e Roma*: vida pública e privada. 2ª ed. São Paulo: Contexto, 2002.

GINZBURG, Carlo. *A Micro-História e outros ensaios*. Tradução de Antônio Narino. Lisboa: Difel,1989.

MENDES, Norma Musco. *Sistema Político do Império Romano do Ocidente*: um modelo de colapso. Rio de Janeiro: DP&A Editora, 2002.

REMESAL RODRÍGUEZ, Jose. *Promoción social en el Mundo Romano através Del comercio*. In: MARCO SIMÓN, F. PINA POLO, F. REMESAL RODRÍGUEZ, J. *Vivir em Tierra Extraña*: emigración e integración cultural em el Mundo Antiguo. Actas de la reunión realizada em Zaragoza los dias 2 y 3 de junio de 2003. Barcelona, 2004.

VIEIRA, Rejane Maria Lobo. Uma grande coleção de moedas no Museu Histórico Nacional? In: *Anais do Museu Histórico Nacional*, volume 27, 1995.

VIEIRA, Rejane Maria Lobo. *A Imagem do Rei e do Reino de Portugal Através das Moedas de D. Fernando (1367-1383)*. Niterói: Instituto de Ciências Humanas e Filosofia, 1994.

Logos Cristiano y *Logos* Griego en el universo político cultural del siglo IV D.C.: Apuntes sobre *Contra Juliano*

MARGARIDA M. CARVALHO

Doctora en História – FFLCH/USP. Profesora de História Antigua – Universidad Estadual de São Paulo (Unesp-FHDSS)

Introducción [1]

En el momento en que me refiero a *Logos* Cristiano y *Logos* Griego en el siglo IV d.C., siglo incluido en el arco cronológico del período denominado Antigüedad Tardía (III-VI d.C.), estoy refiriéndome a la formación intelectual de Gregorio de Nazianzo y a algunos breves comentarios sobre el tema en relación en Juliano Emperador.

Por lo tanto, ingreso en la atmósfera de la oratoria del siglo IV d.C. cuando el poder imperial apoyó a los cristianos y, principalmente, a los obispos cristianos que empezaban una nueva relación con el poder político. El discurso cristiano, en esa época, legitimó el recién descubierto poder político y aseguró su propagación a las futuras generaciones. Otra cuestión a ser destacada es que, fundamentalmente en este siglo, ocurre la conquista de la cultura clásica por el cristianismo. La verdad es que desde el siglo I d.C. los autores cristianos iban perfeccionando su discurso y fortaleciendo su persuasión. Prosiguen capturando los centros de poder cultural, adquiriendo así su forma simbólica.

Es por este motivo que me sorprendo al ver que algunos historiadores contemporáneos aún polarizan la referida cuestión, partiendo de una suposición de que había una división entre cristianos y paganos. Por lo tanto, coincido con Averil Cameron (1991: 121), cuando alude que esto tuvo un efecto de obscurecer las cuestiones reales al implicar que todo en la literatura del siglo IV d.C. se explica en términos de conflicto religioso. Conjetura la autora:

En contraste a esto (al conflicto), como notaron antropólogos y teólogos en los últimos años, la traducción de un sistema cultural a otro no es un proceso que camina en línea directa; el abraza muchos rasgos de una relación, del conflicto franco hasta casi una acomodación total. En nuestro propio caso, la perspectiva triunfalista aún es común y en parte parcialmente aceptada frecuentemente llevó al uso inapropiado de términos como "victoria" en referencia al cristianismo. Asimismo, se puede entrar en áreas problemáticas con la aplicación de los términos cristianos y paganos, como si siempre hubieran fronteras sólidas y detectables entre ellos, envés de una área obscura sobre el proceso; muchas veces nos encontramos resbalándonos inconscientemente en definiciones no totalmente inmunes a estos peligros. Nuestras propias dificultades diseminan el poderoso papel ejercido por el lenguaje de la cristianización (Cameron, 1991: 122).

Acompañando esta línea de razonamiento, evidencio como Gregorio de Nazianzo, un fuerte ejemplo de orador cristiano del siglo IV d.C., convirtió su retórica en una retórica poderosa en términos políticos. Fue aprovechándose de la cultura clásica, o sea, de valores culturales del pasado, que Gregorio sugirió un control del presente (la poderosa y persuasiva acción [oración] *Contra Juliano*, por ejemplo) y del futuro (al alertar con su discurso los riesgos políticos que los cristianos podrían tener si hubiera otro Emperador que actuase como Juliano).

Parece que el diseño del orador idealizado por Gregorio constaba de una mezcla de la retórica de los oradores clásicos como, por ejemplo, Isócrates; con la retórica de los sofistas tardíos. Es visible en sus discursos la influencia de varias ideas platónicas y aristotélicas[2]. Kennedy (1983: 219) y Spinelli (2002: 158-159) son consientes con relación a esa afirmación.

Gregorio de Nazianzo; formación intelectual y los discursos *Contra Juliano*

Los discursos de Gregorio impregnados de las ideas filosóficas de autores clásicos se ocupaban de aspectos morales de la vida cristiana e impresionaban por el estilo retórico extremamente persuasivo con el cual se expresaban. Tal hecho se explica por sus estudios filosóficos, típicos del siglo IV d.C., tener como objetivo el perfeccionamiento de la retórica, o sea, la *Paidea* no era concebida sin la especialización del arte en la locución. Gregorio cursó las escuelas de Alejandría y obtuvo la mayor parte de su formación en la Escuela de Atenas, escuelas en las cuales los estudios de gramática, filosofía y dialéctica asociados a la retórica eran fundamentales.

---

[1] En esta ocasión, expreso mi eterno agradecimiento al Profesor Doctor Norberto Guarinello por el apoyo integral a esa pesquisa, fruto de mi Doctorado por la FFLCH/USP. Agradezco también al Profesor Doctor Pedro Paulo Abreu Funari por la invitación para participar del VII coloquio de CPA-UNICAMP.

[2] Esos elementos son encontrados en relevancia en las preces fúnebres tanto de autores paganos como de autores cristianos. Para una explicación y aprehensión más minuciosas del desarrollo del tema verificar: Maliunowiczowna, 1978: 312-324.

Gregorio es un retórico de formación, y así, es un amante de la palabra. Para Spinelli (2002: 157-158), entre los sacerdotes, es a el a quien se le aplica de la manera más perfeccionada el nombre de *apologista*. El cultivo de la retórica y del *logos* perfeccionado y elegante lo auxilió mucho en ésta tarea. Gracias a su extenso estudio de la retórica que Gregorio logró elaborar sus enfrontas contra el Príncipe Juliano; justamente por causa de su excelente dominio de la lengua y de un vasto envolvimiento con la cultura griega. Entretanto, es menester resaltar que en ningún momento Gregorio se intitulaba maestro de la palabra griega, sino de la palabra cristiana.

Leyendo sus cartas y discursos[1], percibo que Gregorio enseña su objetivo: conducir el cristiano por el camino de la verdad (mediante la fuerza persuasiva) y al ejercicio de la virtud. La virtud para Gregorio no es solamente como un don de Dios, pero sobretodo, como una manera de ser y de hacer. Ella no se restringe a una disposición que se impone tan solamente por la fuerza de la gracia divina, pues necesita de conocimiento y esfuerzo.

Ese concepto de virtud, todavía, no es propiamente de Gregorio. El se basa en Platón, más específicamente en la obra *Menón*, y en la *Ética a Nicómaco*, de Aristóteles. Esto es lo que me remite a Spinelli (2002: 159) y, también, lo que me confirma Moreschini (1997: 23). Este último autor arriesga todavía comentar que Gregorio Nazianzeno poseía una cierta influencia del neoplatonismo, como representante de los estudios de filosofía de la Roma oriental del siglo IV d.C. (1997: 11).

Es posible, entonces, comentar que además de filósofo, Gregorio era un teólogo y, como tal, un fuerte defensor de la ortodoxia. En ese sentido, se puede constatar que cuando Gregorio de Nazianzo empezó a escribir su obra, ya poseía detrás de si una tradición canónica que no podría ser sublimada. El teólogo era, en la época, aquel que tenía condiciones de conocer los misterios de Dios. Por lo tanto, además de filósofos, los sacerdotes se consideraban teólogos, porque solamente ellos estaban preparados para exponer la doctrina del cristianismo. Curiosamente, se consideraban helenistas y teólogos y, con base en la convergencia de sus estudios helénicos y canónicos, predicaban la racionalización de la fe y, a través de ella, una unidad política que debería ser unificada en forma de unidad imperial. Por lo tanto, estoy detectando aquí un fuerte motivo por el cual el Príncipe Juliano, contrarió a la fe cristiana, fue en contra de los profesores cristianos enseñar, cuya reacción adversa a esa idea fue el tema preponderante y la fuerza motriz de la redacción en *Contra Juliano*.

Contra Juliano es un duro ataque de Gregorio de Nazianzo a la ley establecida por el Emperador Juliano que prohibía a los profesores cristianos de enseñar. Abajo, están ilustradas la ley del Emperador y la justificativa para su decreto:

Es conveniente que los maestros y profesores sobresalgan, primeramente, por sus costumbres y después por su elocuencia. Pero, como no puedo estar en persona en cada ciudad, ordeno que todo aquel que quiera enseñar no se eche a este oficio de manera repentina, sino, que quien sea aprobado por el Senado Municipal se haga crédulo de este decreto con la aprobación conjunta de los mejores. Este decreto debe llegar a mi para ser estudiado, de manera que con un cierto honor, nuestros juicios estén presentes en las enseñazas de las ciudades. CTh.XIII, 3,5

Determinada el día XV antes de las calendas de Julio y recibida el día IV antes de las calendas de Agosto del año de 362, en Espoleta en el consulado de Mamertino y Nevita.

Justificativa del Emperador para el empleo de la ley

Creo que una educación correcta no incluye una armonía ostentosa en las palabras, y en la lengua, sino una inteligencia razonable y las opiniones verdaderas sobre el bien y el mal, lo bello y lo feo; así, aquel que piensa una cosa, pero enseña otra a sus alumnos está tan lejos de la educación cuanto del hombre honorado (...) Por supuesto, sería necesario que todos los que ejercen el oficio de profesor tuviesen un carácter único y no llevasen en sus almas doctrinas contrarias a las que ejercen públicamente. Juzgo que deberían ser así pues conviven con los jóvenes, enseñando literatura, tornándose intérpretes de los escritos de los antiguos, de los retóricos y de los gramáticos y más aún de los sofistas. Los maestros deben instruir no solamente la elocuencia, sino también las costumbres, afirmando su filosofía política.

Si esta postura es correcta o no, dejémosla por ahora; yo les hago elogios por su oficio ser tan bello, pero les haría más elogios aún sino mintiesen, o cuando ellos mismos demostrasen que piensan una cosa y enseñan otra a sus alumnos. ¿Cómo? Sin duda para Homero, Hesíodo, Demóstenes, Heródoto, Isócrates, Tucídides y Lisias, los dioses son los guías de toda la educación. ¿Algunos no creían en Hermes y otros en las Musas? Soy, entonces, de la opinión que es absurdo que aquellos profesores que interpretan sus obras deshonren los dioses antes ennoblecidos por ellos; sin embargo, aunque me parezca absurdo, no afirmo que los educadores de los jóvenes deban cambiar sus creencias... si desean seguir con su oficio, que enseñen primero con hechos y convenzan a sus alumnos; que ni Homero, ni Hesíodo, ni ningún otro autor entre los que son interpretados sean considerados estúpidos como algunos quieren creer...

Esta ley debe ser común a todos los maestros y profesores. Para cualquier joven alumno, cristiano o no, que desee ir a la escuela, nada le será prohibido. Pues no sería natural, ni lógico, para los pequeños - que desconocen para donde deben dirigirse - que los caminos se cierren." (Juliano, Carta n. 61c, escrita en Iliria o en Constantinopla.)

---

[1] Tales observaciones son claras en la lectura de *Contra Juliano*.

La impresión que se tiene haciendo la primera lectura de *Contra Juliano* es que el objetivo del Emperador era de perseguir los cristianos. Eso habría sido más una reacción hostil al cristianismo, fruto de diversas persecuciones políticas desarrolladas a lo largo de los tres primeros siglos después de Cristo. Delante de tal escenario, durante muchos años o, mismo durante algunos siglos, la imagen construida sobre el Emperador Juliano fue la de, efectivamente, un auténtico persecutor político; y, es evidente que las inventivas en *Contra Juliano* leídas e interpretadas de forma sin crítica, contribuyeron mucho para esto.

Otro factor que también debe tener ayudado en el montaje de un retrato forjado del Príncipe fue el testimonio de Amiano Marcelino, uno de sus grandes admiradores. Amiano describe: *"Entre sus leyes, se debe considerar injusto el decreto con el cual los retóricos y los gramáticos que profesaban el cristianismo fueron prohibidos de aleccionar, a no ser que abjurasen de su religión"* (Amiano Marcelino, XXV, 4, 20).

Aparte de Nazianzo, otros autores cristianos, como Sozomeno y Agustín, también tejieron comentarios acerca de la ley, los cuales entraban en conflicto hasta con las propias informaciones de Juliano:

No se permitió que los hijos de los cristianos fuesen enseñados por los poetas e historiadores griegos y que fuesen a las escuelas de sus maestros" (Sozomeno, V.16,1. Apud Blanco, 1982: 220).

¿Por acaso no persiguió la Iglesia, prohibiendo a los cristianos aprender y a enseñar las artes liberales? (San Agustín, De Civitas Dei, XVIII, 52. Apud Blanco, 1982: 260)

Muchos autores cristianos e historiadores de la Iglesia de los siglos IV y V d.C. nunca dejaron de hacer memoria y reforzar la ley escolar de Juliano, considerada por ellos el arma más insidiosa de los últimos tiempos. O sea, además de comentarios de los autores cristianos, existe el de Amiano Marcelino, un autor pagano que se revelaba inherente al cristianismo; estas posiciones despojadas de un análisis más apurado determinaron, en grande parte de la historiografía contemporánea, la atribución de *tirano*, *persecutor* y *apóstata* al Emperador Juliano. Es lo que constata Hardy Carmon (1968: 133) al alistar comentarios de diversos autores julianistas o no, acerca de la ley. Como ejemplos, leyendas medievales que pintaron al emperador como un frailesco diabólico, un tirano que maliciosamente excluyó sus niños cristianos de las escuelas (Raby, 1953: 198). En el siglo XII, historiadores bizantinos como Zonara, en sus descripciones acerca de Juliano, aún reprodujeron la imagen construida por Gregorio Nazianzeno, repitiendo las mismas expresiones de ese autor cristiano (Annalium, XIII, 12, 24 y 25. *Apud* Hardy, 1968: 133). Un escritor sirio del mismo período finalizó sus escritos acerca del Príncipe declarando: *Su memoria podría ser una imprecación! Amen* (Michael the Syrian, From the French translation of J.B.

Chabot (ed.); *Chronique de Michel Le Syrien Patriarque Jacobite D"Antioche* (1166-1199), 4 vols. (Bruxelle, 1963, I, 252; *Apud* Hardy, 1968: 133).

Otro autor, ahora del siglo XVIII, que reprobaba la ley de Juliano es el Abad de La Bletterie. El abad comenta que no hay dudas de que con esa ley el quería acabar con el cristianismo (Bletterie, Abbé de La. Paris, 1746. *Apud* Bidez, 1965: 222).

Muchos autores atribuyen un juicio de valor bastante severo al Emperador Juliano y a su ley que prohibía a los profesores cristianos de aleccionaren. Igualmente de acuerdo con Hardy Carmon (1968: 134-135), autores como Paul Allard y Johannes Geffcken interpretaron la ley como un momento de intolerancia de la parte del Príncipe. En fin, la historiografía es bastante incisiva en juzgar acerca de las actitudes del Imperator "apóstata". Mismo la autora Polymnia Athanassiadi clasifica a Juliano como un Emperador con un lado bastante delicado de ser analizado, reflexionando que Juliano tenía teorías sin muchos fundamentos (1991: 122).

Es interesante observar que la mayoría de los autores julianistas se encargaban de reforzar el papel de Juliano como un verdadero carrasco persecutor de los cristianos, olvidando de resaltar que sus acciones políticas no se limitaban solamente al campo político-religioso, pero debemos destacar también su papel en el campo político-militar y político-administrativo, en fin, en el campo político-cultural; temas bien evocados por Hardy Carmon (1968: 138) y Francis Dvornik (1955: 71-74)[1].

Creo que la ley escolar del Emperador debe ser analizada en una perspectiva mucho más amplia de la que fue presentada por algunos historiadores modernos y contemporáneos, los cuales se limitaron a seguir los pasos de autores eclesiásticos y cristianos como Gregorio Nazianzeno, sin presentar cualquier creatividad. Es necesario comprender el universo político cultural del siglo IV d.C. i, insertado en este contexto, la concepción de *Paideia* del Emperador Juliano. No es tan fácil definir tal concepto en Juliano; una relectura de sus propias fuentes sería necesaria para definir esa idea[2]. Se puede comentar, entretanto, que algunos autores como los ya mencionados Francis Dvornick y Hardy Carmon, en las décadas de 50 y 60 del siglo XX, intentaron indicar que la ley sería fruto de las ideas reaccionarias del Príncipe. El Emperador no representaría solamente un retorno a los padrones de la cultura clásica griega, como también, se inspiraría en el modelo de educación de la época de los Antoninos (Hardy, 1968: 131-143 y Dvornik, 1955: 71-81). Estos autores, indirectamente, asocian la concepción de *Paideia* en Juliano a la cuestión de la realeza, lo que, en ese sentido, no

---

[1] Resaltamos también el tema de nuestra Tesis de Máster intitulada: *Análisis de la Legislación Municipal del Emperador Juliano: Curias e Decuriones*. São Paulo, Universidad de São Paulo, Facultad de Filosofía, Letras e Ciencias Humanas, 1995.

[2] Infelizmente, no tenemos la oportunidad en ese momento de profundizar de una manera más precisa el concepto de Paideia en Juliano.

deja de ser un bies de interpretación bastante interesante, ya que una de las áreas más importantes de legitimación del discurso político en el siglo IV d.C. era, al mismo tiempo, la teoría política, o sea, la discusión teórica alrededor de la monarquía y la justificativa en su favor.

De hecho, en el campo de las ideas político-culturares del siglo IV d.C., tanto paganos como cristianos cultos se preocupaban en enseñar sus pensamientos acerca del modelo del buen gobernante, incluso de Gregorio de Nazianzo. Así, Juliano escribe *Los Césares*, una sátira en la cual enseña su ideal del modelo de Emperador y Gregorio de Nazianzo redacta sus discursos *Contra Juliano* en el estilo de los panegíricos repulsivos del siglo IV d.C. Aunque haya algunas diferencias cruciales entre las *Paideias* de estos dos personajes históricos, es importante resaltar que ellos poseen objetivos muy semejantes: justificar una unidad política alrededor del gobernante valiéndose de los padrones de cultura y educación de su época.

Consideraciones acerca del Sentido de *Paidéia* en Juliano

Entonces, volvemos al tema *Paidéia* en Juliano: En primer plano, a mi me gustaría de retomar las posiciones de Dvornick y Hardy cuando, al basarse en el modelo de Emperador descrito por Juliano en *Los Césares*, destacan el hecho de Juliano inspirarse en los Antoninos para establecer su parámetro de monarquía. Es bien verdad que Juliano parece ser un entusiasta de la figura de Marco Aurelio, el Emperador Estoico (*Los Césares*, 328 D). Pero es comprensible la fascinación de Juliano por tal Emperador, pues esto se debe al hecho de que cualquier autor, incluso los filósofos del siglo IV, buscaban un modelo ilustre del pasado. Tal hecho no significa que Juliano desease volver a los padrones de realeza de los Antónimos. Para Juliano, Marco Aurelio fue solamente un símbolo que lo inspiró. El Emperador alabó la personalidad del Príncipe Antonino como un ejemplo de sabiduría, cuyos dogmas deberían ser respetados. Existían puntos coincidentes en sus teorías filosóficas: el deseo de la perfección espiritual, el trato con las relaciones humanas, los deberes profesionales y algunos puntos de vista políticos. Pero no se debe olvidar que los objetivos políticos-culturales y la idea de *Princeps* en Juliano fueron altamente concernientes a su realidad. Para que esa concepción se torne más clara, voy a evidenciar algunas posiciones de autores acerca de la realeza en Juliano.

Francis Dvornick, en su artículo *El Emperador Juliano y sus ideas reaccionarias acerca de la Realeza*, denuncia un retorno de Juliano a los padrones de realeza del Principado, tomando los Antónimos como ejemplo. Dvornick afirma:

Algunos historiadores que escribieron acerca del reinado de Juliano, concentraron sus ideas alrededor de las reacciones del Emperador, en términos religiosos, filosóficos y militares (especialmente en Galicia). El pensamiento político de Juliano, entretanto, también es digno de una análisis especial. Sus estudios clásicos y quizá el hecho de los cristianos haberse volcado tan devotamente a las ideas políticas helenísticas, puede haber encorajado a Juliano a reaccionar contra estas ideas, inclinándose así a las antiguas creencias romanas acerca del origen político del poder y a la sujeción de todo y de todas las personas, incluso el Princeps, a la ley y a las funciones del Senado. En vez de inspirarse en la literatura helenística acerca de la realeza, prefirió volver a las fuentes de Platón y Aristóteles. Luego, probó ser reaccionario en su política como en su religión (Dvornick, 1955: 73).

Es sabido que Juliano era totalmente en contra a la idea del soberano como ley viva, o sea, a la idea de teocracia y poder absoluto tan proclamada y desarrollada en la época constantiniana, cuando el Emperador cristiano - el elegido de Dios - se tornaba el vice-regente de Dios en la Tierra. Por el contrario, es importante resaltar que para Glanville Downey (1957, 1958: 98), la ley que prohibía a los profesores cristianos de aleccionaren es un duro protesto contra la política religiosa y económica constantiniana.

Retomando la contraposición entre dos modelos de realeza, establecida por Dvornick en el tocante a Juliano, se puede ver que el clasifica al Príncipe en el cuadro de la reacción. Para la autora Isabella Labriolla, Dvornick no respetó la abstracción de la imagen que Juliano hizo de la realeza, pues el Emperador neoplatónico jamás se habría inspirado en las fuentes de la teoría política helenística; para ella, sería muy brusco el corte que Dvornick reconoce entre la monarquía divina de Constantino y la reacción de Juliano.

Creo que la concepción de realeza de Juliano, extremamente vinculada a su concepto de *Paidéia*, debe tolerar una evaluación política de las ideas neoplatónicas. Su noción es proveniente del contexto político cultural de su época.

Así, en relación a la cultura clásica alabada por el Emperador[1], también no debe significar que Juliano deseaba puramente un retorno a los padrones de la cultura clásica griega inspirándose exclusivamente en Platón y Aristóteles, pero vale recordar que Juliano fue discípulo de Jámblico y que su platonismo sufre fuertes influencias de los cultos orientales, con tendencias místicas casi nunca muy comprensibles para los intelectuales cristianos de su época.

Luego, su helenismo fue mucho más complejo y abrazó fuerzas que el paganismo de otras épocas del Emperio no conocía como religión oficial. Su helenismo era compuesto por elementos muy heterogéneos. Juliano, sin duda, bastante influenciado por Platón y por el neoplatonismo, concibe *Paidéia* como un largo proceso en el cual los hombres, individualmente, y, en la verdad del Emperio en general, tendrían que atenerse a un objetivo de perfección, el cual Juliano identificó como *episteme*. De esa manera, *episteme* para el quiere decir la salvación del alma; en términos político-culturales, coincide con la adquisición

---

[1] Ver las siguientes cartas del Emperador Juliano, a saber: números 4, 8 y 13, escritas en Galicia; 80, escrita en la Asia Menor; 82 y 89b, escritas en Antioquia; entre otras.

de un conocimiento exacto que expresaría la felicidad del Estado, y solamente un gobernante con sus características podría realizar tal empresa.

Con esa percepción y concepción mística, neoplatónica, era natural que Juliano haya combatido a la *Paidéia* de autores cristianos que predicaban la unidad imperial a través de la fe en Cristo.

Ya me he referido al hecho de que los discursos en el siglo IV poseen como justificativa principal a la monarquía. *Contra Juliano* se inscribe en esa línea, siendo dos discursos que tienen como meta denegrir la imagen del Emperador Juliano. Vale resaltar que una de las mejores pruebas de poder del hombre cristiano, o del hombre sagrado como se autodenominaban, era su poder de profesar contra o a favor del Emperador.

En general, comparaciones entre *Cristo Rey* y el gobernante terrestre eran muy frecuentes en la literatura cristiana del siglo IV d.C. Se puede observar que en el caso de *Contra Juliano*, Gregorio hará una alusión contraria, comparando Juliano al demonio, al enemigo de todos. Vide 4,1:

... No fue Sión, rey de los amorreos, que ellos (los ángeles) derribaron, ni Og, rey de Basan, que eran pequeños príncipes que molestaban solamente a una menuda parte del universo: fue el dragón, el apóstata, el espíritu altivo, el Asirio, el adversario común y el enemigo de todos, aquel que llenó la Tierra con su furia y amenazas, que profirió y perpetró contra el Altísimo innumerables iniquidades.

Conclusión

Una cosa que se debe tener en mente es el hecho de que los autores del siglo IV, especialmente los cristianos, tomaban sus ejemplos y sus términos de referencia de la experiencia de vivir bajo un emperador. Tal hecho contribuyó en demasía para que la formación de una teoría política manifestada en medios de panegíricos fuese notada.

Los panegíricos, documentos oficiales que alababan o repudiaban la figura de un Emperador, no son meramente ejercicios retóricos sin contenido, sino documentos fundamentales para que se pueda comprender el régimen monárquico del siglo IV, pues hablar del Emperador era lo mismo que hablar del gobierno. Percibí en esa afirmación la propuesta de *Contra Juliano*: Gregorio dispuso en esos discursos sus críticas al Emperador y a una medida subyacente, a una nueva manera de cohesión imperial distinta de la predicada por Gregorio, representante de un partido opuesto al del Príncipe Juliano. Juliano predicaba la cohesión imperial o la unidad imperial a través de su helenismo, aún que tan debatido por la historiografía actual, mientras Gregorio predicaba la misma unidad a través del arraigo y la adopción de la fe en Dios, el único y absoluto. Para el, al instituir la ley que impedía a los maestros cristianos de enseñar en las escuelas, Juliano intentaba extinguir la expresión de la verdad, sin lograr tal hecho. Vide 4,5:

*...Por lo tanto, aquel que engendró esa interdicción puede habernos prohibido la elegancia Ática, **pero no puso un fin a la expresión de la verdad** y el nos dio pruebas de su propia flaqueza sin resguardarse de nuestras pruebas. Al contrario, las expuso inconscientemente.*

Hay que comprender el lenguaje utilizado por los autores, sean cristianos o paganos, para que se pueda descifrar lo que es subyacente al juego de palabras; en *Contra Juliano*, se hizo mister la comprensión de la retórica empleada para criticar al Príncipe filósofo.

Al escribir sus panegíricos o encomios elogiosos o repulsivos, los autores del siglo IV se valían del *libro de bolsillo*[1] de Hermógenes: *Acerca de los Resultados*. Esto es lo que he comprobado cuando utilicé ese manual de retórica, al desmembrar la inventiva.

El desmembramiento de ese discurso no será manifestada en ese momento pues ultra pasaría los límites de ese trabajo.

Es fundamental, entretanto, revelar que el *Logos* Cristiano y el *Logos* Pagano, en el siglo IV d.C., están intrínsecamente relacionados a la cuestión de la *Paidéia-Retórica* y revelan la concepción de unidad política imperial romana de autores cristianos, como Gregorio Nazianzeno, y de paganos, como Juliano.

Referencias Bibliograficas

A) Fuentes

GRÉGOIRE NAZIANZE, Saint. *Lettres*. Texté Établi et Traduit par Paul Gallay. Paris: Les Belles Lettres, 1964, 2v.

_____. *Contre Julien*: Discours 4 e 5. Introduction, texte critique et notes par Jean Bernardi. Paris: Les Éditions du cerf, 1983.

HERMÓGENES. *On Issues*. Strategies of Argument in Later Greek Rhetoric. Introduction, translation and notes by Malcolm Heath. Oxford: Clarendon Press, 1995.

JULIANO. *Contra los Galileos*. Cartas y Fragmentos. Testimonios. Leyes. Introducción, traduccíon y notas por José Garcia Blanco y Pilar gimenez Gazapo. Madrid: Editorial Gredos, 1982.

_____. *Oeuvres Completes*. Discours de julien l'Empereur. Texte revu et traduit par J. Bidez et Gabriel Rockefort. Paris: Les Belles Lettres, 1924-1964, 2t.

_____. *The Works of the Emperor Julian*. With an english translation by W. C. Wright. London: Willian Heimemann, 1913-1949, 3v. (the Loeb Classical Library).

_____. *Discursos*. Introduccíon, traduccíon y notas por José García Blanco. Madrid: Editorial Gredos, 1979.

---

[1] Empleando el lenguaje de Averil Cameron (1991: 144).

B) Obras Generales

ALEXANDRE, Monique. Fragments autobiographiques dans l'oeuvre de julien. In: BASLEZ, Marie-Françoise, HOFFMAN, Philippe et PERNOT, Laurent. L'Invention de l'autobiographie D'Hesiode a Saint Augustin. *Actes du deuxiéme Colloque de l'Equipe de Recherche sur l'Hellenisme post-classique.* Paris: École Normale Supériere, 14-16 juin, 1990, p. 285-303.

BERNARDI, Jean. Un Réquisitore: Les "Invectives" Contre Julien de Grégoire de Nazianze. In: BRAUN, René et RICHER, Jean. *L'Empereur Julien. De l'histoire à la legende (331-1715).* Paris: Les Belles Lettres, 1978, v.I., p.89-98.

_____. Trois autobiographies de Saint Grégoire de nazianze. In: BASLEZ, Marie-Françoise, HOLFFMAN, Philippe et PERNOT, Laurent. L'Invention de l'Autobiographie. D'Hesióde a Saint Augustin. *Actes de deuxiéme Colloque de l'Equipe de Recherche sur l'Hellenisme post-classique.* Paris: École Normale Supérieure, 14-16 juin, 1990, p.155-165.

_____. Un Regard sur la vue Étudiante à Athènes au milieu du IVe Siècle après J.C. *REG.* Paris, 104 (1), 1990, p.79-93.

_____. *San Gregoire de Nazianze: Le Theologien et sont temps.* Paris: Èditions du Cerf, 1995.

BIDEZ, J. *La Vie de L'Empereur Julien.* Paris: Les Belles Lettres, 1965.

BOUFFARTIGUE, Jean. *L'Empereur Julien et la Culture de son temps.* Paris: Institut d'Études Augustiniennes, 1992.

_____. L'État Mental de l'Empereur Julien. *REG.* Paris, 102, 1989, p.487-489.

BOWERSOCK, G. W. *Juliain the Apostate.* Cambridge, Massachussets: Harvard University Press, 1997.

BRAUM, René. Julien et le christianisme. In: BRAUN, René et RICHER, Jean. *L'Empereur Julien. De l'histoire à la legende (331-1715).* Paris: Les Belles Lettres, 1978, v.I., p.159-187.

BROWN, Peter. *Power and persuasion in Late Antiquity.* Towards a Christian Empire. USA: The University of Wisconsin Press, 1992.

CAMERON, Averil. *Christianity and the rhetoric of Empire.* Berkey, Los Angeles, London: University of California Press, 1991.

CANDAU, J.M. et alii. Teocracia y ley: La Imagen de la Realeza en Juliano el Apostata. In: _____. *La Imagen de la Realeza en la Antigedad.* Madrid: Editorial Colóquio, 1988, p.165-189.

DOWNEY, Glanville. The Emperor Julian and the Schools. *CJ.* Athens, vol.53, 1957/1958, p.97-103.

DVORNICK, Francis. The Emperor Julian's Reactionary Ideas on Kingship. In: *Late Classical and medieval Studies in honor of Alliert Mathias Friend Jr.* Princeton University Press, 1955, p.71-81.

FLEURY, E. *Hellénisme et Christianisme. Saint Grégoire de Nazianze et son temps.* Paris, 1930.

FOUQUET, Claude. L'Helenisme de L'Empererur Julien. *BAGB,* Paris. t. - (2), 1981, p.192-202.

FOUSSARD, J. C. Julien Philosophe. In: BRAUN, René et RICHER, Jean. *L'Empereur Julien. De l'histoire à la legende (331-1715).* Paris: Les Belles Lettres, 1978, vol. I, p.189-212.

GARZYA, Antonio. Retori pagani e imperatori cristiani e retori cristiani in scuole profane. In: *Mondo Clássico e cristianesimo.* Instituto della Enciclopedia Italiana, 1982.

GREGOIRE, Henri. Les Manuscrits de Julien et le Mouvement néo-païen de Mitra: Démétrius Phallis et Gémiste Gléton. *Byzantion,* 5, 1919/1930, p.730-736.

HARDY, Carmon B. The Emperor Julian and his School Law. *ChHist.* Berne, 1968, p.131-143.

KENNEDY, George. *Greek rhetoric under Christian Emperors.* Princeton, New Jersey: Princeton University Press, 1983.

LAISTNER, M. L. W. *Cristianity and pagan culture in the Late Roman Empire.* London: Cornell University Press, 1978.

LUGARESI, Leonardo. Giuliano Imperatore e Gregorio di Nazianzo: Contiguità Culturale e Contraposizione ideológica nel confronto tra Ellenismo e Cristianesimo. In: AAVV. Giuliano Imperatore. Le sue Idee, i suoi amici, i suoi avversari. *Atti del Convegno Internazionale di Studi Lecce,* 10 – 12 dicembre, vol. 10, p. 295 – 324, 1998. RUDIAE, Richerche sul Mondo Clássico. Congedo Editore.

MAIER, Harry O. The Topography of Heresy and Dissent in Late fourth-century Rome. *Historia,* 44 (2), 1995, p.232-249.

MOMIGLIANO, Arnaldo. (a cura di). *Il Conflito tra Paganesimo e Cristianesimo nel secolo IV.* Sorino: Giulio Einaudi Editore, 1968.

MORESCHINI, Claudio. L'opera e la personalità dell'Imperatore Giuliano nelle due "inventivae"di Gregorio Nazianzeno. *Mélanges M. Pellegrino.* Turim, 1975, p. 416-430.

_____. e MINESTRINA, Giovanni. *Gregorio Nazianzeno, teologo e Scrittore.* Bologna: Edizioni Dechoniane, 1992.

_____. *Filosofia e Letteratura in Gregorio di Nazianzo.* Milano: Vita e Pensiero, 1997.

RABY, F.J.F. *A History of Christian Latin Poetry*, From the Beginging to the Close of the Middle Age, 2nd ed., Oxford, 1953, p. 198, Apud HARDY, Hardy, 1968, p. 133.

RUETHER, Rosemary Radford. *The Gregory of Nazianzus: Rethor and Philosopher.* Oxford: Clarendon Press, 1969.

RUGGINI, Lellia Cracco. Imperatori Romani e Uomini Divini (I-VI Secolo D.C.). In: BROWN, Peter, RUGGINI, Lellia Cracco e MAZZA, Mario. *Governanti e Intelletuali. Popolo di Roma e Popolo di Dio.* Torino: Giappechelli Editore, 1982. p. 9-34.

_____. Politici Intelletuali di Roma fra IV e Vi secolo: Connotazioni ideologiche della cultura greca in Ocidente. *Atti dell'Associazione di Studi tardoantichi* a cura de CONCA, Fabrizio, GUALANDRI, Isabella e LOZZA, Giuseppe. Collectanea n.7, Napoli: D'Auria, 1993, p.41-58.

SABBAH, G. De la Rhétorique à la Communication polítique: les Panegyriques latins. *BAGB.* Paris, t.43 (4), p. 363-388, 1984.

SPINELLI, Miguel. *Helenização e recriação de sentidos. A filosofia na época da expansão do cristianismo: sécs. II, III e IV.* Porto Alegre: EUFRGS, 2002. Coleção Filosofia, n° 145.

TRISOGLIO, Francesco. *San Gregorio di Nazianzo e la politica.* Alessandria: Ediprint, 1993.

_____. *Gregorio di Nazianzo il teologo.* Studia Patristica Mediolanensia, 20. Milano: Vita e Pensiero, 1996.

WINSLOW, Donald F. *The Dynamics of Salvation: A Study in Gregory of Nazianzus.* Cambridge, MA. USA: Philadelphia Patristic Foundation, 1979.

El performance musical: entre lo sagrado y lo profano

Fábio V. Cerqueira

Doctor en História – FFLCH/USP. Profesor de Historia Antigua – Universidad Federal de Pelotas (UFPel)

El siglo XIX, fijo sobre su proyecto eurocéntrico racionalista y cientificista, se alimentó, como fuente de su legitimidad identitaria y, por consiguiente, historiográfica, de la imagen o fantasía de una revolución griega que se habría llevado a cabo entre los siglos VI y V a.C., y que fuera denominada, por algunos historiadores del siglo XIX y del XX, como Nestlé o Jaeger, como de "ruptura entre el *logos* y el *mythos*". Visión predominante en la historiografía positivista *antiquisante*[1] hasta mediados del siglo XX, este modelo racionalista encontró un oponente en Louis Gernet, quien, desde la segunda década de aquel siglo, propuso un modelo interpretativo, con visos antropológicos, que defendía los principios de complementariedad y de no-contradicción entre el plano de lo mítico (de lo "*irracional*") y el plano del *logos* (de lo "*racional*"). Gernet fue el progenitor de una escuela que llegó a ser conocida como la *École de Paris*, clasificada como Antropología de la Grecia antigua, de cuya primera generación se destacan Jean Pierre Vernant, Pierre Vidal-Naquet, Marcel Detienne y Claude Mossé y, de la segunda, François Lissarrague, François Hartog y Marie Christine Villanueva-Puig. Estos historiadores, agrupados en torno al *Centre Louis Gernet*, formularon modelos de interpretación de la Grecia Antigua en los cuales no había lugar para la fantasía de la ruptura entre mito y razón, discurso responsable por la creación del mito historiográfico del Milagro Griego caro para muchos historiadores de los siglos XIX y XX.

Hoy buscamos pensar la experiencia social e histórica griega conforme los patrones particulares de fusión, complementariedad y conflicto entre aquellos elementos que consideramos como "racionales" o "irracionales". La antropología incorporó, a los matices de reflexión de esta problemática, los conceptos de "sagrado" y "profano" como categorías clasificatorias para comprender la organización mental y social del espacio, del tiempo y de varias acciones del día a día. El mitólogo y antropólogo Mircea Eliade fue responsable por la reflexión y sistematización de estos conceptos, ejerciendo una influencia variada sobre el conjunto de las ciencias humanas (ELIADE, s/d). Comprender las relaciones entre lo "sagrado" y lo "profano", en las diferentes sociedades, a lo largo de la historia, se presenta como una línea de investigación histórica, dada su relevancia en lo que concierne al diálogo con la contemporaneidad.

No debemos olvidar que vivimos en un mundo marcado por el proceso de globalización administrado por los intereses del capitalismo transnacional, en el cual la ética de consumo y del individualismo produce la apariencia de un encarcelamiento de lo "sagrado", bajo el comando del imperio de lo "profano". Sin embargo, por otro lado, las identidades religiosas se fortalecen como una alternativa de resistencia a este orden que se impone: lo sagrado retorna, por ejemplo, con el poder de reclutamiento de las religiones evangélicas, con los movimientos fundamentalistas o, incluso, con la "ensalada" cultural del pseudo-misticismo esotérico, del gusto de las clases medias urbanas, que hace una mezcla que va de los cristales a los mantras, de los orixas a los gnomos, estructurando una gran masa mística universal, muy coherente con la dinámica contemporánea del consumismo sin marca de origen.

Los estudios de Historia de la música, en general, y de la música griega antigua en particular, no se apartan de esta discusión, beneficiándose de los conocimientos generados por la etnología, en especial de la así llamada, etnomusicología. Rescataremos a continuación a dos clásicos de la Historia de la Música de la primera mitad del siglo XX: Jean Combarieu y Curt Sachs.

J Combarieu introdujo la mirada antropológica a los estudios de historia de la música griega, percibiendo las relaciones entre música y magia. En 1909 publicó "*La musique et la magie*", bajo la influencia de los estudios en etnomusicología americanos (sobre todo los de Natalie Curtis y Alice Fletcher) y de la obra de Hagen "*Über die Musik einiger Naturvölker*" (1899).

En 1920 publicó su obra "*Historie de la Musique – Des origines au debut du XXème siècle*", estableciendo un cuadro teórico que se proponía interpretar la historia de la música según un esquema evolutivo que identificaba tres fases de desarrollo de la cultura musical: la música mágica, la música religiosa y la música profana. La música griega, según Combarieu, sería una transición entre la mágica y la religiosa.

Para Combarieu, el encantamiento es el prototipo del arte musical, de forma tal que, la música como la poesía, tienen su origen en la magia. Para los antiguos, la música permitía una comunicación entre los hombres y los espíritus o los dioses. A través de fórmulas ejemplares, los hombres conseguían obtener de los dioses resultados favorables en

---

[1] En francés en el original (N del T)

el amor y en la cura de los males. Los antiguos veían en todo, manifestaciones de una fuerza oculta. Y fue, a través de la voz humana (más directamente que a través de la mirada), que el hombre estableció tal relación con esa fuerza, pues descubrió misteriosos poderes en la voz.

Combarieu reconoció, en la música griega, la permanencia de estructuras del pensamiento mágico, ya que los helenos veían en la música una potencia de seducción, del poder de seducción del canto sobre la materia y sobre el espíritu. Recordemos los mitos musicales de Orfeo. Como el canto mágico da al hombre un poder universal, según los griegos, las leyes de la música son las leyes del mundo. De esta forma, el autor propuso, a la luz del pensamiento mágico, una interpretación para las teorías musicales de Pitágoras y de Filolao, quienes identificaran la armonía cósmica con la musical y la del alma. Esta relación de equivalencia, mantenida en el pensamiento musical helénico, se originó, según Combarieu, en las estructuras mentales de la magia. Ella es la base de todas las teorías filosóficas relativas a la función moralizante, a los poderes del *ethos* y al papel de la educación musical.

Para el autor, se pasó del poder mágico sobre los espíritus al poder moral, sobre todo en lo referente a lo que pertenece al hombre interior (pensamiento, emoción, alma). Así es que llegó a establecer la permanencia de la magia en el pensamiento filosófico y en las teorías musicales que estaban dirigidas a explicar los diferentes efectos morales de la música en el alma, como era el caso de la teoría del *ethos* musical, cuyo origen era atribuido a Damon, teórico ateniense de la primera mitad del siglo V.

En 1924, se publicó la obra de Curt Sachs, "*Die Musik des Altertums*". Sachs destacó allí que la música griega no podía ser estudiada de forma aislada, sino puesta en relación con los otros pueblos de la antigüedad. Se trataría, de esta forma, de una continuidad de una tradición oriental. Sin embargo, Grecia presentaba peculiaridades en cuanto a la cultura musical. Entre los griegos, según Sachs, la música alcanzó un nivel elevado de reconocimiento social, un carácter y una dimensión de cultivo y educación, ausentes en las culturas orientales. Aparte de esto, a través de la educación se dio una profunda popularización de las prácticas y conocimientos musicales. Estos hechos se derivaban de una característica de la cultura griega: los griegos no veían la música únicamente como una ocupación estética, sino como una actividad ético-filosófica que justificaba el valor de la educación musical, llevando a los ciudadanos a estudiar música hasta la edad de 30 años. Su análisis presenta afinidades con el de Combarieu, sobre todo en lo relativo al papel del pensamiento mágico. Sachs, sin embargo, prefería no simplificar: la estructura de la cultura musical no puede reducirse a un reflejo de magia. Tampoco concibió a todas las manifestaciones musicales griegas como una transición de la música mágica a la religiosa, en la medida que valoriza el carácter profano del disfrute musical.

Cuando hacía referencia a los grandes concursos musicales, que tal vez eran más antiguos que las carreras de carros y las luchas de atletas, recordaba el caluroso interés nacional del sentimiento pan-helénico. Aunque se cantaban himnos en homenaje a los dioses - lo que configura un carácter religioso- encontramos en estos certámenes un sentimiento profano de deleite y apreciación de la música. En uno de los pasajes más bellos de la obra, la imaginación histórica de Sachs nos insinuó las sensaciones de gozo estético experimentadas durante las ejecuciones musicales de tales concursos:

Lo que ocurría durante el *agón* (competición) debía ser algo extraordinario, pues no se permitía ningún snobismo al pie del podium de un concierto; todo el pueblo escuchaba, conteniendo la respiración, las interpretaciones de los *citaredos*. El silencio era tan absoluto que los más finos detalles del instrumento podían percibirse en el enorme local descubierto. De forma diferente, en estas ocasiones, ningún ciudadano permanecía en su casa. De tal modo sucedía esto, que un general persa, a mediados del siglo IV, pudo enterarse del número de habitantes de las ciudades del Bósforo, gracias al informe de un famoso *citaredo* que podía calcular su número en el teatro. (Sachs, 1934: 78)

A lo largo de mi investigación sobre la representación de los instrumentos musicales en las pinturas de los vasos áticos de los siglos VI, V y IV a.C., cuando me propuse comprender los lugares de la música en la constitución plural del cotidiano ateniense, fuera en el plano de las prácticas sociales o de las representaciones imaginarias, todo el tiempo tuve que enfrentarme con las relaciones entre lo "sagrado" y lo "profano". Mi estudio apuntaba la imposibilidad de la separación entre estos dos niveles y por las diferentes intersecciones entre ambos, conforme la naturaleza e historicidad propia de los distintos fenómenos de la vida diaria. Confrontando los modelos referenciales organizados por Combarieu y Sachs, percibí que, si me iba a apropiar del modelo de Combarieu e iba intentar aplicarlo, allí la experiencia de la música griega ocurriría en los tres niveles, de la magia, de la religión y de lo profano donde, con frecuencia, lo uno se disfrazaba de lo otro.

Bajo estos disfraces, por ejemplo, la teoría del *ethos* musical, regida por la articulación propia del discurso del *logos* (de lo racional), y basada en un nexo causal entre las formas del *performance* musical (modos, géneros, instrumentos, etc.) y de carácter (determinado o perezoso, viril o afeminado, etc.) se fundaba, imaginariamente, en la percepción mágica de lo real presente en el pitagorismo que determinaba la siguiente cadena lógica de asertivas: 1) la armonía de los intervalos musicales es regida por la armonía que encadena los intervalos de los movimientos de los cuerpos celestiales; 2) la armonía musical reproduce la armonía cósmica; 3) el *performance* musical basado en los conocimientos de la armonía cósmica favorece la implementación de principios de orden cósmico en las sociedades humanas; 4) el *ethos* musical es el carácter que asume el *performance* musical, determinando características espirituales para sus oyentes; 5) la música tiene el poder de influenciar el carácter del hombre y del ciudadano en particular; 6) la educación musical y el performance musical necesitan estimulación pero bajo la supervisión de principios que garanticen su consonancia con el orden cósmico. Me pregunto entonces, ¿dónde está lo místico y donde lo racional? ¿Dónde lo sagrado y donde lo profano?

Para lanzar algunas respuestas, los invito a que me acompañen durante el recorrido de algunos aspectos de la cultura musical de la Grecia antigua. Estudiamos, con gran admiración, los vestigios de la cultura musical griega, cuya sofisticación está sugerida por las representaciones iconográficas de las escenas del *agon* musical, contenidas en decenas de pinturas de vasos áticos que nos fueron legadas por el registro arqueológico.

Para evaluar el sentido de lo cotidiano en estas prácticas musicales es necesario, sin embargo, distanciarse arqueológicamente de nuestros contextos contemporáneos y proceder con la respectiva aproximación a los contextos de significaciones de las prácticas sociales del mundo antiguo. De esta forma, será claro que los recitales musicales realizados durante los concursos no se insertaban simplemente en espacios rituales y sagrados, sino que constituían actos sagrados en si de comunicación con la esfera divina. Sin embargo, el flujo entre lo sagrado y lo profano se establecía, no existiendo una demarcación absoluta entre estos dominios: en el *performance* musical se percibía una tensión constante entre el nivel de lo sagrado (imposiciones de origen místico-religioso y de los cánones rituales[1]), y el nivel de lo profano. Esta tensión generó conflictos expresados en la crítica desarrollada con respecto al trabajo de algunos músicos, poetas y *luthiers*, en la medida que sus técnicas de ejecución, sus opciones musicales y sus técnicas de fabricación de los instrumentos podían romper con la conexión entre lo musical y lo religioso. Esto se reconocía, por ejemplo, en las críticas a compositores de ditirambo, que desvincularon la línea melódica cantada del acompañamiento del *aulos*, o aquellos que añadieron cuerda a su instrumento (*lyra* o *kithara*), para expandir las posibilidades armónicas del mismo.

En este momento me gustaría rescatar algunos relatos sobre el número de cuerdas de los instrumentos musicales. La *lyra* de siete cuerdas[2] era vista como un símbolo (Pausanias. IX, 5, 7. Philostratos. *Imágenes* I, 105-7 e 14-6), casi como algo sagrado. Esta sacralización del número de cuerdas de la *lyra* y de la *kithara*, se relaciona con la teoría pitagórica del fundamento cósmico de la escala musical, compuesta por siete tonos así como el *kosmos* estaba compuesto de siete planetas. En algunas ciudades, las leyes eran tan rígidas a este respecto, que se prohibió que añadieran más cuerdas. Argos y Esparta se destacaron en este sentido.

En Argos "*se estableció, antiguamente, un castigo contra las infracciones contra las leyes de la música e inflingieron una multa a aquel que (...) fuese acusado de emplear más de siete cuerdas y de alejarse de la escala mixolídia*". (Plutarco, *De Musica*, XVIII) Se cuenta que los éforos espartanos, a su vez, reaccionaron a la *multicorde* cítara de Timoteo de Mileto (Marzi, 1988: 264-73) y a las renovaciones de Frínis, en el siglo V, así como impusieron, aún en el siglo VII, restricciones al mismo Terpandro, figura clave de la primera *katástasis* espartana, en la cual se otorgó a la citarodia una función apaciguadora, política. Antonieta Gostoli, en su artículo "*Terpandro e la funzione etico-politica della musica nella cultura spartana del VII sec. a.C*" (1988) nos indica que, según la tradición, como nos lo revela el *Suda*, los espartanos, en estado de *stasis*, consultaron al oráculo quien les aconsejó que llamaran al músico de Lesbos, Terpandro. Los espartanos, al escuchar su canto *citaródico*, durante los banquetes comunitarios, se dispusieron a la avenencia. El aspecto musical del canto, y no las palabras, despertaron el sentimiento de paz (Gostoli, 1988: 231-7). De tal forma, Demetrio de Falero, afirmó que la música citaródica, sobretodo la de Terpandro, inducía a lo político (Scholion E. Q. *ad*. Homero. *Odysséia* 3, 267, p. 144, 8.).

Timoteo fue acusado de "*intentar corromper la antigua música de los espartanos*", motivo por el cual, "*alguien estaba presto a arrancar las cuerdas sobrantes cuando éste apuntó hacia una estatua de Apolo, que aseguraba una lyra con el mismo número de cuerdas que la suya*" (Ateneo, *Banquete dos Sofistas*, XIV, 636).

En estas narrativas se percibe un conflicto entre lo "sagrado" y lo "profano" que revela una curiosa fusión entre lo sagrado y lo político, en la ortodoxia musical, contraria al individualismo y a la *hybris* esteticista del experimentalismo de los músicos que buscaban nuevas posibilidades técnicas y estéticas para su arte.

Otro ejemplo importante de este conflicto entre lo sagrado y lo profano, en el *performance* musical, se puede encontrar en el género coreográfico del ditirambo. Su origen era atribuida a manifestaciones alegres de la danza y del canto, relacionadas con las festividades dionisíacas y, de esta forma, con un contexto originario edificado sobre lo sagrado, siendo, por lo tanto, un vínculo sagrado entre los elementos de la música y la danza. En determinado momento, sin embargo, a finales del siglo VI, y probablemente bajo la influencia de Lasos de Hermione, gran compositor y teórico musical (conocido también como maestro de Píndaro), se implementó en la Atenas de la época de las reformas de Clístenes, un modo de transición del coro ditirámbico, abandonando su forma coreográfica -el mentado *hyporchema*-, y consolidándose como forma musical, forma que predominó a partir de fines del siglo VI, cuando el ditirambo se alejaba cada vez más de su naturaleza religiosa y se tornaba un género competitivo de arte coral, de aspecto erudito y profano, en lo que se refería a la búsqueda del avance técnico (Plutarco. *De musica*. 1141c).

---

[1] "Ritualístico" en el original (N. Del T)

[2] "Heptacorde" en el original (N Del T)

Fig. 1. Coral, de composición homoerótica, representando una celebración en homenaje a Dioniso, liderado por el coreuta y el auletes.

Fig. 2. Coral de mujeres realizando una rueda de danza alrededor de un altar con el fuego encendido, durante la realización de un culto que involucra libación y la música del aulós.

La domesticación y desacralización del *dionisismo*, presente en la forma sagrada del ditirambo que predominaba en el siglo VI, fundado en la fusión entre música y danza, repercutió en la institucionalización de su culto oficial por los *psistrátidas*, como estrategia de política cultural para la captación de los sectores populares dentro de su proyecto de hegemonía política, oponiendo ese apoyo popular garantizado por el *dionisismo* oficial, al culto apolíneo desarrollado por los aristócratas refugiados en Delfos.

Sin embargo, existía otro grado de sacralización que debía ser quebrado por los estetas profanos de la música: la tradición musical predicaba la existencia de una vinculación necesaria entre las sílabas del canto y las articulaciones del acompañamiento musical del *aulos*, de forma que el acompañamiento reproducía la línea melódica del canto coral, en lo referente al ritmo y a la armonía (garantizado por el *performance* al unísono).

A mediados del siglo V, un compositor ateniense de ditirambos, Melaníppides, gran estimador de las posibilidades melódicas del *aulos*, oso quebrar la unidad sonora entre canto y acompañamiento. El virtuosismo entre los flautistas ya estaba siendo explorado ampliamente en los concursos de música délficos, desde el siglo VI, únicamente en el arte *aulético*, que incluía en su repertorio el *nomos píthikos* y el *nomos polyképhalos*, el cual utilizaba recursos técnicos como los armónicos para imitar los gemidos de la Medusa moribunda tras el mortal ataque de Perseo. Prátinas (*apud* Ateneu 617c-f), reaccionó contra los excesos del *aulos* en el ditirambo. Sabemos que, durante el inicio del tercer cuarto del siglo V, *"un ditirambo, o "Marsias" de Melaníppides el Joven había abierto el debate público sobre el canto rústico del aulos, que un cierto Telestes defendía en su ditirambo "Argos""* (Picard, 1939: 232-241).

Podemos ver que los propios autores de la antigüedad debatían, entre ellos, acerca de lo que era, en aquella época, tradición y modernidad, debates por medio de los cuales establecieron, para su sociedad, el conflicto entre lo "sagrado" y lo "profano". De esta forma comprendemos que este conflicto no se trata de una crisis de identidad de Occidente – como pretenden presentarlo muchos sociólogos y filósofos modernos – sino que lidiamos con un conflicto antropológico constitutivo de sociedades complejas, un conflicto de la Humanidad a lo largo de su historia.

Las interfaces entre la música y la religiosidad hacen evidente otra forma de vinculación entre lo sagrado y lo profano en la práctica musical.

La relevancia del estudio de la música dentro del culto religioso no se encuentra solamente en la descripción de las formas de acompañamiento musical de las ceremonias, sino también en preguntarse, desde una perspectiva etnomusicológica, por el papel de la música en la religión en tanto instrumento o acto de comunicación entre dioses y mortales. (Aytai, 1990: 89-96)

Debemos poner nuestra atención sobre el hecho de que la música, en el culto religioso, no constituye solamente un elemento de la comunicación que integra las diversas formas de rituales (procesiones, sacrificios, libaciones, fumigaciones, festivales, etc.); ella es en sí misma una forma de expresión religiosa. Este es el caso de los coros, que constituyen a la vez una expresión del arte coral (Figura 1) y coreográfico (Figura 2).

La música era un componente indispensable del culto griego, encontrándose en casi todas las manifestaciones religiosas: las libaciones (*Papiro de Oxyrrhinchos*, 675, col. i) y sacrificios (*Papiro de Oxyrrhinchos*, 675, col. ii) (Figura 3) no podían ejecutarse sin su acompañamiento. El aulos era un instrumento obligatorio en grande parte de los rituales de trance espiritual, como aquellos realizados en contexto dionisiaco (Figura 4). El desarrollo de la música siempre estuvo fuertemente influenciado por la religión,

Fig. 3. Detalle en el que se observa un joven llevando a cabo la libación, al verter el vino que derrama desde una phiale sobre el altar, podemos observar al músico tocando el aulos, en la esquina derecha, mientras dos jóvenes se preparan para colocar, sobre el fuego del altar, los pinchos con las vísceras del animal sacrificado, que caracteriza al ritual conocido como splanchnoptia.

de modo que casi todas las formas de *performance* musical – himnos, ditirambos, coros, *agones* musicales, teatro – se relacionaban de alguna forma a la vida religiosa (Cerqueira, 2000/2001: 81-100).

Es sabido que, durante el transcurso del tiempo, el arte musical griego tuvo un gran desarrollo técnico y teórico que lo conduciría más allá de las fronteras de lo religioso. Aunque el ambiente principal para el *performance* de esta música – que al mismo tiempo se especializaba, se profesionalizaba y se profanaba – continuaron siendo los festivales religiosos (Haldane, 1966: 98; Nordquist, 1992: 143).

Para la percepción griega sobre la práctica religiosa, el ingrediente de la música instrumental se concebía como un elemento constitutivo natural, de forma tal que las costumbres de otros pueblos les causaban extrañamiento en ese respecto. Así es como Heródoto, siguiendo su vocación de antropólogo (Cerqueira, 2000/2001:81-82), llamaba la atención sobre el hecho de que los persas, de forma extraña, no utilizaban instrumentos musicales en sus rituales de sacrificio (Heródoto. *História*, I.132). En la base de esta costumbre griega, estaba la creencia de que la música era un agente propicio para la comunicación entre lo humano y lo divino: ella era necesaria para que el dios aceptara el sacrificio. Una historia sobre el famoso *auletes* tebano Ismenias, narrada por Plutarco, es bastante esclarecedora a respecto del tema: el músico tebano, conocido por su virtuosismo y riqueza, estaba tocando durante un sacrificio pero parecía que el dios non escuchaba su música, lo que hacía inoperante el servicio religioso,

Fig. 4. Un auletes *profesional, toca el* aulos, *acompañado por una niña que marca el ritmo, batiendo un par de címbalos, durante un ritual en el que tres mujeres entran en transe, dos de ellas asegurando serpientes. Esta ceremonia de posesión religiosa se lleva a cabo junto al templo dedicado a Cibeles y Dioniso Sabazios, en el cual se realiza el culto en homenaje a ellos.*

aun cuando estuvieran empleando un músico artística y financieramente exitoso. Llamaron entonces a un humilde músico y el dios aceptó finalmente, el sacrificio. (Plutarco. *Propuestas para la Mesa*, II.1.632c-d)

La música era utilizada para que el dios escuchara los pedidos de los humanos, como en el caso de un fugitivo que conmovió a Zeus por medio de la ejecución de una melodía de un *aulos* lidio (Píndaro. *Olímpicas*, V.45).

La guerra es otro contexto social que presenta testimonios que evidencian la finalidad de la música: se llevaban a cabo sacrificios en los campos de batalla, donde la música era un componente necesario para que los dioses atendiesen los pedidos de sus seguidores y lucharan a su lado, como bien lo ilustra el siguiente pasaje de Jenofonte y Esquilo:

"(...) cuando el carnero está siendo sacrificado, y estando al alcance de la vista el enemigo, la costumbre ordena que todos los *auletai* presentes toquen y que todos los lacedemonios coloquen una guirnalda" (Jenofonte. *República de los Lacedemonios*, XIII.8)

" (...) Puedan luchar los dioses a nuestro lado" (Ésquilo. *Sete contra Tebas*, 267)

La expresión religiosa incluía eventos y manifestaciones que constituyen, hoy en día, categorías fenomenológicas profanas, pero que en la antigüedad pertenecían al orden de lo sagrado. Pensemos aquí en los certámenes musicales y atléticos. Hoy en día, los juegos olímpicos, la copa mundo, los festivales de rock o los conciertos de música erudita están desprovistos de cualquier carácter religioso. En la Grecia antigua sin embargo, eran tan religiosos como lo es para nosotros una misa, una sesión espiritista o un ritual afro-brasileño. Así comprendemos porque el estudio del *agon* (concurso) musical se imbrica, dentro del marco

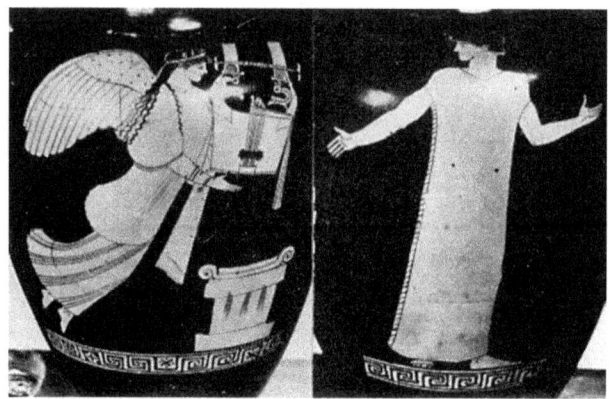

Fig. 5. El imaginario de lo sagrado, implícito en los concursos musicales, está representado por la figura de la Victoria (Niké), quien vuela sobre un altar, llevando consigo la kithara para el citaredo vencedor (derecha). La figura de la Niké alada y el altar, que por si solos nos remiten al plano de lo divino, simbolizan, respectivamente, la aceptación divina de la ofrenda musical por parte de la divinidad y el ritual llevado a cabo por el músico vencedor, quien ofrece su victoria a la divinidad.

de los estudios de la cultura griega antigua, en el campo de la religiosidad, no obstante su naturaleza musical estética y competitiva.

Bajo la óptica musical, los concursos musicales constituían la principal manifestación artística, a pesar de su carácter religioso, pues en ellos, la música no acompañaba otras actividades de la vida cotidiana. En estos concursos, la música constituía la actividad / fin – el *performance* musical era la razón del evento. La particularidad que nos orienta en la comprensión del fenómeno de los conciertos musicales llevados a cabo durante los festivales, es el reconocer que la búsqueda por el mejor *performance* musical constituía una forma de culto del dios homenajeado, era la forma en la cual la ciudad ejecutaba su sacrificio, es decir, por medio del músico que la representaba.

Fue en el espacio de estos concursos donde el arte musical se expresó en toda su plenitud, donde chocaban y rivalizaban avances, renovaciones, modernismos e ideas conservadoras, virtuosismos y *novatadas*. En este espacio, el músico era el centro. De esta forma, es en el análisis de los concursos musicales donde podemos hacer evidente, con más efectividad, la relación entre la práctica musical, su representación iconográfica y los factores históricos que interactuaban con ella: la *Música Nueva* y la reacción a ella, los avances de la profesión y los prejuicios contra el trabajo asalariado, la mayor presencia de extranjeros practicando el oficio de músico y el recrudecimiento de los sentimientos xenófobos tras la promulgación del decreto de la ciudadanía de Pericles y, en fin, entre otros muchos asuntos, las relaciones entre lo "sagrado" y lo "profano" en la *performance* musical.

La iconografía de los vasos áticos nos ofrece un vasto repertorio de representaciones de escenas de *agones* musicales, los cuales ocurrían, tradicionalmente, durante los festivales religiosos tales como las Panateneas o los

Fig. 6. Concurso musical, cuyo carácter profano está representado por su institucionalización, competitiva y estética, cuyo cotidiano se simboliza aquí mediante algunos atributos como el bema (podio) y el agonothetes (juiz).

juegos délficos. Los atributos iconográficos privilegiaban, a veces, el contexto religioso y sagrado del acto musical; a veces, destacaban la dimensión musical virtuosa y profana de este acto religioso. Me pregunto de nuevo: ¿"sagrado" (Figura 5) o "profano" (Figura 6)? Los concursos musicales son un caso paradigmático para pensar en la relación entre ambos elementos en la *performance* musical.

El histórico de los *agones* musicales, institución inexorablemente musical y religiosa, nos revela su relación con los niveles de lo sagrado y de lo profano, como lo hemos problematizado en el presente estudio.

Durante la primera mitad del siglo VI se dio una importante reformulación de las grandes festividades con vocación pan-helénica, dando inicio, con los juegos Píticos, en Delfos, en 586, la institución de juegos regulares. En 581, la misma reglamentación llegó a los juegos *Ístmicos*, en 573, a los *Nemesios* y, finalmente, en 566, a las *Panateneas*, en Atenas, bajo el arcontado de Hippokleides. La reorganización de los juegos Píticos incluyó el estímulo a las manifestaciones musicales con la realización de la *kitharoidia*, que ya era llevada a cabo durante los homenajes a Apolo, y el incremento de la *aulesis* y de la *auloidia*, la cual fue retirada cuatro años después, a pesar del éxito del *auloidos* Ekhembrotos, tras haber sido considerada como muy triste. En 558, se introdujo la *psillis kitharisis*, o solo instrumental para la *kithara* (Pausanias. VII.7. Estrabón. IX.421-2).

La reforma de las *Panateneas* atenienses, en 566, consistió al principio, en la regularización de las disputas atléticas como forma de homenajear a la diosa Atena. No existe ningún registro escrito que nos garantice, perentoriamente, que los *agones* musicales hubiesen sido introducidos durante la tiranía como pruebas oficiales de esta festividad la cual, en su origen, consistía apenas en la ofrenda de *peplos* a la divinidad. Heródoto, mientras tanto, afirma que la introducción de las recitaciones homéricas fue una particularidad de la política cultural de Pisístrato, ausentes en Delfos y Olimpia (Heródoto. *Historia*. 6.127).

La cerámica ática del tercer período del siglo VI presenta pruebas consistentes sobre la realización de certámenes musicales durante las Panateneas. (Figura 7)

Durante los quince años del gobierno de los hijos de Pisístrato, Hiparco se dedicó a crear en Atenas, una corte ilustrada según los moldes de la de Samos, la de Polícrates, que alcanzara tanta proyección en la geopolítica del Mediterráneo y del Oriente Medio a lo largo de muchas décadas, en el siglo VI. Los tiranos sabían de la importancia de una política cultural bien administrada como forma de reafirmar su hegemonía, basados en el demos urbano contra la aristocracia tradicional que se les oponía. Convidó a poetas y a músicos famosos, como Anacreonte y Simónides para que se vivieran en Atenas. En este momento, el gusto por la música parece que se destacaba entre los atenienses, factor que debió haber incrementado el valor, y engrandecido, de los *agones* musicales, como lo registra el gran volumen de material iconográfico datado del gobierno de los Pisistrátidas (Platón. *Hiparco*, 228b; Aeliano. *Varia Historia*, VIII.2).

El fortalecimiento de los *agones* musicales durante los grandes festivales, revela una política cultural bien dirigida, basada en el principio de que esas presentaciones musicales constituían una de las formas más piadosas de alabar una divinidad, porque se creía que la música "pasa muy cerca de los dioses", ya que, al tratarse de una expresión de la armonía cósmica, como propugnaban los pitagóricos, y más tarde Platón, ella misma se constituía como una obra divina. En esta medida, el músico que realizaba una *performance* al interior de un santuario, frente a un templo, durante alguna gran fiesta en homenaje a alguna divinidad, era considerado casi como un sacerdote, como una figura sagrada, de modo tal que cualquier agresión contra los músicos durante estos concursos, se consideraba como una ofensa a la divinidad, como fuera el caso de un músico asesinado en una ciudad de la Grecia oriental, durante un concurso ofrecido en honor a Hera, quien se sintió directamente afectada con este acto (Dillon, 1977: 94-121).

La reorganización de los festivales, con la revalorización de los *agones* musicales, posee un carácter muy particular pues combina el contexto de la religiosidad con el desarrollo de las formas más eruditas de presentación musical.

La iconografía de los vasos áticos nos permite contemplar, en Atenas, 1) el desarrollo de la música culta, 2) la relación del arte musical con la divinidad y 3) el tratamiento iconográfico dado al músico. La mirada del artista del jarro, por lo tanto, escoja como enfoque la dimensión sagrada, contextualizando el espacio sagrado o la comunicación con lo divino, o elija la perspectiva del profano, llamando la atención sobre la indumentaria y los gestos del músico, insinuando la grandeza de su virtuosismo. Así, la iconografía ática confirma el carácter ambiguo de la experiencia musical, que tiene la doble dimensión del sagrado y del profano, al mismo tiempo y di forma inseparable.

Fig. 7. El citaredo está representado entre dos columnas dóricas rematadas con figuras de gallos, modelo iconográfico que sigue el patrón del ánfora panatenaica, que representa a la diosa Atenea Promachos entre dos columnas. El elemento arquitectónico sugiere posiblemente el contexto de un templo, teatro o odeon (sala de conciertos), donde se realizaba este certamen musical.

Referencias Bibliograficas

AYTAI, Desidério. A música como veículo de comunicação com o mundo paralelo. In: CARVALHO, Sílvia Maria S. *Orfeu, orfismo e viagens a mundos paralelos*. São Paulo: Ed. UNESP, 1990, p. 89-96.

CERQUEIRA, Fábio Vergara. Música e culto religioso. Estudo do acompanhamento musical das procissões atenienses conforme o testemunho dos textos antigos e da cerâmica ática tardo-arcaica e clássica. Classica. São Paulo, vol. 13/14, 2000/2001, p. 81-100.

DILLON, Mathew. *Pilgrams and pilgrimage in Antient Greece*. Nova Iorque, Routledge, 1977.

GOSTOLI, Antonietta. Terpandro e la funzione etico-politica della musica nella cultura spartana del VII sec. a.C. In: GENTILI & PRETAGOSTINI. *La musica in Grecia*. Roma-Bari: Laterza, 1988, p. 231-7.

HALDANE, J. A. Musical Instruments in Greek Worship, *Greece and Rome*, 13, 1966, p. 98 e sq.

MARZI, Giovanni. *Il "Decreto" degli Spartani contro Timoteo (Boeth., De instit. Mus.,1, 1).* In: GENTILI & PRETAGOSTINI. *La musica in Grecia.* Roma-Bari: Laterza, 1988, p. 264-73.

ELIADE, Mircea. *O sagrado e o profano. A essência das religiões.* Coleção Vida e Cultura, 62. Lisboa: Edição "Livros do Brasil", s/d.

NORDQUIST, Gullög C. Instrumental music in representations of Greek cult. In: *Kernos*, Supl. 1 (HÄGG, Robin. *The iconography fo Greek Cult in the archaic and classical periods.* Proceedings of the First International Seminar on Ancient Greek Cult. Organized by the Swedish Institute at Athens and the European Cultural Centre of Delphi.), 1992, p. 143 e sq.

PICARD, Ch. *Manuel d'Archéologie grecque, La Sculpture, II, Période Classique, Ve siècle.* Paris: Auguste Picard, 1939.

Documentos iconograficos

Fig. 1. Kylix. Figuras rojas. Pintor de Triptolemos. Paris, Louvre, G 138. Circa 480. Referencias Bibliograficas: JONES, Peter (org.). O mundo de Atenas. Uma introdução à cultura clássica ateniense. São Paulo: Martins Fontes, 1997 (1984), p. 121, 2:21. BÉLIS, A. Les musiciens dans l'Antiquité. Paris: Hachette, 1999, p. 146, ilustrações I. CERQUEIRA, Fábio Vergara. Os instrumentos musicais na vida diária da Atenas tardo-arcaica e clássica (550-400 a.C.). O testemunho de vasos áticos e de textos antigos. Tese de Doutorado em Antropologia Social. São Paulo: Universidade de São Paulo, 2001, cat. 357.

Fig. 2. Pyxis. Figuras negras. Origen desconocido. Atenas, Museo Nacional, sala 54, vitrina 52 (abril de 1998). Circa 500 a.C. Bibliografia: CERQUEIRA, 2001, cat. 376.

Fig. 3. Crátera en forma de cáliz. Figuras rojas. Según el estilo del Pintor de Cadmo. (H.A. Kahn) San Antonio, San Antonio Museum, 85.120.2. Entre 420 e 410 a.C. Bibliografia: San Antonio Museum, pr. 188, n° 95. CERQUEIRA, 2001, cat. 372.

Fig. 4. Crátera con columnas. Figuras rojas. Grupo de Polygnotos. Pintor desconocido. (ARV2 1052/25; Para 442, 444; Add2 322) Ferrara, Museo Nazionale, 2897 (T 128). Circa de 440. Bibliografia: CVA Ferrara 1 (Itália 37) pr. 11.1-4. LOUCAS, Ioannis. Meaning and Place of the Cult Scene at the Ferrara Crater T 128. In: KERNOS 1992, supl. 1, The Iconography of the Greek Cult in the Archaic and Classical Periods, p. 73-83. SIMON Öpfernde Götter, 1953, p. 79-87. AntK 19, 1976, pr. 26.2. BOARDMAN ARFV 2, n° 778. CERQUEIRA, 2001, cat. 371.

Fig. 5. Ánfora con cuello. Figuras rojas. Pintor de Berlín. (ARV2 203/100) Oxford, Ashmolean Museum, 1890.30.

Fig. 6. 500-475. Bibliografia: BECK Album pr. 46, n° 246. CERQUEIRA, 2001, cat. 430.

Fig. 7. Ánfora. Figuras negras. Grupo de Leagros. (ABV 375/211) Londres, Museu Britânico, 1926.6-28.7. Último cuarto del siglo VI. Bibliografia: CVA Museo Británico 4 (Grán Bretaña 5) III H e pr. 61.4a-b. MAAS & SNYDER Stringed Instruments p. 75, n° 11. CERQUEIRA, 2001, cat. 417.

Identidades y conflictos: la arena romana en discusión

RENATA GARRAFFONI

Doctora en História – Unicamp. Profesora de Historia Antigua – Universidad Federal del Paraná (UFPR)

Introducción

En un reciente libro, donde se discute acerca de la identidad romana, Emma Dench (2005) presenta una interesante reflexión sobre el giro dado en los estudios sobre el mundo clásico. De acuerdo con esta autora, a comienzos del siglo XX, periodo en que el racismo se diseminaba por toda Europa, la idea de que los romanos fueron generosos al conceder la ciudadanía a los diferentes pueblos conquistados estaba fuera de cuestión. La interpretación más común y sobresaliente en esta época fue que la mezcla de razas habría llevado al declive del Imperio Romano.

Dench retoma estas interpretaciones en la introducción de su libro "*Romulus' Asylum*", inspirada por Martín Bernal (1987), para reforzar la idea, defendida por este autor, que diferentes contextos políticos, sociales e intelectuales condujeron a Occidente, y más específicamente a las potencias europeas del periodo, a establecer categorías de análisis sobre el mundo romano que, más tarde, se tornaron concepto naturales y poco cuestionados.

La reflexión sobre como las categorías de raza y sexo fueron fundamentales para la interpretación de las nociones de ciudadanía e identidad romana, presentadas por la autora, es provocadora, especialmente cuando establece el contrapunto con los estudios mas recientes sobre este tema. Dench resalta que las categorías de "raza", tan queridas durante el inicio del siglo XX, han sido substituidas por la idea de "multiculturalismo" en las interpretaciones actuales. La autora teje una serie de duras críticas a este modelo interpretativo, demostrando sus raíces en el pensamiento liberal y destacando que la idea de que los romanos fueron generosos al distribuir su ciudadanía, es un producto de este pensamiento, muy en boga en el mundo actual anglo-sajón.

A lo largo del libro, Dench construye sus argumentos en oposición al modelo multi-culturalista que, según Kuper (2002), está fundamentado en una perspectiva política norteamericana, en la cual, definir las diferencias culturales y luchar por su reconocimiento sería un medio de acción contra el *establishment*, haciéndose efectivo a través del fortalecimiento de los más débiles con el objetivo de alcanzar su emancipación social. La noción de multi-culturalismo, aunque muy popular entre los líderes y militantes en los países anglo-sajones, ha sido criticada por los académicos, en especial por los antropólogos, por difundir una percepción basada en una perspectiva esencialista, en la cual el culto radical a la diferencia reforzaría nociones antiguas en la que la identidad cultural es biológica y, consecuentemente, racial y determinista.

La exploración de esta polémica propuesta por Dench, en la introducción de su libro, es interesante pues los debates alrededor de las concepciones de cultura y sociedad han afectado la producción reciente sobre el mundo greco-romano. Dench reconoce que, implícito en estos debates, está la noción de que nuestros análisis sobre el pasado no son inmunes a nuestros puntos de vista presentes. También afirma que la elección de un modelo interpretativo es fundamental en este proceso para no transformar el mundo romano en un mero reflejo del moderno. Mientras tanto, desarrolla su análisis de la cultura romana y el como los propios romanos se veían a sí mismos, a partir de textos literarios, comentando escasamente sobre el papel de la cultura material en este proceso. De esta forma, aunque buscaba una interpretación que escapar de la noción determinista implícita en algunas vertientes del multi-culturalismo, pero que enfatizara la idea de pluralidad de la concepción romana de su cultura, al proponer su modelo, acabó basándose solamente en las reflexiones escritas por una capa de la población.

Aunque Dench haga énfasis en que este debate está muy presente en el mundo anglo-sajón, es importante destacar que, en la década de 1990, muchos estudios, entre ellos los de investigadores del mundo ibero-americano[1] han estado discutiendo sobre el potencial de la cultura material para repensar las concepciones estáticas de la sociedad romana, así como para deconstruir los modelos normativos de cultura e identidad[2]. Muchos estudiosos de esta temática

---

[1] Vale la pena resaltar que existe una tradición particular en el mundo ibero-americano, en lo concerniente a las cuestiones señaladas por Dench. En este sentido, aunque Dench enfatiza que el debate sobre identidad y raza está *más* presente en el mundo anglo-sajón, el mundo latinoamericano de inicios del siglo XX produjo reflexiones particulares sobre estos temas. Para ello, basta recordar nombres como Mariategui, Gilberto Freyre, Arthur Ramos o más recientemente, Roberto da Matta. Tales autores, por vivir en un contexto latino acabaron produciendo reflexiones sobre nación, raza y cultura, de una forma diferente a la del pensamiento anglo-sajón, proponiendo, cada uno a su modo, que la formación de los países latinos esta atravesada por identidades múltiples (blanco, negro e indígena) y, de esta forma, desarrollaron modelos interpretativos más flexibles que los mencionados por Dench para el mismo período.

[2] Sobre esta cuestión véase, cf. Storey, 1999; Jones, 1997; Hingley,

no comparten la idea del culto radical a la diferencia, pero proponen reflexiones que tienen por objeto el cómo se construyen las identidades de forma fluida, buscando identificar, entre las diferentes categorías documentales a las que se puede tener acceso, elementos para una interpretación más dinámica de la cultura romana, de los procesos de construcción y deconstrucción a partir del contacto. Mas que definir lo que era "romano" o "bárbaro", a partir de la confrontación de fuentes escritas y materiales, estas reflexiones abrieron caminos para pensar la cultura romana, no como imagen estática, sino como un sistema en el cual las diferencias eran construidas por conflictos y asimilaciones.

El uso de categorías documentales diferentes se convierte, de esta manera, en una conveniente estrategia para cuestionar los modelos en los cuales la idea de cultura romana está restringida a aquellos que la gobernaron, y ayuda a repensar conductas, artes de vivir y modos de inserción en el mundo, de los romanos y de otras capas de la población. A partir de tales reflexiones, el presente ensayo buscará discutir los *munera*, es decir, los combatientes de gladiadores durante el inicio del Principado romano, y su principal *locus*, esto es, el anfiteatro, procurando interpretaciones más fluidas de las identidades desarrolladas en este espacio.

Gladiadores antiguos e imaginario moderno

Los anfiteatros romanos, aún hoy en día, causan un gran impacto entre las personas: sea la magnitud del Coliseo o la simplicidad de las pequeñas arenas en los distantes puntos del antiguo imperio, o aquellas en las que apenas hasta al día de hoy podemos notar su trazado ya borrado; es muy raro que alguien pase por enfrente a estas ruinas sin manifestarse. Desde los jóvenes hasta los más viejos saben decir, independientemente de la nacionalidad, espontáneamente, cual tipo de espectáculos fueron presenciados en esos escenarios. Ya sea por las informaciones adquiridas en la enseñanza formal o por las ideas difundidas por los medios de comunicación en masa, por medio de películas exitosas como *Spartacus* o, recientemente, *Gladiador*, las arenas romanas causaron fascinación entre las personas del pasado y de nuestro tiempo presente.

Una posible explicación para el retorno del fenómeno en diferentes contextos es el impacto que ejercieron en su momento histórico. Desde la primera lucha que se registró, en el año de 264 a.C. (Tito Livio, *Ab urbs condita,* XVI), hasta su prohibición oficial, registrada en el Código Teodosiano de 438 d. C., pasaron más de cinco siglos durante los cuales los romanos, de las más diversas etnias, edades y condiciones sociales, se reunieron para asistir a un combate, apoyar a su gladiador favorito, cerrar negocios o, simplemente, flirtear (Ovidio, *Ars Amatoria*, libro I, capítulos de V a X). Esta situación, aunque sorprenda la mirada moderna, indica la existencia de un espacio de sociabilidad y de intercambios culturales extensos pues, a cada momento histórico, y dependiendo de la región donde se organizaba el combate, las relaciones entre los espectadores y el espectáculo adquirían rasgos particulares.

La popularidad del fenómeno puede comprenderse a partir de la cantidad de registros, escritos o materiales, que nos fueron dejados. La diversidad de fuentes de la cual disponemos, además de abrir la posibilidad de estudiar las diferencias en la percepción de los combates entre un periodo y otro, también provee al historiador de una infinidad de aspectos sobre los espectáculos para que explore. Entre estos registros observamos aspectos de los combates presentes, por ejemplo, en las sátiras de Juvenal y Petronio, en las reflexiones filosóficas de Séneca, en los hechos históricos narrados por Tito Livio y Suetonio, y también en las pinturas halladas en paredes, en los graffitis hechos por gente común en diferentes ciudades del imperio, en las lámparas, en las lápidas de gladiadores o en los relieves funerarios erguidos para honrar la memoria de ciudadanos ilustres que organizaron combates, entre otros.

Todos estos registros, cada uno a su modo, presentan fragmentos de las percepciones sobre este fenómeno, narran experiencias de vida que fueron *resignificadas* en diferentes situaciones. Ya fuese por medio de los relatos milagrosos de los mártires cristianos que perecieron en las arenas, o por parte de los estudios de arquitectura romana del periodo Renacentista, de las miniaturas del Coliseo realizadas desde el siglo XVIII (Conti, 2001; Schingo, 2001), de las pinturas realistas sobre el combate de Jean-Léon Gérôme del siglo XIX (Ackerman, 1986), o de las exposiciones de piezas en diversos museos modernos[1], los combates fueron interpretados y resignificados.

La historia y la arqueología, entendidas como disciplinas científicas desde el siglo XIX, también desempeñaron un importante rol en este proceso, pues fueron las principales responsables de la producción de conceptos interpretativos sobre los *munera* y, por consecuencia, como se relacionaron los romanos con ellos. Es sobre esta cuestión que deseamos reflexionar en las siguientes líneas.

Interpretando las arenas romanas

Bomgardner (2002) afirma que los anfiteatros romanos son, aún hoy en día, unos de las edificaciones más significativas de la arquitectura romana. De hecho, tras consultar los trabajos de estudiosos dedicados a este tema podemos afirmar que existen, básicamente, dos tipos de estudio sobre los anfiteatros romanos: uno que lidia, exclusivamente, con los aspectos materiales de los edificios y, otro, que intenta relacionar fuentes escritas con los vestigios de estas culturas.

1996; Funari, 2002; Funari et Zarankin, 2001; Funari, 1995; Carreras, et Funari, 2000; Garraffoni, 2001, Feitosa, 2005.

[1] Cf, por ejemplo, Beltrán Martínez, et Beltrán Lloris, 1991; Blanco Freijeiro, 1950; Blázquez, 1958; Köhne, 2000; La Regina, 2001.

Con respecto a las investigaciones arqueológicas sobre anfiteatros, sería interesante recurrir a los argumentos de Golvin (1988) y destacar dos momentos que marcan tales estudios, según el autor. En un primer momento, se dan tentativas para catalogar los anfiteatros romanos, elaborados aún incluso en el siglo XIX, en los grandes diccionarios (Thierry, 1877). Golvin destaca que tales artículos terminan mezclando edificios distintos a los anfiteatros y que no había estudios sobre estos monumentos como un todo. En general, se elaboraban descripciones de las edificaciones y, solamente a partir de 1930, los investigadores comenzaron a analizar el funcionamiento de sus estructuras.

Para este proceso la década de los 1950as se convierte en un importante marco, cuando se comienza un segundo momento del análisis de tales edificios, ya que se trata de la época en la que se realizan estudios de estructuras específicas como el sistema de evacuación del agua o el funcionamiento del *uelum*. Muchos de los estudios de esta clase son producidos actualmente y tienen por objetivo la elaboración de monografías, con las cuales pretenden delinear la evolución arquitectónica y las transformaciones sufridas por estos edificios a lo largo del imperio romano.

Por otro lado, entre los estudiosos que trabajan con diferentes categorías documentales, es decir, fuentes escritas y anfiteatros, predominan modelos interpretativos que se proponen enfocarse en las relaciones sociales. Esta relación es fundamental para pensar en la cuestión de la identidad romana y, por lo tanto, ampliaremos un poco más este aspecto.

En los años 1990as, Gunderson (1996) escribió un artículo emblemático sobre esta relación. A partir de una postura teórica que incluye la idea de tecnologías de poder, usada en su sentido *foucaultiano*, unida al concepto de reproducción social de Althusser y a la dimensión teatral de la civilización romana, defendida por Dupont, caracterizó el anfiteatro como un local de transmisión de ideología. A lo largo de su argumento, percibimos que Gunderson interpreta la arena como un instrumento de reproducción y perpetuación de los ideales de esta sociedad, donde los espectáculos que se realizaban en ellas hacían evidente el orden social establecido. O, en sus propias palabras, demostraban que se trataba de "... *una vida romana normal y saludable...*" (Gunderson, 1996: 120).

Más allá de hacer visibles las jerarquías sociales y de modelar el carácter del emperador como virtuoso, en oposición al bárbaro gladiador que merecía la muerte, el anfiteatro también ejercería otra función, la de sustentar las estructuras de poder que se erguían en la gran mayoría de las provincias romana. Pero, ¿cómo podrían ejercer tal papel? La respuesta que da Gunderson reside en la estructura física del anfiteatro: la forma en la cual las tribunas eran construidas, con locales demarcados según la condición social, hacía evidente la estratificación, dejando clara la posición de cada uno en la sociedad. El teatro político que fue establecido allí contaba con algunos ingredientes fundamentales, como el crimen y su castigo, la relación entre civilización e imperio en oposición a la barbarie, dominio de la naturaleza, la represión a la mujer, además de, claro está, la exhibición y exaltación de los ideales de masculinidad en el centro de la arena, es decir, fuerza física, coraje y desprecio por la muerte, protagonizado por gladiadores o *uenatores*.

En este proceso, la violencia y lo exótico ocupaban un *locus* específico y expresaban la confrontación entre el civilizado (ciudadano romano) y el bárbaro (criminal castigado o gladiador infame). Condenar a muerte o conceder la victoria era la función de la platea, de acuerdo con el desempeño de cada uno en la arena. La gloria era concedida a quien consiguiera aproximar más a estos ideales masculinos, exhibiendo fuerza y destreza frente a las adversidades.

Futrel (1997) por su lado, desarrolla un argumento semejante. Ya en las primeras líneas de su libro afirma que el anfiteatro, más que una simple estructura arquitectónica, o un lugar de diversión y práctica deportiva, estaba inserto en la dinámica política y social romana, expresando de esta forma, un *locus* para la conmemoración del pasado y creando un ideal de grupo para el futuro.

Argumentado, a partir de este punto de vista arqueológico, y considerando la estructura de los anfiteatros, Futrel sugiere que estos edificios públicos romanos ayudaban a identificar y celebrar la autoridad central, es decir, al *Princeps*, y a legitimar su *status*. En este ambiente, donde el pueblo y el Emperador se encontraban, la *plebs* se expresaba e interactuaba con los ideales de cultura romana allí expuestos, formalizando así el comienzo de una nueva identidad, pautada según los símbolos imperiales materializados en los combates.

Aunque los argumentos de Futrel sean un poco más flexibles, porque su texto gira en torno a la construcción de este nuevo orden y del papel desempeñado por el anfiteatro, tanto ella como Gunderson nos presentan una única identidad romana, basada en el concepto de *uirtus*, es decir, masculina, militar, activa y conquistadora, en oposición al derrotado: bárbaro, descontrolado y, por consecuencia, inferior que debía ser dominado. En este sentido, en relación con la propuesta de identidad romana de cada uno de ellos, está implícito el concepto de Romanización, evocado en la justificación del papel civilizador desempeñado por los anfiteatros durante el Principado. Dicho de otra forma, por medio de la violencia y el exterminio físico se impuso un ideal de lo romano, universal, que debía ser comprendido y respetado en todos los puntos del Imperio.

Gunderson y Futrel no son los únicos que interpretan los anfiteatros romanos de esta forma. Hopkins (1983), por su lado, es explícito al hacer énfasis en que los anfiteatros enseñaban el valor del coraje, virtud fundamental para la supervivencia de Roma. Barton (1993) afirma, en diferentes partes de su texto, que dualidades como identidad / distinción estaban presentes en los anfiteatros y eran fundamentales para la construcción del "ser romano" durante el Imperio.

Finalmente, y no menos importante, está el libro de Wiedemann (1995). Quizás él sea, tal vez, el especialista que más profundizó en este sesgo interpretativo, argumentando que la violencia exhibida en los anfiteatros era parte del dominio y expresión del *ethos* romano frente a los bárbaros conquistados.

En términos prácticos, Wiedemann se basa en los eventos de las arenas solamente, para organizar su interpretación. Según el clasicista, aquellos que pisaron las arenas de los anfiteatros eran, antes que nada, *infames*, es decir, hombres y, a veces, mujeres, de las capas sociales más bajas, esclavos y condenado o libres, y libertos desesperados sin otra alternativa de vida. Como Barton, Wiedemann traza un perfil único de los gladiadores, como hombres sin rostro, perdidos, que si lograban probar su valentía en la lucha podían ganar, quizás, el *status* y, lentamente, volverían a ser reconocidos. Este proceso de búsqueda de *fama* se daba de dos maneras: por la muerte o por la victoria. Si un luchador caía con valor le era concedida una muerte rápida por la espada, privilegio de ciudadanos. En el segundo caso, venciendo, conquistaba los corazones de la platea y, con cada lucha, el perdón de la población.

Presenciar y aprender esta lección de fuerza y valentía sería, por lo tanto, una función más de los anfiteatros. Por estar presentes en los más alejados puntos del imperio, los anfiteatros se convirtieron en un *locus* importante en la implementación del *ethos* romano, casi siempre establecido por los historiadores romanos a partir de textos escritos por miembros de la elite, como por ejemplo las reflexiones de Séneca o la historiografía de Suetonio.

En este sentido, Futrel, Gunderson, Barton, Wiedemann y Hopkins, cada uno a su manera, toman los valores de las elites romanas presentes en estos textos para interpretar las edificaciones, convirtiéndolos en locales de exhibición de la moral, la identidad y del poder civilizador romano. De esta forma, de acuerdo con esta perspectiva, cada espectáculo presenciado introducía comportamientos y, por lo tanto, esto lo convertía en símbolo de Romanización.

¿Romanizando bárbaros?

Los estudios presentados expresan una nueva forma de mirar los combates sobre las arenas. Durante mucho tiempo, el principal modelo interpretativo sobre los espectáculos de las arenas estaba pautado sobre la idea de Pan y Circo, es decir, el gobierno romano ofrecía espectáculos, entre ellos los combates de gladiadores, para mantener a la población ocupada y obtener favores públicos. Esta forma de interpretar los espectáculos, con un rol político explícito, apareció, por primera vez, en los estudios de dos importantes clasicistas alemanes que vivieron en el siglo XIX, Mommsen (1885/1983) y Friedländer (1885/1947) y aún aparece como parte de interpretaciones recientes (Mancioli, 1987).

Solo fue hasta la década de los 1960as cuando Paul Veyne comenzó a cuestionar este modelo tradicional en el que los juegos de gladiadores constituían un mecanismo de control del Estado sobre los pobres y presentó una nueva perspectiva sobre el asunto: los juegos no serían un local para distraer a una masa hambrienta y pobre, sino que era el local en donde los gobernantes se encontraban con el pueblo quien manifestaba allí su opinión.

Muchos de los estudios a lo que hemos hecho referencia en las páginas anteriores se inspiraron, en parte, en estas preocupaciones de Veyne. Así, en relación con los anfiteatros romanos, aunque aún estuviesen siendo interpretados desde el campo político, la idea de que fueron usados como distracción a cambio de favores fue extrapolada: Futrel, Gunderson, Barton, Wiedemann y Hopkins hacen énfasis sobre el control político, la imposición de la identidad, en fin, la relación implícita entre romanos y nativos, empleando el concepto de Romanización dentro de un campo en el cual no se usaba mucho.

Por otra parte, estudios recientes, como los de Hingley, han demostrado la necesidad de que sea repensado el concepto de Romanización. Éste habría sido creado por los académicos modernos y empleado, de maneras diversas, a lo largo del siglo XX para explicar la expansión y conquista de territorios desde la época de Augusto, no siendo, por lo tanto, conocido en tiempos romanos[1]. A pesar de los diferentes tópicos retomadas por los clasicistas modernos, en el caso específico de los combates de gladiadores, la idea de Romanización está vinculada directamente a la organización de la ciudad y, consecuentemente, de la construcción del anfiteatro, concebido éste como un lugar privilegiado para la reafirmación y reproducción de este supuesto ideal romano de civilización. Los investigadores mencionados, y aquellos que siguen esta perspectiva analítica, presentan casi siempre una identidad romana única y polarizada, construida a partir de oposiciones: elite / *plebs*, civilizado / bárbaro, orden / caos, naturaleza / sumisión, *fama* / *infamia*, emperador / gladiador.

Resumiendo, podemos decir que la base de estos argumentos identifica los anfiteatros como estructuras rígidas, enfatizando, básicamente, apenas dos aspectos: lo externo y lo interno. Externamente, los anfiteatros romanos serían monumentos arquitectónicos que simbolizaban la civilización y el dominio romano sobre la ciudad en la que estaban erigidos. Internamente, las graderías reflejarían la jerarquía social y el poder romano que, en la práctica, castigaba a los criminales o aplastaba a los bárbaros, representados allí en las vestimentas usadas por los gladiadores. De esta forma, si por fuera los anfiteatros materializaban la monumentalidad del Imperio, por dentro dejaban claro las jerarquías y sometían, a los *infames*, a sus reglas.

---

[1] Cf., por ejemplo, Hingley, 1997; 2000; 2001; 2002.

Jerarquías y conflictos

El tipo de interpretación al cual nos referíamos antes está construido a partir de algunos pilares a los que todos los autores recurren para desarrollar sus argumentos y, entre ellos, destacamos el énfasis en el texto de Suetonio, en especial en lo que trata respecto del uso de la toga, por los ciudadanos, y su transposición a la estructura arquitectónica.

La cita más utilizada por estos académicos se encuentra en la narración de la vida de Augusto. Es en ese momento cuando Suetonio comenta sobre la legislación que el emperador habría creado para dar orden a las graderías y hacer obligatorio el uso de la toga para los ciudadanos romanos. Aunque muchos de los estudiosos consideren singular la actitud de Augusto en los modelos interpretativos ya comentados, es importante destacar que este emperador no fue pionero en establecer divisiones en las tribunas de edificaciones destinadas a espectáculos públicos. De acuerdo con Orlandi (2001), en 194 a. C., aparece el primer registro de segregación entre senadores y *plebs* en los teatros, hecho que se transformó en ley, solamente, hasta 87 a. c. (*Lex Roscia Theatralis*). Esta ponderación nos hace pensar que, en un primer momento, las diferencias fueron establecidas de manera más amplia, de acuerdo con el grupo social. Más allá de eso, esta propuesta nos lleva a pensar que, en diferentes contextos históricos, las distinciones sociales en los teatros no se elaboraron de una única manera y, por lo tanto, tomar la ley de Augusto para estudiar un periodo de tiempo extenso nos parece una generalización muy amplia. Investigadores como Futrel y Gunderson toman las distinciones de manera empírica y dejan la impresión que, tras la promulgación de la ley por Augusto, todos los anfiteatros se adaptaron a esta nueva situación, idea que, por ejemplo, Edmondson cuestiona (1996).

Esas consideraciones nos remiten a una interpretación menos estática de las tribunas, ya que las segregaciones no eran estáticas y podían ser alteradas de acuerdo con el momento histórico. Es este, por lo tanto, el punto que nos gustaría destacar con más vehemencia, pues es el que nos diferencia de los académicos ya mencionados. Creemos que la manera como estos especialistas articulan la legislación comentada por Suetonio y la estructura arquitectónica de los anfiteatros, crea una poderosa imagen que, prácticamente, excluye los conflictos. Así, la base de sus interpretaciones se inserta en medio de un modelo normativo en el cual la legislación de Augusto y la estructura arquitectónica se convierten en fuentes superpuestas para construir una imagen armoniosa de la sociedad romana en la cual los papeles sociales estaban definidos por los lugares que la gente ocupaba en las graderías.

En todos los estudios ya citados existe un uso de la legislación y de la cultura material donde no se mencionan sus contextos específicos, creando cuadros explicativos muy amplios. Esta característica acaba por dejar de lado las variaciones estructurales de los edificios y, como consecuencia de ello, sus particularidades. Según Edmonson, los diferentes motivos por los cuales los combates eran llevados a cabo, son menospreciados en estas interpretaciones, así como el lugar propiamente dicho que este edificio ocupaba en la ciudad. Tanto los motivos, como el espacio donde se situaba el anfiteatro, son elementos fundamentales, ya que ellos generaron impactos diferentes en cada espectador, cuestionando la idea de la imposición de un único *ethos* romano presente en los argumentos de los autores ya citados.

De esta forma, discutir sobre las antiguas arenas, y sobre el papel que jugaron dentro de las ciudades romanas, nos parece un camino proficuo para repensar las relaciones sociales y los conflictos sobrellevados por romanos y los nativos de las diversas regiones conquistadas. Por lo tanto, quizás sería interesante el examinar más de cerca dos anfiteatros muy diferentes: el Coliseo y el anfiteatro de Segóbriga.

Anfiteatros de piedras: estudio de caso

Los estudios de caso que presentamos a continuación, sobre el anfiteatro de Segóbriga y el Coliseo, se estructuran como parte de una perspectiva que busca una interpretación que no se restrinja a la idea de imponer un único *ethos* romano sobre la población local. No negamos entonces que tales edificios públicos fuesen construidos por una elite romana ni discordamos con el hecho de que los anfiteatros tuvieran relación con las instancias administrativas del Imperio. Tampoco negamos el carácter de una arquitectura particular desarrollada con el fin de atender necesidades por espectáculos específicos de esta sociedad. Lo que pretendemos destacar es que la cultura material producida aquí, se construyó a partir del intercambio de técnicas, de adaptaciones a la topografía local y de los gustos de las ciudades en las cuales fueron edificados para que fueran reconocidos. En este sentido, por detrás de la construcción de tales estructuras estaban articuladas las experiencias helénicas, así como los espectáculos estaban cargados de valores etruscos, por ejemplo. Los valores romanos específicos se produjeron a cada momento histórico y, por tal motivo, creemos que los edificios no pueden estudiarse sin vincularlos a su contexto.

Por tal motivos argumentamos que, más que simbolizar una identidad romana cerrada, única, basada en los valores de una elite, tales edificios, y los combates realizados allí, expresan la pluralidad de esta cultura, construida y resignificada a partir de la interacción constante con las poblaciones locales, que nunca fueron pacíficas sino por el contrario, permeadas por diversos conflictos. Las soluciones particulares que fueron tomadas para la construcción de las edificaciones, y los diversos espectáculos presentados, permiten una interpretación más dinámica de este aspecto de la cultura romana. La misma energía aplicada al uso y transformaciones de la estructura de las arenas pueden ser leídas, por lo tanto, como expresiones de esta pluralidad y, como consecuencia, abren espacio para que pensemos en interacciones diversificadas que actuarían de formas diferentes en cada uno de los niveles sociales que componían la sociedad romana.

Es en este contexto que, creemos, el análisis de dos anfiteatros en particular debe considerar estas ideas más claramente. Escogimos, intencionalmente, dos anfiteatros bien distintos, el de la ciudad de Segóbriga y el Coliseo. Aunque ambos son, prácticamente, contemporáneos, terminado el primero por vuelta de 60 d. C. Y el segundo en 80 d. C., sus características arquitectónicas son completamente diferentes, ya que uno es pequeño y está localizado en *Hispania*, y el otro, de proporciones monumentales, en Roma.

El anfiteatro de Segóbriga, ciudad ubicada en la meseta hispánica, puede considerarse de porte pequeño si se compara con otros. Habiendo sido redescubierto en el siglo XVI, parte de su estructura de piedras fue retirada para la construcción de otras edificaciones, como el monasterio de Uclés. Almagro afirma que, desde este periodo, el anfiteatro sufrió diferentes intervenciones y excavaciones y, por mucho tiempo se discutió la forma de su estructura (Almagro y Almagro-Gorbea, 1992: 139).

Su construcción, concluida en los años 60as d. C., coincide con la transformación de la ciudad que de *oppidum* pasa a ser considerada *municipium*. Analizando el *locus* en el cual se irguió su estructura, no es difícil percibir que está integrada al trazado de la ciudad, próxima a la muralla y al lado del teatro. El terreno en el cual se construyó está al pie de la elevación sobre la cual esta asentada la ciudad. Esta situación topográfica determinó el formato de su arena, de una forma elíptica particular, casi semi-circular y también acabó generando la necesidad de construir muros de contención, ya en la época romana, para evitar deslizamientos en las épocas de lluvia.

Analizando el proceso de construcción, Almagro afirma que parte del declive fue aprovechado para el establecimiento de la tribuna y la otra sección se levantó desde el suelo. Este proceso, aunque es más económico, no comprometió la estructura del edificio ni rompió la unidad del monumento, pero acabó tornándolo particular ya que parte de la arena y de la propia gradería fueron, prácticamente, excavadas en el suelo. Otras características de este edificio que merecen ser resaltadas son su contorno irregular, casi imperceptible al ojo, la ausencia de pinturas, de decoración y de estructuras internas debajo de la arena.

Esta simplicidad la contrastamos con el *Amphiteatrum Flavium*, más conocido como el Coliseo. Considerado uno de los mayores monumentos de la antigüedad, Beste (2001) afirma que los estudios sobre este edificio pueden ser divididos en dos categorías: la arquitectónica y la función de los corredores internos. Esto significa que, además de las cuestiones relacionadas con la argamasa usada en su construcción, con las tribunas, con el sistema para perfumar el aire, conocido como *sparsio* o el funcionamiento del *uelum*, existe una rama especializada de estudios sobre asuntos relacionados con los corredores internos y con el subsuelo del Coliseo. Los debates en torno a esta estructura han sobrevivido durante siglos, y los desacuerdos y controversias de los especialistas indican la complejidad de la construcción de la edificación.

Las temáticas que giran en torno al subsuelo del Coliseo nos interesan en la medida en que están ligadas a la presentación técnica de los juegos, o, como propuso Beste (2000), tales estructuras permiten que reflexionemos sobre como se organizaban los juegos en la práctica. Por estos corredores circularon los hombres que preparaban las escenas del espectáculo. Además de ser locales en donde los gladiadores aguardaban su momento de luchar, también servían para guardar las fieras y cautivos que serían ejecutados.

Analizando la conformación de estos corredores y sus adaptaciones, Beste creía que el suelo de madera fue renovado en diversas ocasiones durante el periodo de uso del Coliseo. Los distintos tipos de encajes presentes en los muros internos indicarían diversos tipos de soluciones empleadas por los romanos para ajustar el piso de madera a los muros. Es difícil precisar todos los cambios aunque, sin embargo, Beste afirma que es posible elaborar hipótesis basadas en la cronología de los muros pues, no podemos olvidar, el Coliseo sufrió la acción de terremotos e incendios, incluso durante los primeros siglos d. C., lo que significó que se llevaran a cabo varias reconstrucciones.

La comparación de dos anfiteatros tan diferentes como los de Segóbriga y Roma nos lleva a reflexionar sobre un punto importante que trata respecto a temas relacionados con la práctica del trabajo arqueológico. Como ambos sufrieron una serie de intervenciones a lo largo de los siglos, los procesos de excavación estimulan a los estudiosos a buscar interpretaciones para tales estructuras. Incendios, desastres naturales tales como lluvias fuertes o terremotos, desgaste por uso durante el periodo romano, mejorías o innovaciones, donadas por los ricos ciudadanos, o usos tardíos del predio, son factores que deben ser considerados y, por lo tanto, la delimitación del contexto es tan importante.

A partir de estas consideraciones s posible afirmar que, aunque los dos anfiteatros sean contemporáneos, los habitantes de Segóbriga presenciaron espectáculos diferentes de los romanos. La diferencia del soporte de estructuras debe haber influenciado la frecuencia de los combates así como en la manera en que se escenificaban. Aunque sean edificaciones prácticamente del mismo periodo, los espectáculos presentados tuvieron diferentes proporciones y pueden haber provocado las más variadas reacciones, tanto entre los gladiadores que lucharon en estas arenas, como en los asistentes, pues no podemos olvidar que el espectáculo también estaba compuesto por la interacción entre espectadores y protagonistas, permeado por el ambiente, por los colores y actitudes de aquellos que tomaban asiento en las tribunas.

En sentido, el tamaño y la estructura de los anfiteatros, su localización dentro de las ciudades de las distintas regiones del imperio, son factores que, según nuestro parecer, no pueden menospreciarse durante el análisis del significado de estas edificaciones. Aún cuando los habitantes de las partes más diversas del imperio sabían que los anfiteatros eran lugares reservados a los *munera* romanos, creemos que las relaciones establecidas entre los edificios y los espectáculos no eran homogéneas, y las reformas arquitectónicas pueden considerarse como indicios de esta interacción constante con la vida cotidiana de las ciudades administradas por las elites romanas.

Según este punto de vista, los casos seleccionados, el anfiteatro de Segóbriga y el Coliseo, son emblemáticos: en contextos distintos, uno en *Hispania*, y el otro en la ciudad más importante del Imperio, tales edificios expresan una idea de monumentalidad en proporciones diferentes. Sus contrastes, aparte de permitir la percepción de las múltiples facetas de los anfiteatros, abren camino para que pensemos sobre las relaciones sociales a su interior, de una forma menos rígida, pues sus particularidades arquitectónicas expresan las experiencias históricas vivenciadas, no siempre de manera harmónica, pero sí, muchas veces, sujeta a conflictos, como en el caso de Pompeya en el año 59 d. C. (Garraffoni, 2005: 136-149).

Consideraciones finales

Los anfiteatros romanos fueron considerados, por muchos estudiosos, como emblemas culturales de aquella sociedad. De hecho, la gran cantidad de ejemplares, que aún permanecen asociados a este tipo de espectáculos, generan muchas discusiones. En una época durante la cual la violencia es cuestionada y considerada como algo que debe denunciarse, en el que la paz social es deseada y la protección a los animales ya la naturaleza generan nuevos estilos de vida, interpretar las arenas romanas se convirtió en un desafío para el investigador moderno.

Los estudios de Futrel, Gunderson, Barton, Wiedemann y Hopkins, que ya analizamos antes, produjeron modelos interpretativos que ayudan a entender este fenómeno. Al convertir las arenas en un local de irradiación del poder romano, de enseñanza de la virtud y de fortaleza, intentaron hacer énfasis en la posibilidad de análisis de estas edificaciones de una manera que superara a la tradicional de *Pan y circo*. Sin embargo, al producir tales interpretaciones, acabaron por transformar la identidad cultural romana en una única perspectiva o, como propusiera Brown (1995), crearon una teoría de la necesidad, es decir, los anfiteatros y los combates de las arenas eran la esencia que transmitía valores a los nuevos pueblos conquistados.

Al transponer los valores de los escritos de las elites a los anfiteatros, estos autores acabaron por restringir los eventos que allí ocurrieron a la mirada de una única capa de la sociedad. Por otro lado, inspirada en los trabajos como los de Scobie (1988) y Edmonson (1996), en los cuales se defiende la idea del análisis de las estructuras de los anfiteatros desligado de los textos, observando las estructuras de diversas edificaciones como el Coliseo o el anfiteatro de Segóbriga, buscamos pluralizar la noción de sus estructuras y de sus usos. En este sentido, la contraposición de diferentes categorías documentales nos permite repensar la noción de cultura romana dentro de una vertiente plural, y las relaciones con los pueblos conquistados de una manera menos determinista.

Agradecimientos

Quiero agradecer a Pedro Paulo Funari (Unicamp), Andrés Zarankin (UFMG), Lourdes Feitosa (NEE – Unicamp) y a Glaydson José da Silva (NEE – Unicamp) por el intercambio de ideas durante este tiempo. Institucionalmente debo agradecer a la UFPR (Universidade Federal do Paraná), por su actual apoyo a mi investigación y a Fapesp, que financio los viajes a Europa entre los años 2000 a 2004, momentos en los que pude participar de la excavación de Segóbriga y trabajar junto a la Universidad de Barcelona y la Universität Heidelberg. También estoy muy agradecida por la amabilidad de los profesores Geza Alföldy, Jose Remesal, Juan Manuel Abascal, Martín Almagro Gorbea y Ana Piñon, por su acogida en Madrid. La responsabilidad de las ideas presentadas es de la autora.

Referencias bibliograficas

A) Fuentes

OVÍDIO. *El arte de amar.* Barcelona: Editorial Ramón Sopena, 2000.

TITO LÍVIO. *Ab urbs condita*, Oxford Classical Texts. Grã-Bretanha: Oxford University Press, 1974.

B) Bibliografía Moderna

ACKERMAN, G.M. *La vie et l'oeuvre de Jean-Léon Gérôme*. Paris : ACR Édition.

ALMAGRO A. et ALMAGRO-GORBEA, M.. El anfiteatro de Segóbriga. In: *El anfiteatro en la Hispania Romana*. Mérida, 1986 /1992, p. 139-164.

BARTON, C. A. *The sorrows of the Ancient Roman* : the gladiator and the monster. Nova Jersey: Princeton University Press, 1993.

BELTRÁN MARTÍNEZ, A. et BELTRÁN LLORIS, F. La "epigrafia anfiteatral". In: *El anfiteatro de Tárraco* – estudio de los hallazgos epigráficos. Tarragona: Grafica Gabriel Gibert, 1991, p. 25-27.

BERNAL, M. *Black Athena*. The afroasiatic roots of Classical Civilization. Rutgers: New Brusnwick, 1987.

BESTE, H.-J. The construction and phases of development of the wooden arena flooring of the Colosseum, In: *Journal of Roman Archaeology*, Michigan: Michigan University Press, vol. 13, 2000, p. 79-92.

BESTE, H.-J. I sotterranci del Colosseo: impianto, tranformazioni e funzionamento. In: *Sangue e Arena* (LA REGINA, A.– org.). Roma: Electa, 2001, p. 277-299.

BLANCO FREIJEIRO, A. Mosaicos romanos con escenas de circo y anfiteatro en el Museo Arqueológico Naciona. In: *Archivo Español de Arqueologia, tomo XXIII,* Madrid, 1950, p. 127-142.

BLÁZQUEZ, J. M. Representaciones de gladiadores en el museo Arqueológico Nacional. In: *Zephyrus,* IX, Salamanca, 1958, p. 79-94.

BOMGARDNER, D.L. *The story of the Roman amphitheater.* Londres: Routledge, 2002.

BROWN, S. Explaining the arena: did the Romans "need" gladiators? In: *Journal of Roman Archaeology.* Michigan: Michigan University Press, vol. 8, 1995, p. 376-384.

CARRERAS, C. ; FUNARI, P.P.A. Estado y mercado en el abastecimiento de bienes de consumo en el imperio romano: um estudio de caso de la distribuición de aceite español em Britannia. In: *História Econômica & História de Empresas,* III.2, 2000, p. 105-121.

CONTI, C. Il modello lígneo dell'anfiteatro Flavio, di Carlo Lucangeli: osservazioni nel corso del restauro. In: *Sangue e arena* (LA REGINA, A. – org.). Roma: Electa, 2001, p. 117-125.

DENCH, E. *Romulus' Asylum – Roman Identities from the age of Alexander to age of Hadrian.* Oxford: Oxford University Press, 2005.

EDMONDSON, J.C. Dynamic Arenas: gladiatorial presentations in the city of Rome and the construction of Roman society during the Early Empire. In: *Roman theater and society* (Slater, W.J. – org). Michigan: The University of Michigan Press, 1996, p. 69-112.

FEITOSA, L.C. *Amor e sexualidade: o masculino e o feminino em grafites de Pompéia,* Annablume/Fapesp, São Paulo, 2005.

FRIEDLÄNDER, L. *La sociedad romana – Historia de las costumbres en Roma, desde Augusto hasta los Antoninos.* Madrid: Fondo de la Cultura Económica, 1885/1947.

FUNARI, P.P.A. et ZARANKIN, A. Abordajes arqueológicos de la vivienda doméstica en Pompeya : algunas consideraciones. In: *Gerión,* n.19, 2001, p. 493-512.

FUNARI, P.P.A. Apotropaic Simbolism at Pompeii: a Reading of the Graffiti Evidence. In: *Revista de História,* FFLCH-USP, 132, 1995, p. 9-17.

FUNARI, P.P.A. The consumption of olive oil in Roman Britain and the role of the army. In: *The Roman Army and the Economy* (ERDKAMP, P. – org). Amsterdã: J.C. Gieben, 2002, p. 235-263.

FUTREL, A. *Blood in the arena: the spectacle of Roman Power.* Austin: University of Texas Press, 1997.

GARRAFFONI, R.S. Cultura material e fontes escritas: uma breve discussão sobre a utilização de diferentes categorias documentais em um estudo sobre as práticas cotidianas dos romanos de origem pobre. In: *LPH – Revista de História,* vol. 11, 2001, p. 33-57.

GARRAFFONI, R.S. *Gladiadores na Roma Antiga:* dos combates às paixões cotidianas. São Paulo: Editora Annablume/ FAPESP, 2005.

GOLVIN, J-C. *L'Amphiteatre Romain – Essai sur la théorisation de sa forme et de ses fonctions.* Paris : Publications du Centre Pierre Paris, 1988.

GUNDERSON, E. The ideology of the arena. In: *Classical Antiquity,* vol. 15, n° 1, 1996, p. 113-151.

HINGLEY, R. (org.). Images of Rome: perceptions of Ancient Rome. In: *Europe and the United States in the Modern Age,* Journal of Roman Archaeology Supplementary Series 44, 2001.

HINGLEY, R. The "legacy" of Rome: the rise, decline and fall of the theory of Romanization. In: *Roman Imperialism: post-colonial perspectives* (Webster, J. et Cooper, N. – orgs.), Leicester, 1996, p. 35-48.

HINGLEY, R. *Roman Officers and English Gentlemen – the imperial origins of Roman Archaeology.* Londres: Routledge, 2000.

HINGLEY, R. Imagens de Roma: uma perspectiva inglesa (tradução Renata Senna Garraffoni e revisão de Pedro Paulo A. Funari). In: *Repensando o mundo antigo – Jean-Pierre Vernant e Richard Hingley* (Funari, P.P.A. – org), Textos Didáticos n° 47. Campinas: IFCH/UNICAMP, 2002.

HOPKINS, K. Death and Renewal – sociological studies. In: *Roman History,* vol. 2, Cambridge: Cambridge University Press, 1983.

JONES, S. *The Archaeology of Ethnicity:* constructing identities in the past and present, Londres: Routledge, 1997.

KÖHNE, E. Gladiators and the Caesars – the power of spectacle in Ancient Rome. In: *Minerva,* vol. 11, n° 3, 2000, p. 34-36.

KUPER, A. *Cultura* – A visão dos Antropólogos. Bauru: EDUSC, 2002.

LA REGINA, A. *Sangue e arena.* Roma: Electa, 2001.

MANCIOLI, D. *Giochi e Spettacoli.* Roma: Edizioni Quasar, 1987.

MOMMSEN, T. *El mundo de los Cesares.* Madrid: Fondo de Cultura Económica, 1885/1983.

ORLANDI, S. I loca del Colosseo. In: *Sangue e arena* (LA REGINA, A. – org.). Roma: Electa, 2001, p. 89-103.

SCHINGO, G. I modelli del Colosseo. In: *Sangue e arena* (LA REGINA, A. – org.). Milano: Electa, 2001, p. 105-115.

STOREY, G.R. Archaeology and Roman Society: integrating Textual and Archaeological data. In: *Journal Of Archaeological Research*, vol. 7, n° 3, 1999, p.203-248.

THIERRY, C. Amphitheatrum. In: *Dictionnaire des Antiquités Grecques et Romains* (Daremberg-Saglio – orgs.). Paris : Librairie Hachette, 1877, tomo I, p. 241-247.

VEYNE, P. *Le Pain et le cirque: sociologie historique d'un pluralisme politique*. Paris: Seuil, 1976.

WIEDEMANN, T. *Emperos and Gladiators*. Londres: Routledge, 1995.

WISTRAND, M. *Entertainment and violence in ancient Rome* – the attitudes of Roman writers of the first century *A.D.*, Suécia, 1992.

Luchando contra el tiempo: análisis de algunas construcciones severianas en la ciudad de Roma

ANA T. M. GONÇALVES

Doctoranda en História – FLCH/USP. Profesora de Historia Antigua – Universidad Federal de Goiás (UFGO)

Introducción

El hombre antiguo sabía que lo que le separaba de forma inequívoca de los dioses de los hombres era la posesión de la inmortalidad. Muchos héroes de las civilizaciones clásicas y orientales procuraban transponer esta diferencia, buscando incesantemente obtener el don de la inmortalidad, como Hércules y Gilgamesh, solamente para citar dos nombres bastante conocidos. Los Imperadores Romanos respetaban, en su mayoría, la costumbre de solamente se transformaren en *divi* después de la muerte y con la realización de los rituales vinculados al *consecratio*/apoteosis, organizada por los senadores y integrantes de la familia imperial. Así, uno de los medios más tradicionales de inscribir sus nombres en la memoria de la política romana, luchando contra el tiempo que cargaba en su esencia el olvido de los actos y decisiones impetrados por los mortales, era la promoción de las construcciones públicas. Los gobernantes estaban acostumbrados a patrocinar a sus propios costas la construcción de varios monumentos dedicados a sus hechos o permitían que la aristocracia lo hiciste.

En este artículo, vamos analizar algunos de los honores recibidos por Septimio Servero y Caracalla, además de algunas intervenciones urbanísticas fomentadas por estos dos gobernantes en el interior de la capital del Imperio, la ciudad de Roma, repleta de parajes de memoria.

El Arco del Forum Dedicado a Septimio Severo

Después de casi dos siglos de la construcción del último arco honorario en el interior del Forum Romano, en 203 d.C. fue un arco dedicado a Septimio Severo en el ángulo noroeste del Forum, en un lugar privilegiado entre la *Rostra* y la Curia y delante al Templo de la Concordia y a la estatua ecuestre de Septimio, que recordaba el sueño que había tenido con el caballo de Pertinax, en uno de sus *omina imperii* (Dion Cassio, LXXIV, 3.3 y Herodiano, II, 9.5-7). De esta manera, el arco se quedaba cerca del lugar privilegiado de los oradores, del local de las reuniones del Senado, del templo de una divinidad siempre mencionada cuando se hablaba de la familia imperial, la Concordia, y de la celebración de uno de los *omina imperii* del gobernante, reuniendo en un solo sitio el apoyo dado por los hombres y por los dioses al gobierno de Severo.

Para Daniela S. Corlàita, este tipo de monumento era situado casi siempre en una área por si sola altamente calificada y significativa, siendo que la región más tradicional se mantuvo como aquella entre los Foros y el Palatino, la área más tradicionalmente consagrada a las manifestaciones más importantes de la vida pública (Corlàita, 1979: 31). Su dedicatoria senatorial y sus paneles indicaron que por medio de su construcción se conmemoraba la *Victoria Parthica* de Severo. Erigido sobre la *Via Sacra*, el monumento se erguía sobre una etapa importante del trayecto tradicional de los cortejos triunfales. Además, el Arco de Septimio era diagonalmente opuesto al Arco de Augusto, que también celebraba una victoria sobre los Partos. En las otras dos puntas del Forum, encontramos el Arco de Tibério, que también conmemoraba la victoria pártica, y el *porticus* de Caio y Lucio, nietos de Augusto, que no celebraban una victoria bélica, sino la familia imperial y el principio sucesorio. Luego, en los cuatro cantos del Forum, hay monumentos con una relación histórica común (Brilliant, 1967: 86-87), pues el Arco de Severo, en su inscripción, no celebraba solamente la victoria pártica, sino la ascensión de un nuevo Augusto (Caracalla) y de un nuevo Cesar (Geta) después de las victoriosas batallas.

Aún segundo Sandro De Maria, este arco severiano era un monumento íntimamente tradicionalista en su inscripción y en sus paneles (De Maria, 1988: 181). En la inscripción (CIL, VI, n. 1033), hay referencias a las imágenes tradicionales de la *res publica restituta*, que creemos ser una referencia a las victorias sobre Pescenio Nigro y Clodio Albino, y del *imperium populi romani propagatum*, un indicio de la reconquista de Mesopotamia durante las guerras párticas. Además, el ton dinástico se mantuvo común en las referencias al otro Augusto, Caracalla y al joven Cesar, Geta:

"IMP. CAES. LVCIO. SEPTIMIO. M. FIL. SEVERO. PIO. PERTINACI. AVG. PATRI. PATRIAE. PARTHICO. ARABICO. ET. PARTHICO. ADIABENICO. PONTIFIC. MAXIMO. TRIBVNIC. POTEST. XI. IMP. XI. COS. III. PROCOS. ET. IMP. CAES. M. AVRELIO. L. FIL. ANTONINO. AVG. PIO. FELICI. TRIBVNIC. POTEST. VI. COS. PROCOS. P. P. ET. (//P. SEPTIMIO. GETA. NOB. CAESARI// – parte borrada después de la *damnatio memoriae* de Geta y substituída por:) // OPTIMIS FORTISSIMISQUE PRINCIPIBVS. //OB.

REM. PVBLICAM. RESTITVTAM. IMPERIVMQUE. POPVLI. ROMANI. PROPAGATVM. INSIGNIBVS. VIRTVTIBVS. EORVM. DOMI. FORISQUE. S.P.Q.R." (CIL, VI, n. 1033).

En los paneles, hay también tradicionales referencias a las victorias militares, como escenas de *adlocutio* (discursos hechos delante a las tropas para estimularlas a luchar bien), de *profectio* (salida festiva de las ciudades visitadas), de *adventus* (regreso festivo) en las ciudades conquistadas, de soldados romanos llevando prisioneros capturados, de celebración de los *vota* por las conquistas. Así, imágenes bastantes tradicionales también eran encontradas en los otros arcos. Entre los dioses, aparecen, por ejemplo, relieves con las imágenes de Marte, *Liber Pater* y Hércules, estas dos últimas divinidades protectoras de la ciudad natal de Septimio, *Leptis Magna*. La máxima intención de los paneles era demostrar la *Virtus Augusti* en acción, pues aparecen las escenas de batallas consideradas las más importantes en las cuales el Imperador asumía una posición dominante (De Maria, 1988: 142-184). Quedaran cuatro grandes relieves y un conjunto de relieves menores, que adornaban las columnas que sustentaban las tres puertas del arco, manifestando una conexión entre la victoria pártica, la dinastía severiana y la prosperidad continua del mundo romano (Brilliant, 1967: 99). En ellos, el tema predominante era la narración de las diversas fases de las batallas. Vemos el botín recogido de las ciudades conquistadas, la captura de prisioneros con gorros típicos de las provincias orientales, escenas de luchas, el cerco a la muralla de una de las ciudades conquistadas. Y como adorno, diversas victorias cargando trofeos, lo que nos remite a los antiguos arcos, hechos aún de madera y adornados con trofeos.

Herodiano relata que, después de la conquista de la importante ciudad de Ctesifonte, capital de Partos, Severo envió para el Senado de Roma las noticias de sus grandes victorias acompañadas de pinturas exhibidas en el Forum antes de su retorno del Oriente que ilustraban y divulgaban los grandes hechos bélicos sucedidos (Herodiano, III, 9.12). Por causa de esto, autores como Luisa Franchi defienden que los relieves del Arco de Septimio fueron hechos inspirados en estas pinturas enviadas por Severo (Franchi, 1960: 32), teniendo así un intenso carácter oficial en su ejecución, pues divulgaban una imagen que el propio Príncipe había seleccionado como versión oficial de las batallas ocurridas.

Según C. Densmore Curtis, los arcos serían antes de todo bases para las estatuas. Él destaca que además de los paneles, los arcos normalmente sustentaban imágenes de los Príncipes en actitudes triunfales y miembros de la familia imperial (1908: 26). Por intermedio de monedas acuñadas en Roma y en las provincias, en 204 d.C., para celebrar y divulgar la oferta del arco a los Severos en el año anterior, sabemos que el arco sustentaba la estatua de una cuadriga con seis caballos conducida por el Príncipe y, quizá también por Caracalla.

Esta imagen debía ser ladeada por estatuas de soldados a pié y/o a caballo (RIC, IV, n.259 - denario con el subtítulo COS. III. en el reverso - y BMC, V, n. 320 - sestercio con el subtítulo *ARCVS. AVGG. S. C.* en el reverso y BMC, V, n. 842 C - con el subtítulo *ARCVS. AVGG. S. C.*), como enseñan algunas monedas que nos quedaran.

Por tanto, se trata de un conjunto formado por inscripción, relieves y estatuas, cuyo origen nos remite a antiguas construcciones en madera, erigidas para adornar los triunfos, inicialmente adornados con coronas de flores y trofeos. Al pasar del tiempo, dejaron de ser construcciones temporarias y pasaron a ser elementos de memoria, construidos en piedra y mármol para la posteridad, en parajes de grande tránsito de personas. Dejaron de ser monumentos temporarios para transformarse en construcciones definitivas, en sitios de memoria (Curtis, 1908: 27-69).

Arcos eran uno de los elementos más honoríficos del vocabulario político romano y uno de los más familiares al poder imperial. Eran también una demostración en piedra y mármol de la *adulatio* de los senadores y los miembros de las elites provinciales. El *fornix* (el portalón) aparece con asociaciones triunfales, desde el periodo republicano, pero va tornándose cada vez más honorífico, con la constitución del sistema imperial de gobierno. Así, pasaron a representar también un cambio entre un benefactor y el Senado y el pueblo de Roma o entre un patrono y las elites provinciales (Wallace-Hadrill, 1990: 143-173).

El Palacio de Severos en el Palatino

Severo buscó asociarse a los Antoninos desde el empiezo de su gobierno hasta el espacio físico ocupado por la *domus severiana*. Para vivir en el Palatino, envés de construir un nuevo palacio, él amplió el espacio ante ocupado por el Palacio de los Antoninos. I. Iacopi y M. A. Tomei, que trabajaron juntos durante los años ochenta en la restauración de las arcadas del complexo severiano, confirman que esto se trató de una ampliación del Palacio de los Antoninos e no de la construcción de un nuevo Palacio. Septimio habría construido grandes salones terminados en arcadas, que daban para el Circo Máximo, y las Termas del Palatino, que recibieron su nombre (Termas Severianas) (Iacopi, Tomei, 1986: 486).

Según Herodiano, se hizo necesaria una ampliación del Palacio porque los dos hijos de Septimio no se entendían y hacían cuestión de ocupar alas separadas, cada uno con su corte y amigos (Herodiano, III, 12.1). De acuerdo con el mismo relato de Herodiano, en la época severiana, el Palacio se transformó en un edificio amplio y extenso, mayor que una ciudad (Herodiano, IV, 1.1).

Debemos recordarnos que Septimio, en este afán de ampliar el espacio palacial, ordenó la construcción del *Septizonium*, en 203 d.C. cuando empezó la preparación de la ciudad de Roma para los festivales de los *ludi saeculares*, que ocurrirían en 204 d.C. Según la Historia Augusta, la obra servia para llamar la atención de los que llegaban en Roma venidos de África. Se relata que Septimio deseaba abrir una nueva vía para el Palacio, o sea, un magnífico atrio en la fachada que se abría hacia el lado donde quedaba la África, pero en su ausencia, el Prefecto de la ciudad puso una estatua de Severo en el medio de la construcción (HA, Vida de Severo, XXIV).

A pesar de lo que afirma la Historia Augusta, los arqueólogos han presentado otras versiones para el monumento. Irene Iacopi defiende que el edificio fue construido para realmente abrigar la estatua colosal de Septimio, que nunca fue encontrada (Iacopi, 1986: 498). E. Strong cree que se trataba de un *nymphaeum*, erigido, como dijo la Historia Augusta, para enseñar la magnificencia de Roma a todos los viajantes que entraban la ciudad por la Via Appia (1929: 139-140), y que tenía en su composición siete estatuas de las divinidades planetarias ordenadas en sitios de los cuales salía agua. Pero la mayoría de los estudiosos, como Julien Guey (1946:147-166) y J. B. Ward-Perkins (1981: 126-135) creen que se trataba de un monumento religioso-político, debido al análisis de su nombre, conjugada con las informaciones de la Historia Augusta.

La palabra *Septizonium* era un término técnico utilizado en la astrología antigua. Para los antiguos, la Tierra era inmóvil y siete "planetas" (cuerpos celestes) giraban al rededor de ella: Saturno, Júpiter, Marte, Sol, Venus, Mercurio y la Luna. El *Septizonium* era un edificio construido para representar esas siete áreas celestes ocupadas por los siete cuerpos que giraban al rededor de la Tierra. Se mal conoce éste monumento construido por Septimio porque los únicos remanecientes son su localización en la *Forma Vrbis*, la planta de mármol de la ciudad de Roma ordenado por Septimio a ser confeccionada en esta misma fecha (203 d.C.) y que nos llegó en trozos, y además de las representaciones que artistas del Renacimiento Italiano hicieron a lo largo del siglo XVI de aquello que había quedado de la fachada, antes de todo ser demolido. Este monumento empezó a ser destruido aún en la Edad Media, cerca de 1257 d.C., y lo que restó fue totalmente demolido a mando del Papa Sisto V, entre los años de 1585 y 1589 d.C., a fin de usar su mármol en la reconstrucción de los monumentos cristianos.

Por tanto, lo que sabemos de él es que su fachada tenía tres plantas de pórtico y que tenía un vínculo astrológico. Jean-Luc Desnier defiende la unión de dos posibilidades: que el monumento fuera al mismo tiempo un *nymphaeum* y una manifestación de la creencia astrológica de Severo (1993: 600-611). En su artículo "*Omina et Realia*", él intentó analizar el Septizonium a partir de los *omina imperii* que fueron divulgados con la permisión imperial. Entonces se acordó del sueño de Septimio, descrito por Dion Cassio, en el cual agua surtía de sus manos y en otro en que todas las provincias se acercaban a él y lo saludaban (LXXV, 3.1-3). Conjugando el significado de estos presagios con la construcción del monumento, concluyó que el Septizonium servía para transmitir las mismas ideas al público.

Sabemos que una de las estatuas del monumento era la de Septimio. Algunos pesquisidores creen que ella quedaba en el centro del monumento, representando a la Tierra (Guey, 1946:156); otros, que su imagen representaba al Sol (Turcan, 1978:1032). Lo que es importante es que adonde quiera que la estatua estuviese, ella representaba que Septimio era el señor del universo conocido, el *cosmocrator* por excelencia, así como en el sueño en que todas las provincias lo saludaban. Posiblemente, había agua surtiendo de los sitios donde se encontraban las estatuas, transmitiendo la imagen del generador de fertilidad, la misma idea del sueño en el cual agua surtía de sus manos.

Infelizmente, su inscripción dedicatoria fue encontrada incompleta (CIL, VI, n. 1032). Existe solamente el inicio y el fin de la misma. Ella empieza presentando todos los Antoninos, desde Nerva como ancestrales de Septimio, hasta Caracalla como el *Fortunatissimus Nobilissimusque*, título largo que se tornó común después de la *damnatio memoriae* de Geta. Así, se sabe que esta dedicatoria tuvo el nombre de Geta borrado, para dar lugar al largo título de Caracalla, muy común en otras inscripciones que también fueron rescriptas después del asesinato de Geta.

Debemos aún destacar que la localización de esto monumento fue bastante pensada. Como hemos visto, él fue erigido en una de las entradas de Roma, más precisamente aquella por la cual adentrarían los viajantes llegados de África. Sin embargo, concordamos con Desnier, cuando afirma que este monumento no tenía la función solamente de maravillar los africanos, sino a todos que transitaban por la Via Appia y por la Via *Triunphalis*, enseñando todo el poder del Imperador y su capacidad de velar por el bienestar material de todas las personas del Imperio, reafirmando su posición de patrono y recriador imperial (Desnier, 1993: 608-610).

Las Termas de Caracalla

Caracalla, por su vez, se preocupó en finalizar las obras públicas iniciadas por Septimio en la capital del Imperio, transmitiendo la imagen de que tanto la economía cuanto la sociedad romana estaban estables en su gobierno. Como ejemplo, tenemos las famosas Termas que ganaran el nombre del hijo, pero que fueron empezadas por el padre.

Alrededor del siglo II a.C., surgieron los primeros baños públicos (*balnea*), que se multiplicaron debido a la modesta tasa de ingreso (*baleaticum*). La sucesión de los ambientes obedecía la regla, casi canónica, del ciclo hidroterápico: primero la práctica de algunos ejercicios físicos en la *palaestra*, después venía el baño caliente (*caldarium*), las saunas (*sudatio*), las piscinas de aguas tibias (*tepidarium*) y la piscina de agua fría (*frigidarium*). En las Termas de Caracalla había solamente una grande piscina para la práctica de natación (*natatio*).

Poco a poco, las salas de baño fueron aumentando en tamaño y las llamadas *Thermae* ganaron áreas recreativas y culturales (tiendas, bibliotecas, sala de reunión, solarios, galerías, entre otros espacios). Las primeras grandes termas fueron construidas por Agripa en 33 a.C. con capacidad para recibir más o menos ciento setenta (170) personas por día. En el siglo IV d.C., Roma ya tenía casi mil *balnea* y once grandes termas imperiales. Se tornó una tradición que los gobernantes erigiesen termas para agradar la populación de Roma. Por ejemplo, solo para mencionar algunas, Nero construyó sus Termas en 62 d.C. (*Thermae Neronianae*); Tito en 80 d.C. (*Thermae Titianae*); Trajano en 110 d.C. (*Thermae Traianae*) (Lombardi; Corazza, 1995: 15-16). Se percibe como miembros de todas las dinastías tenían la preocupación de construir estos verdaderos complejos recreativos, no cuales las termas habrían se transformado.

De acuerdo con Maria Helena da Rocha Pereira, a los Emperadores les gustaba demostrar su honor y su *gloria* a través de la construcción de grandes monumentos que preservaban la memoria de los hombres y de sus hechos. El sentido de orden se revelaba en la capacidad de planear para las grandes multitudes, y eso podría ser ejemplificado por el plano de las termas, cuyo trazado se puso en práctica en un sistema organizado que haría recordar la disciplina del ejército romano, debido a la sistemática del baño y a la necesidad de los ejércitos (Pereira, 1989: 435). Ya para Paul Veyne, los establecimientos de baños de la antigua Roma, con sus áureos mármoles, eran las catedrales de la Antigüedad y transmitían el mensaje de que el Emperadores que había ordenado la construcción de tal suntuoso edificio amaba a la plebe y era tan poderoso que nadie se avergonzaba de obedecerlo (1988: 15). Para Lewis Mumford, los baños pueden ser comparados a los modernos *shopping centers*, sin las ventajas para estos últimos. Lo que había empezado con la necesidad de higiene pasó a ser un ritual ceremonioso para rellenar un día de ocio. Entonces, sería el ambiente ideal para los parasitas, ociosos, curiosos y exhibicionistas, todos cultivadores del cuerpo. Los propios edificios proclamarían ese hecho: arquitectónicamente se coloca entre los hechos supremos de Roma, y solamente el Panteón podría ser contado como rival (Mumford, 1998: 249). Según Richard Sennett, la limpieza era considerada sobremanera como una experiencia cívica de manera que un gobernante no podría erigir un edificio más popular que las termas.

Los baños eran instituciones en las cuales todos los romanos se encontraban, generalmente en grupos, albergando jóvenes y viejos, hombres y mujeres. Bañarse era una actividad principalmente vespertina, después del día de trabajo, siendo común primero el baño en las mujeres y después en los hombres. Los ricos poseían sus propias termas y solamente iban a parajes públicos cuando necesitaban conquistar favores o agradar a la populación (Sennett, 1997: 122-123). Según Ricardo Mar, las termas urbanas fueron el grande equipo público del período imperial, o sea, fueron las construcciones capaces de estructurar todo el tejido urbano a partir de ellas, tamaña era su importancia arquitectónica par una ciudad. Así como los santuarios de la época republicana, las termas fueron el banco de prueba donde se experimentaban conceptos nuevos de arquitectura (Mar, 1994: 285-289).

Septimio empezó a planear la construcción de un nuevo complejo termal durante su gobierno al ordenar erigir un nuevo acueducto, llamado *Aqua Severiana*, que llevaba agua exactamente para la región de Roma (*Aventinus Minor*) donde iban a ser construidas las *Thermae Antoninianae*, como eran llamadas en la Antigüedad las Termas de Caracalla. El hijo, en 212 d.C., intensificó el paso de las obras, intentando dar cuerpo al sueño del padre: construir el mayor complejo termal de Roma. Para simplificar el acceso al nuevo complejo termal, Caracalla ordenó construir la *Via Nova*, una nueva avenida que iba desde el Circo Máximo hacia la *Via Appia*, cruzando las nuevas Termas. Ellas fueron inauguradas en 216/217 d.C., ya en el término del gobierno de Caracalla (Gros, 1991: 738-739) y tenían capacidad para recibir mil seiscientas (1600) personas por día, en sus tres pisos, y funcionaron hasta el siglo VI d.C.

Es interesante observar que las termas eran construcciones que agradaban a diversos estratos sociales, de los plebeyos más pobres a los aristócratas más ricos. Dion Cassio, que en su obra tanto maldecía los gastos excesivos del gobierno de Caracalla, elogió la construcción de las Termas, las cuales ciertamente abarcaron una gran cantidad de recursos financieros disponibles. Según Dion, Caracalla expendía demasiado dinero en viajes, guerras y venenos (Dion Cassio, LXXVIII, 18.2 y LXXIX, 6.3), además de distribuirlo a los Pretorianos, a los legionarios (Dion Cassio, LXXVIII, 24.1) y a la plebe (Dion Cassio, LXXVIII, 11.1), incluso generando la necesidad de desvalorar las monedas existentes (Dion Cassio, LXXVIII, 14.3-4). Todavía, elogia las construcciones públicas erigidas por Caracalla (Dion Cassio, LXXVIII, 9.5). Eutropio también resalta que la construcción de las Termas fue el hecho más digno de notar en su gobierno (Eutropio, VIII, 20.1). Para Aurelio Víctor, los hechos más importantes del gobierno de Caracalla fueron la introducción de cultos orientales en Roma y la construcción de las Termas (Aurelio Víctor, XX). En la Historia Augusta, es mencionado que Caracalla realizó la construcción de las maravillosas Termas y de un Arco para Septimio (HA, Vida de Severo, XXI.2 y Vida de Antonino Caracalla, IX.1). En realidad, Caracalla solamente ordenó alterar la inscripción del Arco después de la *damnatio memoriae* de Geta.

Además de eso, en los diversos espacios de las Termas eran desparramadas varias estatuas que ayudaban a divulgar la imagen imperial. Hay, por ejemplo, una imagen de Hércules, divinidad muy relacionada a la familia severiana, que fue encontrada en el *frigidarium* de las Termas de Caracalla. Además de considerarse el nuevo Hércules y con la posición de esta estatua en un sitio público, Caracalla recordaba que su familia provenía de una ciudad (*Leptis Magna* - ciudad de nacimiento de Septimio Severo) protegida por Hércules y *Liber Pater*.

Conclusión

Así, los monumentos construidos o reconstruidos por los gobernantes, o con el beneplácito de ellos, enfatizaban en la piedra el poder de los soberanos, esperando que sus nombres quedasen para siempre inscritos en la memoria política romana, luchando contra el pasaje del tiempo y de la acción del olvido.

Referancias Bibliograficas

A) Fuentes

Dio's Roman History. English translation by Earnest Cary. London: William Heinemann, v. 9, 1961 (The Loeb Classical Library).

Epitome de Caesaribus. Traduction de M.N.A. Dubois. Paris: C.L.F. Panckoucke, 1846.

ERODIANO. *Storia dell'Impero Romano dopo Marco Aurelio.* Testo e versione di Filippo Càssola. Firenze: Sansoni, 1967.

EUTROPE. *Abrègé de l'Histoire Romaine.* Traduction et introduction par Maurice Rat. Paris: Garnier, 1990.

HERODIANO. *Historia del Imperio Romano después de Marco Aurélio.* Traducción y notas por Juan J. Torres Esbarranch. Madrid: Gredos, 1985.

HÉRODIEN. *Histoire de l'Empire Romain après Marc-Aurèle.* Traduit et commenté par Denis Roques. Paris: Les Belles Lettres, 1990.

MATTINGLY, H.; SYDENHAM, E. A. (ed.). *The Roman Imperial Coinage.* London: Spink and Son, v. 4, partes 1 e 2, 1936.

_____ (ed.). *Coins of the Roman Empire in the British Museum.* London: British Museum, v.5, 1950.

SEXTUS AURELIUS VICTOR. *Histoire des Césars.* Traduit par Pierre Dufraigne. Paris: Les Belles Lettres, 1975.

The Scriptores Historiae Augustae. English translation by David Magie. London: William Heinemann, v. 1 e 2 (The Loeb Classical Library), 1953.

B) Obras generales

BALANDIER, G. *O Contorno:* Poder e Modernidade. Rio de Janeiro: Bertrand, 1997.

BRILLIANT, R. *Gesture and Rank in Roman Art.* Copenhagen: Ejnar Munksgaard, 1963.

_____. *The Arch of Septimius Severus in the Roman Forum.* Rome: American Academy in Rome, 1967.

CAPPELLI, R. *Terme di Caracalla.* Roma: Electa, 1998.

CORAZZA, A. ; LOMBARDI, L. *Le Terme di Caracalla.* Roma: Fratelli Palombi, 1995.

CORLÀITA, D. S. La Situazione Urbanistica degli Archi Onorari nella Prima Età Imperiale. In: Autori Vari. *Studi sull'Arco Onorario Romano.* Roma: L'Erma di Bretschneider, 1979, p. 29-80.

CURTIS, C. D. Roman Monumental Arches. In: *Supplementary Papers of the American School of Classical Studies in Rome.* London: Macmillan, v. 2, 1908, p.26-73.

DE MARIA, S. *Gli Archi Onorari di Roma e dell'Italia Romana.* Roma: L'Erma di Bretschneider, 1988.

DESNIER, J.-L. Omina et Realia: Naissance de l'Urbs Sacra Sévérienne. In: *Mélanges de l'École Française de Rome.* Paris,105 (2): 547-620,1993.

FRANCHI, L. *Ricerche sull'Arte di Età Severiana in Roma.* Roma: L'Erma di Bretschneider, 1960.

GRISANTI, G. T. Dalle Terme di Caracalla. *Rendiconti della Academia Nazionale dei Lincei.* Roma, 9 (1):161-185,1990.

GROS, P. La Stagione della Crisi: Urbanesimo e Architettura fra II e III Secolo. In: MOMIGLIANO, A.; SCHIAVONE, A. (dir.). *Storia di Roma.* Torino: Giulio Einaudi, t.2, v.2, p.733-764,1991.

GUEY, J. Note sur Septizonium du Palatin. In: *Mélanges de la Société Toulousaine d'Études Classiques.* Toulouse: Édouard Privat, t.1, 1946, p.147-166.

HANNESTAD, N. *Roman Art and Imperial Policy.* Aarhus: University Press, 1986.

HILL, Ph. V. The Monuments and Buildings of Rome on the Coins of the Early Severans. In: CARSON, R. A. G. ; KRAAY, C. M. (ed.). *Scripta Nummaria Romana.* London: Spink and Son, 1978. p.58-64.

_____. *The Monuments of Ancient Rome as Coins Types.* London: Seaby, 1977.

IACOPI, I.; TEDONE, G. Il Settizodio Severiano. *Bolletino di Archeologia.* Roma,1:149-155,1989.

_____. *Le Terme di Caracalla.* Roma: Istituto Poligrafico dello Stato, 1977.

_____. Il Settizodio. *Bulletino della Commissione Archeologica Comunale di Roma.* Roma, 91(2):498-502, 1986.

_____; TOMEI, M. A. Complesso Severiano. *Bulletino della Commissione Archeologica Comunale di Roma.* Roma, 91(2):486-492, 1986.

LENOIR, E. Thermes et Palestres à l' Époque Romaine. *Bulletin de l'Association Guillaume Budé.* Paris,1:62-76,1995.

MAR, R. Las Termas y su Inserción Urbana en el Occidente Romano. In: *Actas del XIV Congreso Internacional de Arqueología Clásica.* Tarragona, 5:285-289,1994.

MUMFORD, L. *A Cidade na História.* São Paulo: Martins Fontes, 1998.

PEREIRA, M. H. da R. *Estudos de História da Cultura Clássica.* Lisboa: FCG, v.2, 1989.

SENNETT, R. *Carne e Pedra.* Rio de Janeiro: Record, 1997.

STRONG, E. *Art in Ancient Rome.* London: W. Heinemann, 1929.

TAVARES, A. *Impérios e Propaganda na Antiguidade.* Lisboa: Presença, 1988.

TORTORICI, E. Porticus Severi. *Bullettino della Commissione Archeologica Comunale di Roma.* Roma, 93:31-34, 1989 / 90.

TURCAN, R. Le Culte Impérial au III° Siècle. *Aufstieg Niedergang Romischen Welt.* Berlin, v.2, n.16, parte 2: 997-1083, 1978.

VEYNE, P. O Indivíduo Atingido no Coração pelo Poder Público. In: _____ et alli. *Indivíduo e Poder.* Lisboa: Setenta, 1988, p. 9-23.

WALLACE-HADRILL, A. Roman Arches and Greek Honours: The Language of power at Rome. In: *Proceedings of the Cambridge Philological Society.* Cambridge, 216:143-173, 1990.

WARD-PERKINS, J. B. *Roman Imperial Architeture.* New York: Penguin, 1981.

Un estudio hermenéutico de la *egiptomanía* y la egiptología

Raquel S. Funari

Doctoranda en História – Universidad Estadual de Campinas

Introducción

La Historia constituye uno entre una serie de discursos sobre el mundo y la sociedad, uno cuyo pretendido objeto de investigación es el pasado. Con cada forma diferente de leer el pasado se interpreta un mismo objeto de investigación de diversas maneras. La Historia es un discurso en constante transformación, construido por los historiadores. Y esto es particularmente importante si se considera que quien controla el presente controla el pasado y, quien controla el pasado, controla el futuro. De tal forma, lo que se escribe y se enseña sobre el pasado está ligado a la realidad de hoy en día. La Historia es, también, la manera por medio de la cual las personas, al menos en parte, desarrollan su identidad. La Historia es interpretación, producto de los historiadores, como lo son los libros didácticos y de apoyo didáctico de la Historia (Jenkins, 2001).

Los griegos y la mitificación del Nilo.

Egipto siempre llamó la atención de diferentes pueblos por su paisaje singular, su fauna y floras sorprendentes y por sus impresionantes monumentos. A pesar de que los contactos de Egipto con el Mediterráneo Oriental son milenarios, fueron los griegos quienes iniciaron su proceso de mitificación.

Por los años 450 AC., el historiador griego Heródoto se dirigió al delta del río Nilo para recoger el material que utilizaría en sus *Historias*, con las cuales buscaba explicar las luchas entre griegos y persas, remontándose a las costumbres y tradiciones de los pueblos orientales, destacando [de entre todos ellos] al egipcio. Los griegos se sorprendieron tanto con el régimen de las crecidas del Nilo como con sus sistema de escritura el cual, creían, ocultaba verdades sagradas –por eso el nombre *hierogliphos*, del griego *hieros*, sagrado, y *gliphos*, escritura- y con sus ritos funerarios, lo que contribuyó a despertar su asombro y admiración. Heródoto quedó impresionado con la crecida del Nilo y con su importancia para la agricultura egipcia. En uno e sus textos mas conocidos sobre el Nilo, escribió lo siguiente:

Y eso que, en la actualidad, ellos, sin lugar a dudas, recogen el fruto de la tierra con menos fatiga que el resto de la humanidad, incluidos los demás egipcios, que 56 no tienen la fatigosa necesidad de abrir surcos con el arado, ni de escardar, ni de hacer cualquier otra de las faenas que por la mies afronta con esfuerzo el resto de los hombres; sino que, cuando en su inundación el río riega por sí mismo los campos y, una vez regados, se retira, entonces cada cual siembra su parcela y suelta en ella cerdos; posteriormente, después de hundir la simiente con ayuda de las pezuñas de los cerdos, espera la subsiguiente siega; y trilla también el trigo con ayuda de los cerdos, recolectándolo de esta manera, para luego llevarlo al granero 57.. Heródoto, 2, 14[1].

Otro autor griego, Diodoro de Sicilia[2], por su lado, declara que el Nilo supera a todos los ríos del mundo por los beneficios que traía a Egipto:

> ..."la mayoría de los labriegos, al comenzar a trabajar las áreas de tierra que comienzan a secarse, solo tienen que esparcir sus semillas y conducir sus manadas y rebaños a través de los campos y, tras haberlos usado para enterrar la semilla con sus pisadas, regresan tras cuatro o cinco meses a cosechar; mientras algunos otros, trabajando con unos arados ligeros, apenas si remueven la superficie del terreno tras la inundación, obteniendo grandes cantidades de grano a bajo costo y con poco esfuerzo. Porque, en términos generales, cualquier tipo de labor del campo entre otros pueblos implica grandes costos y trabajo duro, y es solo entre los Egipcios que la cosecha es recogida con tan poca inversión de dinero y labor".

Diodoro Sículo, 1, 36

---

[1] Utilizo la traducción portuguesa de Maria Jorge Vilar de Figueiredo, de los textos de Heródoto y Diodoro, reportada en el capítulo de Ricardo A. CAMINOS, O camponês, capítulo I de O Homem Egípcio, direcção de Sergio Donadoni, Lisboa: Presença, 1994, pp. 17-18. Sobre Heródoto, consultese HERING, Fábio Adriano, O exílio de Heródoto: do juízo de Tucídides à sua apropriação moderna. In Grandes Nomes da História Intelectual, LOPES, Marcos Antônio (org.), São Paulo: Contexto, 2003, pp. 85-85.

[2] Este texto y el de Heródoto, en español fueron traducidas del siguiente modo: Heródoto. Historia: El antiguo Egipto, Traducción y notas de Carlos Schrader, Planeta DeAgostini, Madrid 1996, con un breve agregado personal tomado de la traducción inglesa de G. Rawlinson, publicada en el website del Proyecto Perseus; la traducción del texto de Diodoro de Sicilia, es mi trascripción al español de la traducción inglesa de The library of History, Books I-II.34, Tr. C.H. Oldfather, Harvard University Press, contrastada con la edición portuguesa citada por la autora y la española publicada en 1995, coord. Y tr. Jesús Lens Tuero, Jesús M. García y Javier Campos Daroca ; Nota del traductor.

No es de extrañarse el hecho de que Heródoto se hubiese impresionado con el inmenso río que atraviesa Egipto, ya que Grecia era una tierra árida y seca, donde la práctica de la agricultura consistía en un esfuerzo digno de Titanes. Lo que ni los griegos – ni los egipcios- sabían, era que la crecida del Nilo ocurría en función de las lluvias en el África subtropical y del deshielo en las tierras altas etíopes. La crecida ocurría en junio, en Asuán, y, como las aguas no eran detenidas por barricadas o diques, estas se dirigían para el norte, alcanzando Ménfis cerca de tres semanas después. Antes de eso, cubrían las tierras arables por medio de un proceso de infiltración.

De agosto a septiembre, todo el valle del Nilo estaba inundado y, en octubre, el nivel de las aguas bajaba, dejando el suelo humedecido y cubierto de un lodo lleno de detritos orgánicos y sales minerales. Durante todo el proceso de inundación del Nilo, el trabajo del labrador era fundamental y, delante del espectáculo causado por las crecidas, escaparon al ojo de Heródoto, las dificultades y los afanes del labrador con la limpieza de los canales, en la siembra y recolecta, durante los trabajos agrícolas (Pinsky, 2001).

De este modo, la imagen mítica de Egipto, entre los griegos, se debió a la admiración por la crecida del Nilo y, considerado casi como magia, a su extraordinario poder generador de vida, resultado de la fertilización del suelo que cubría las márgenes del río. Desde un inicio, la manía por Egipto se revistió de un carácter misterioso, derivado de la inmensa fecundidad de la naturaleza egipcia, que ocultó la importancia del trabajo humano debajo de la valorización de los beneficios de las crecidas. Desde entonces, esa magia continuaría alimentando el encanto por Egipto.

Egiptomanía y egiptología

Podemos diferenciar egiptología de Egiptomanía. La egiptología puede ser definida como la ciencia que trata de todo lo relativo al antiguo Egipto: el conocimiento de su escritura generó la creación y desarrollo de la egiptología. Su marco primordial se debe a Jean -François Champollion, quien consiguió descifrar los Hieroglifos tras el análisis de la Piedra Roseta, con sus inscripciones bilingües, y de sus magistrales obras, *Précis du Système Hyéoglyfique; Panthéon Égyptie, Cartas, Monuments de l´Egypte et de la Nubie; Notices descriptives.* (Sauneron, 1971: 18).

No mucho después, otros pioneros consolidaron los principios de la actividad que sería responsable por la conservación de parte sustancial del gran patrimonio dejado por los antiguos egipcios a la humanidad. La lucha de ellos fue, en muchos casos, dificultada por la acción de aventureros que viajaron a Egipto, principalmente a partir de finales del siglo XVIII y durante el XIX, en busca de objetos antiguos para ser vendidos a los coleccionistas, ansiosos por poseer piezas del antiguo Egipto.

Es fácil constatar el éxito de la egiptología y el éxito de aquellos que la adoptaron como profesión o le dieron sustento, lo que se demuestra por el entusiasmo despertado a nivel mundial por el descubrimiento de la tumba de Tutankamon, en noviembre de 1922, por Howard Carter, (1874-1939), financiado por el millonario inglés, Lord Carnavon (1866-1923). Las incontables publicaciones en periódicos y revistas, con motivo del suceso, en todo el mundo, incluso en el Brasil, conforman un testimonio sustancial de la pasión y del interés por la Historia, y por la belleza plástica, manifiesta en las antigüedades egipcias.

Egiptomanía hace referencia a una práctica mas antigua que la misma egiptología, pero el término como tal, aparece apenas, en Europa, durante el transcurso de la Primera Guerra Mundial. Se refiere a una vasta reutilización de los motivos del Antiguo Egipto para la creación de objetos y narrativas contemporáneas, en una época deseosa de objetos antiguos auténticos.

Egiptomanía, Revivificación Egipcia, Estilo del Nilo, *Faraonismo*, son palabras diferentes para expresar un mismo fenómeno, que consiste en tomar prestados los elementos mas espectaculares, la gramática de los adornos que son la esencia original del arte egipcio antiguo, y darle a esos elementos una nueva vida a través de nuevos usos, así como da las innumerables referencias al mundo y cultura egipcias.

La egiptomanía surge de una conjunción entre ciencia e imaginación. Ella drena la sustancia de conocimientos académicos sobre el Antiguo Egipto, del saber popular, transmitido por viajeros y escritores, y del repertorio de mitos y símbolos generados de esa manera. Esa fascinación por el Antiguo Egipto toca todas las artes en Occidente, desde la arquitectura, música, pintura y escultura, hasta el Cine. No hay género que haya escapado de su influencia. La escala de desvíos ha tomado tal proporción que se desaconseja cualquier tentativa de dar exclusividad de género al momento de clasificar o sistematizar las prácticas de la egiptomanía. El interés por las formas místicas y espirituales antiguas sufrió el fuerte impacto de los descubrimientos arqueológicos en Egipto, y el conocimiento de la religión egipcia marcó la Historia de los movimientos espirituales, durante el siglo XIX, como lo muestra Eliane Moura da Silva[1].

En síntesis, la egiptomanía es más que una simple manía por Egipto. No es suficiente copiar las formas egipcias – os artistas deben re-crearlas en el crisol de su sensibilidad y en el contexto de sus épocas, o deben darle una apariencia de renovada vitalidad, una función diferente de aquella para la cual fueron originalmente creadas (Bakos, 2002).

La manía por Egipto puede ser entendida como parte del Orientalismo. Según Edward Said, "*el orientalismo... no es una fantasía loca de Europa sobre Oriente, sino*

---

[1] O renascimento do Oriente no Ocidente: influências da cultura material, Cultura Material e Arqueologia Histórica, P.P.A. Funari (org.), Campinas, IFCH/UNICAMP, 1999, p.104.

un cuerpo creado a partir de la teoría y la práctica, en el cual hubo, por muchas generaciones, una inversión material considerable. La inversión continuada, hizo del orientalismo, como sistema de conocimiento sobre Oriente, un tamiz aceptable para filtrarlo para la conciencia occidental (...) El Oriente está cubierto por la racionalidad del orientalista; los principios de aquel se tornan lo de éste"...

Conclusión

El Orientalismo puede ser considerado como una manera de dominar, reestructurar y ejercer autoridad sobre Oriente. El Orientalismo puede ser considerado, siguiendo el análisis de discurso de Michel Foucault en *Vigiar e Punir* e *Arqueologia do Saber,* como un discurso, un modo sistemático de administrar e inventar el Oriente mismo. En la historiografía, durante los últimos años, se ha puesto mayor atención al estudio de la construcción de los conceptos y de las representaciones de la Antigüedad[1], como algunos trabajos muy recientes, sobre la manera como esas imágenes aparecen en las representaciones de los jóvenes (Hingley, 2002: 27-62). Por otro lado, un abordaje transdisciplinar, como la propuesta por Chevitarese, Argôlo e Ribeiro[2], han permitido unir a los estudios historiográficos, las contribuciones de la filosofía (por ejemplo Foucault) y de la Teoría Literaria (como Said), entre otras formas novedosas de abordar el tema. El estudio del caso de le Egiptología y la Egiptomanía permite observar como esas discusiones epistemológicas alcanzan un campo del conocimiento histórico tan distante en el pasado, como es el Egipto Antiguo, revitalizando el estudio de esa temática.

Bibliografia por temas

A) Orientalismo y el Estudio del Egipto Antiguo

BAKOS, Margaret e BARRIOS, Adriana. *O povo da esfinge.* Porto Alegre: Ed. UFRGS, 1999.

_____. e POZZER, Kátia Maria. *III Jornada de Estudos do Oriente Antigo, Línguas, escritas e imaginários.* Porto Alegre: Ed. PUCRS, 1998.

BAKOS, Margaret. Um olhar sobre o Egito Antigo no Novo Mundo: a biblioteca do Estado do Rio Grande do Sul: *Estudos Ibero-Amercianos,* 27, 2, 1922, p. 153-172.

_____. Three Moments of Egyptology in Brazil. In: *Proceedings of Seventh International Congress of Egyptologist.* Cambridge, 3-9 September. Leuven Uitgeverij Peeters: 1998, p. 87-91.

CHEVITARESE, A. L. et alii (Orgs.). *Sociedade e Religião na Antigüidade Oriental.* Rio de Janeiro: Fábrica dos Livros, 2000.

JENKINS, Keith. *A História Repensada.* São Paulo: Contexto, 2001.

HINGLEY, Richard. Concepções de Roma*:* uma perspectiva inglesa. *Textos Didáticos 47,* Campinas: IFCH/UNICAMP, 2002, p. 27-62.

PATTERSON, Thomas C. *Inventing Western Tradition.* Nova Iorque: Monthly Review Press, 1997.

SABALLA, Viviane Adriana, Egiptologia no Rio Grande do Sul: simbologia e manifestações, *III Jornada de Estudos do Oriente Antigo,* organizado por Margaret Bakos e Katia Maria Paim Pozzer. Porto Alegre: Ed. PUCRS, 1998, p. 229-248.

SAID, Edward, *Orientalismo – O Oriente como invenção do Ocidente.* São Paulo: Companhia das Letras, 2001.

SAUNERON, Serge *La egiptología.* Barcelona: Oikos-tau, 1971.

SILVA, Eliane Moura da, O renascimento do oriente no ocidente do século XIX: influências da cultura material. In: *Cultura Material e Arqueologia Histórica,* organizado por P.P.A. Funari. Campinas: IFCH/UNICAMP, 1998, p. 97-106.

ESPELOSÍN, F., LARGACHA, A. *Egiptomania.* Madrid: Alianza Editorial, 1997.

VERCOUTTER, Jean. *Em busca do Egito esquecido.* São Paulo: Objetiva, 2002.

B) Egipto Antiguo

ALDRED, C. *Os Egípcios.* Lisboa: Verbo, 1972.

BAINES, J. e Málek, J. *O Mundo Egípcio, Deuses, Templos e Faraós.* Madri: Edições del Prado, 1996, dois volumes.

BAKOS, M. *Egiptomania no Brasil (séculos XIX e XX).* Porto Alegre: Projeto Integrado de Pesquisa, financiado pelo CNPq, 2002.

_____. *Fatos e Mitos do Antigo Egito.* Porto Alegre: Edipucrs, 1994.

_____. *Hieróglifos.* São Paulo: Brasiliense, 1996 (coleção "Primeiros Passos").

CARDOSO, C.F.S. *Antigüidade Oriental, Política e Religião.* São Paulo: Contexto, 1990.

_____. *Deuses, múmias e ziggurats, uma comparação das religiões do Egito e da Mesopotâmia.* Porto Alegre: Edipucrs, 1999.

_____. *O Egito Antigo.* São Paulo: Brasiliense, 1982 (coleção "Tudo é História", número 36).

_____. *Sociedades do Antigo Oriente Próximo.* São Paulo: Ática, 1986 (coleção "Princípios", número 47).

HALL, H.R. *História do Oriente Próximo.* Rio de Janeiro: Editora Casa do Estudante do Brasil, 1948.

HASSAN, Fekri, Town and village in ancient Egypt: ecology, society and urbanization, em *The*

---

[1] Como nos casos de José Antônio Dabdab Trabulsi, Uma cidade da participação controlada: a 'cidade grega' segundo os positivistas, Boletim do CPA 5, 10, 2000, 97-133; Thomas Patterson, Inventing Western Civilization, Nova Iorque, Monthly Review Press, 1997.

[2] Apresentação, Sociedade e Religião na Antigüidade Oriental, A. L. Chevitarese, P.F. Argôlo, R. S. Ribeiro (orgs), Rio de Janeiro, Fábrica de Livros/Senai, 2000, p. 5.

Archaeology of Africa, organizado por T. Shaw, P. Sinclair, B. Andah, A. Okpoko, Londres: Routledge, 1993, p. 551-569.

HOOKER, J.T. *Lendo o Passado, do cuneiforme ao alfabeto, a História da Escrita*. São Paulo: Melhoramentos/Edusp, 1996.

MONTET, P. *A vida quoditiana no Egipto no tempo dos Ramsés*. Lisboa: Edições Livro do Brasil, s.d.

_____. *Museu Egípcio do Cairo*. São Paulo; Mirador Internacional, 1969.

PINSKY, Jaime. *As primeiras civilizações*. São Paulo: Atual, 1987.

_____. *As Primeiras Civilizações*. São Paulo: Contexto, 2001.

Brasileños y romanos: colonialismo, identidades y el rol de la cultura material

Pedro P. A. Funari

Doctor en História – FFLCH/USP. Profesor de Historia Antigua – Universidad Estadual de Campinas (Unicamp)

Introducción: el discurso colonial en la arqueología

El rol de la arqueología, y de la cultura material en general, en la construcción y legitimación de las identidades culturales, se ha convertido en foco de atención de las teorías y prácticas arqueológicas en los últimos años (Jones, 1997), particularmente, desde el declive del comunismo. La relación entre la arqueología y la construcción de identidades ha estado en el corazón de la disciplina desde sus comienzos, en el siglo XIX, pero ha sido tan solo con los enfoques contextual y post-procesual, que su evaluación crítica se convirtió en práctica común. El Congreso Arqueológico Mundial[1], con sus intereses dirigidos a las socio-políticas de la arqueología, jugó un rol vital en este aspecto (Ucko, 1995). Sin embargo, con el resurgimiento de los nacionalismos en Europa y demás partes del mundo, y la propagación de la globalización como marco de interpretación popular, contribuyó a que se llegase a la conclusión que la construcción de la identidad y de la cultura material, deberían ser interpretadas como intrínsicamente interrelacionadas.

En este contexto global, la teoría sobre el discurso colonial es particularmente relevante. Originalmente, al menos desde los años 70, la teoría sobre el discurso colonial se enfocó en el poder de la ideología colonial y como la retórica y las representaciones ayudaron en el proceso histórico de dominación imperial de los pueblos oprimidos (Hingley, 2000: 6). Pensadores tales como Edward Said (1978) y Bernal (1987) han demostrado como el sometimiento de los pueblos por los poderes coloniales, fue construido como un conjunto complejo de descripciones seudo-científicas referentes a fortalezas y debilidades, colonizadores[2] y colonizados. El pasado ha sido utilizado para corroborar colonialismos fuertes, tales como el inglés o el francés, en oposición a los débiles nativos, sean ellos del medio oriente, hindúes, africanos o nativos americanos. El rol de la cultura material, en la conformación de estas desigualdades, no fue marginal. Pero los pensadores sociales estaban concentrados, principalmente, en las narrativas académicas producidas por los científicos sociales y otros estudiosos del área. Su foco también estaba dirigido en cómo los indo-europeos fueron inventados como superiores a los Semitas, mientras que los otros pueblos dominados estaban, de cierto modo, siendo asociados a estos últimos, considerados entonces como tradicionalmente inferiores.

Los estudios sobre cultura material se tornaron hacia el análisis del discurso colonial tardíamente, y este movimiento en la arqueología está relacionado a una aproximación crítica a la historia de la disciplina, fue propuesto tempranamente, y de manera notable, por Trigger (1989). A diferencia de los primeros trabajos, auto-críticos y auto-referentes, sobre la arqueología, la historia de la disciplina ha estado ligada, ahora con mayor frecuencia que antes, al cambio de las condiciones sociales, culturales y políticas de la sociedad como un todo. Este novedoso enfoque considera las condiciones históricas que han permitido la existencia de la disciplina, así como las condiciones en las cuales se produce el conocimiento (Patterson, 2001: 5). Este movimiento condujo a la publicación de varios libros, edición de compilaciones y artículos en temas tales como la arqueología y la construcción de la nación. (Díaz-Andreu & Champion 1996 con referencias anteriores; Olivier 2001, desde una perspectiva francesa; en Brasil, Funari 1999)

El objetivo de este artículo es mostrar como la cultura material romana ha sido usada en Brasil como una forma de construir identidades, desde su concepción como interés por lo antiguo, hasta el presente, cuadro compuesto por imágenes de lo popular y lo académico interactuando. La arqueología romana jugó un rol en la adopción de una imagen que identifica a una Roma idealizada con la elite brasileña, en momentos diferentes con rasgos diferentes, desde el siglo XIX. La arqueología académica reciente se desarrolló dentro de este marco global, histórico y social, resultando de ello, unas prácticas mixtas.

Antigüedades romanas en el contexto del Brasil Imperial

La Corte Real Portuguesa fue transferida a Río de Janeiro, en los albores de la expansión napoleónica a través de la Europa Continental, y trajo a los trópicos, por primera vez, el conjunto completo del poder imperial. El estado fue rebautizado como el Reino Unido de Portugal, Brasil y Algarves, y la capital del imperio fue establecida en Río de Janeiro. Esto implicó que se importara la Biblioteca

---

[1] http://www.worldarchaeologicalcongress.org/site/home.php
[2] En el original, [Colonialist], N. Del T.

imperial y el establecimiento de un Museo Imperial, inspirado en el Louvre y el *British Museum*, como prueba del esplendor del Imperio Portugués, entonces repartido en cuatro continentes, aún cuando su centro original en Europa fue dejado a los franceses (Lopes, 2000)

Tras la expulsión de los franceses la corte retornó a Lisboa, pero la capital imperial anterior, allá en el trópico, retuvo un aire de su aura imperial, al igual que su sabor en toda la cultura material clásica. El hijo del rey de Portugal, Pedro, quien fue dejado en Río de Janeiro, no tardó mucho en proclamar a Brasil como propio e independiente; lo hizo, en 1822, siendo aclamado como el primer emperador del Brasil. Pedro I y su corte eran europeos y, por tal razón, por civilización se entendía "cultura europea". Los modelos griegos, por ejemplo, no fueron considerados como los mas apropiados, ya que a Grecia se le tenía por demasiado democrática y afeminada, así como una civilización derrotada militarmente. El Catolicismo fue considerado como otra posible fuente de modelos, tras considerar el rol que, por siglos, había jugado en Portugal y, mas importante aún, porque fue proclamada como religión estatal por la nueva monarquía. La simbiosis entre el poder legal y el control católico sobre la sociedad estaba enraizada profundamente, pero el clero estaba bajo el control directo del mandatario. El Catolicismo también estaba asociado al periodo colonial tardío, particularmente a los pueblos barrocos del siglo XVIII, con su trazado inspirado en el Portugal Medieval. No fue un modelo para el nuevo Imperio (Funari, 1999b).

Roma fue el modelo; la Roma Imperial y el poder autocrático fueron los modelos para el imperio brasileño y el nuevo "poder moderador" de Pedro I, inspirado en la *auctoritas* de los tiempos romanos. Definido en la constitución impuesta por el Emperador, "el poder moderador es la llave de toda la organización política y es delegada, privativamente, al Emperador" (artículo 98)[1]. El concepto es retomado de la acepción latina clásica *moderari*, de autores tan reconocidos como Cicerón, y su descripción de Dios como *deus, qui regit, et moderatur, et mouet id corpus* (Rep.6,24,26). Moderación como restricción era pues la llave para el mandato discrecional del Emperador (*reipublicae moderatio*, as in Cicero Leg.3,2,5).

Pedro I abandonó Brasil para convertirse en Pedro IV, en Portugal, y su hijo, Pedro II, ganó las riendas del poder hasta el fin de la monarquía en 1889. Pedro II fue educado con los clásicos desde niño donde aprendió varias lenguas muertas, entre ellas hebreo, griego y latín, así como otras varias modernas. Pronto se le conoció como el rey iluminado, por su gusto por la educación académica y la Ciencia (Langer, 2000; 2001). Casado con una princesa de Nápoles pudo, de esta forma, tener acceso a material arqueológico romano, tanto del área napolitana, por ejemplo de Pompeya, así como de excavaciones realizadas en otras partes de la península itálica. Este material enriqueció la colección del Museo Nacional, nombre con el cual se rebautizó el antiguo Museo Imperial. El Museo Nacional reunía maravillas naturales y, además, cultura material de todos los continentes, como debía hacerlo todo museo "civilizado". El Instituto Histórico y Geográfico también jugó un rol en la búsqueda e interpretación de cultura material (Ferreira, 1999). Allí se le prestó especial atención al material de las provincias del imperio y, en ese orden de ideas, los indígenas nativos del Brasil fueron pensados como galos, en relación a lo romanos, es decir, como conquistados y, a la vez, parte del Imperio.

Las antigüedades romanas fueron importantes por varias razones del orden de lo simbólico. La primera y más importante, la corte brasileña era europea. No era portuguesa, ya que esto la hubiera limitado y asociado directamente con Portugal, afectando, de ese modo, sus reclamos independentistas. Su carácter europeo estuvo mejor representado por Roma que por cualquier otro poder europeo. Aún más, el carácter aristocrático del Brasil, la opresiva presencia de la esclavitud, el poder autocrático, su inmenso territorio, todo ello en conjunto contribuyó a su identificación con el imperio romano. Los escritos de Julio César fueron lecturas obligadas durante el Imperio, y el Museo Nacional dio cabida al tributo aristocrático dado a las antigüedades romanas.

La República y el nuevo rol de los ideales romanos

La oposición a la monarquía fue liderada por los republicanos, personas cuya forma de vida no era menos aristocrática que la de la Corte, pero cuyos ideales estaban enraizados en el cuerpo colegiado de la elite. El "poder moderador" fue uno de sus objetivos principales, y la devolución del poder a los aristócratas locales fue interpretada como el retorno a los buenos tiempos de la república romana. Con la República, desde 1889, el poder pasó de la Corte a manos de las nuevas aristocracias, fuera de Río de Janeiro hacia, principalmente, São Paulo y Minas Gerais y, así, el Museo Nacional perdió su atractivo como icono identitario. Las nuevas elites dieron la espalda a los símbolos autocráticos de la Roma Imperial y prefirieron inventar sus propios padres fundadores, los *bandeirantes*, los portadores de banderas. Éstos fueron concebidos como los verdaderos fundadores de la nación en los albores de la colonización, así como los conquistadores del oeste, como los vencedores de indios rebeldes. El término *bandeirante* fue inventado, porque en los documentos contemporáneos se refieren a ellos como *paulistas*, es decir, los nacidos en São Paulo. Los paulistas fueron el resultado de la mezcla de nativos brasileños y portugueses quienes, durante el temprano periodo colonial, penetraron el interior del país. No hablaban portugués, como en los pueblos coloniales del litoral, sino una forma del Tupí conocida como "lengua común".

---

[1] *Art. 98. O poder moderador é a chave de toda a organização política, e é delegado privativamente ao imperador, como chefe supremo da nação e seu primeiro representante, para que incessantemente vele sobre a manutenção da independencia, equilíbrio e harmonia dos mais poderes políticos.* (Texto original tomado del website http://culturatura.com.br, N. Del T)

Sin embargo, para la nueva elite, *paulista* no era una denominación útil, como para ser conservada, porque hacía referencia a un solo estado de la Unión. El estado de São Paulo, en primer lugar gracias a las plantaciones de café y, luego, a la industrialización temprana, se estaba convirtiendo el estado más poderoso del país pero su elite gobernaba en conjunto con otras elites estatales, principalmente la de Minas Gerais, la antigua área de minería colonial. El *bandeirante* dejó de ser, entonces, un *paulista*, dejó de hablar Tupí, dejó de ser el resultado espurio de la mezcla étnica. El *bandeirante* fue inventado como un prístino romano republicano: valiente, conquistador, un gigante. Al igual que los romanos, se consideró que los *bandeirantes* debían ser capaces de civilizar a los otros, los pueblos dominados, mezclándose con ellos para luego convertirlos en verdaderos *bandeirantes*. Como lo describió Myriam Ellis (1963: 280),

La mezcla del bandeirante recibió de sus ancestros masculinos su espíritu valiente, coraje, audacia, movilidad; mientras que sus ancestros femeninos les heredaron su amor por la libertad, así como su intranquilo y nómada deseo de ir a conquistar el oeste.

Estos pioneros brasileños también fueron romanos porque se opusieron a los colonos españoles. Los pioneros, continúa la historia, conquistaron el Brasil de manos de los españoles, quienes ostentaban derechos legales sobre una vasta área al oeste de la línea de Tordesillas. Los españoles, por su cultivado estilo de vida, fueron tachados de afeminados, como aconteció igualmente con sus ciudades, caracterizadas por su ordenado paisaje reticulado. Los españoles también fueron identificados como griegos decadentes dominados por los rústicos romanos, los *bandeirantes*. Esta reconstrucción de la rivalidad colonial entre España y Portugal estuvo directamente relacionada con la rivalidad entre Brasil y Argentina: los prototípicos afeminados griegos por oposición al masculino, y romano, *bandeirante*. Mientras los valores romanos usados durante el Imperio Brasileño eran aristocráticos y restringidos a unos pocos miembros de la Corte, la nueva ideología tenía el potencial de poder popularizarse, como realmente sucedió en época temprana. La cultura material jugó un rol crucial en su difusión, a través de la invención de una nueva iconografía (Funari, 1994).

El mito del *bandeirante* ha producido un resultado a largo plazo, como lo notó Pierre Monbeing (1952: 107-18):

Il s'est créé un mythe du *Bandeirante* dont l'efficacité psychologique est certaine. Quand on veut célébrer un *fazendeiro*, défricheur de forêts, planteur de villes, il n'est pas de plus beau titre à lui décerner que celui de *Bandeirante*. Quand on dit d'un homme qu'il est un *vrai Bandeirante*, on a tout dit. Faisons sa part à une emphase toute latine et ne nous étonnons pas trop de voir le *Bandeirante* recevoir une promotion indirecte et posthume de colonisateur.

…El se creó un mito del *Bandeirante* cuya eficacia psicológica es evidente. Cuando se desea hacer un cumplido a un hacendado, conquistador de selvas, fundador de ciudades, no hay título más adecuado para hacerlo que el de *Bandeirante*. Cuando se dice de un hombre que es un *bandeirante de verdad*, con eso es suficiente. Aceptemos su juego por tomar un énfasis muy latino y no nos molestemos mucho si vemos que el Bandeirante es promovido indirectamente, y de manera póstuma, a colonizador.

Esta ideología se materializó en la construcción de imágenes de *bandeirantes*. La cultura material jugó un papel esencial en la difusión de la imagen romanizada de esos guerreros (Funari, 1995). El Museo Paulista, en Sao Paulo, fue recompuesto para el centenario de Brasil, en 1922, como un Museo Bandeirante que aspiraba a convertirse en Museo Nacional, fin al cual se continúa aspirando al corazón del Museo. Los *bandeirantes* fueron esculpidos inspirados en la *severitas* romana. Las representaciones públicas de los bandeirantes, presentes en todos lados, siguieron esta iconografía: estatuas, edificios, pinturas publicadas en diversos medios, sin olvidar los textos escolares. El estudio del latín en las escuelas primarias y secundarias se impuso a gran escala, como consecuencia de la proliferación de escuelas bajo la Nueva República, llegando de este modo, por primera vez, a la gente del común. Los bandeirantes y el latín se mantuvieron en el corazón de la educación pública hasta mediados de los años 60, cuando el latín fue abandonado y los militares promovieron la introducción de cursos de educación cívica y moral de tendencia ultra-conservadora. Pero aunque otras identidades nacionales fueron adoptadas, la simbiosis Bandeirante/Romano guardó su poder como imagen, tanto así que una notable pensadora brasileña, la activista social y antropóloga social Darcy Ribeiro, en su *opus mágnum* sobre el país, publicada a fines de los 90as, llego a concluir que ¡Brasil es la Nueva Roma! Sin embargo, nunca hubo una ideología romana realmente generalizada y conciente, en el Brasil. Por el contrario, siempre ha existido un exceso de otros íconos y modelos identitarios. Las identidades siempre han sido plurales, tanto para la gente común como para los pensadores, así como para los forjadores de ellas. Pero es allí donde permanece el hecho de que la materialidad romana jugó un rol, a veces desapercibido, en diferentes periodos de la historia brasileña.

El estudio académico de las antigüedades romanas en Brasil y el discurso colonizado

El estudio académico de la arqueología romana en Brasil es muy reciente. Aunque el latín fue estudiado durante siglos, el de la historia de Roma, se desarrolló tardíamente, únicamente tras la introducción de la vida universitaria en el Brasil, en 1930. La arqueología se desarrolló más tarde, en la década de los 60as; este campo sufrió particularmente bajo la dictadura (Funari, 1999a, 2002), entre 1964 y 1985, aún cuando la arqueología clásica, considerada como apolítica y claramente reaccionaria, no fue afectada por el régimen militar (Funari, 1997). La arqueología del mundo romano se desarrolló, en primer lugar, como una forma de aproximación a las colecciones del Museo

Nacional (Río de Janeiro), y en el Museo Arqueológico y Etnológico (Sao Paulo). La necesidad del estudio de las colecciones arqueológicas llevó a un contacto más cercano con los arqueólogos locales del mundo romano con sus contrapartes europeas. Los arqueólogos brasileños de esta especialidad han estado trabajando en conjunto con centros de investigación europeos, particularmente británicos, españoles e italianos, pero también con franceses y portugueses. Brasileños han estado excavando sitios romanos (ej. Garraffoni; Cavicchioli, Silva, 2001; Pollini 2002), estudiando colecciones romanas en museos europeos y, más notable aún, ellos han podido desarrollar y publicar libros en Europa, en idiomas tales como el inglés (Cf. Funari 1997, con referencias)

La arqueología académica del mundo romano no está ligada directamente a las imágenes romanas usadas por los ideólogos imperiales o republicanos, pero no escapa del contexto general de lo Romano como modelo para los brasileños. Ante esto, la arqueología del mundo romano está a veces más conciente de los usos ideológicos de la cultura material que otras prácticas arqueológicas, en el Brasil, así como en otras partes. Por tal motivo, no es coincidencia que el post-procesualismo llegara primero al Brasil, vía la arqueología del mundo romano, y que los arqueólogos de esta especialidad estuviesen interesados también en actividades tales como contar a los niños sobre la prehistoria brasileña (e.g. Guarinello 1994; Funari 2002). La arqueología del mundo romano no es suficiente para desmantelar las imágenes inventadas sobre los brasileños, pero puede contribuir a desafiar las percepciones colonizadas de la identidad.

Agradecimientos

Debo agradecer a los siguientes colegas: Martin Bernal, Lúcio Menezes Ferreira, Renata Senna Garraffoni, Richard Hingley, Siân Jones, Johnni Langer, Margaret Lopes, Tamima Orra Mourad, Laurent Olivier, Thomas Patterson, Airton Pollini, Bruce G. Trigger, Peter Ucko. Las ideas son mías y, por lo tanto, el único responsable por ellas. También debo mencionar el apoyo institucional del Congreso Arqueológico Mundial y al Núcleo de Estudios Estratégicos (NEE Unicamp)

Referencias Bibliograficas

BERNAL, M. Black Athena: the Afroasiatic roots of classical civilization. London: Free Association Press, 1987.

ELLIS, M. As bandeiras na expansão geográfica do Brasil. In: *Sérgio Buarque de Hollanda (ed), História Geral da Civilização Brasileira*. São Paulo: Difel, 1963, p. 273-296.

FUNARI, P.P.A. Rescuing ordinary people's culture: museums, material culture and education in Brazil, in Peter G. Stone & Brian L. Molineaux (ed), The Presented Past, Heritage, museums and education, Londres, Routledge, 1994, p.120-136.

_____. A cultura material e a construção da mitologia bandeirante: problemas da identidade nacional brasileira. In: *Idéias*, 2,1, 1995, p. 29-48.

_____. European archaeology and two Brazilian offspring: classical archaeology and art history. *Journal of European Archaeology*, 5, 2, 1997, p. 137-148.

_____. Brazilian archaeology, a reappraisal, In: *G. Politis & Benjamin Alberti (eds), Archaeology in Latin America*. London & New York: Routledge, 1999, p. 17-37.

_____. Algumas contribuições do estudo da cultura material para a discussão da História da colonização da América do Sul. *Tempos Históricos*. Cascavel: 1, 1999, p. 11-44.

_____. Class interests in Brazilian archaeology. *International Journal of Historical Archaeology*, 6,3, 2002, p. 209-216.

_____. *Os Antigos Habitantes do Brasil*. São Paulo: Editora da UNESP, 2002.

GARRAFONI, R.S.; Cavicchioli, M., Silva, G.J. Escavação arqueológica em uma cidade romana: a experiência de três brasileiros. *Boletim do CPA*, 6, 11, 2001, p. 149-153.

GUARINELLO, N.L. *Os Primeiros Habitantes do Brasil*. São Paulo: Atual, 1994.

HINGLEY, R. *Roman Officers and English Gentlemen*. The imperial origins of Roman archaeology. London: Routledge, 2000.

JONES, S. *The Archaeology of Ethnicity*: constructing identities in the past and present. London: Routledge, 1997.

LOPES, M.M. *O Brasil descobre a ciência científica*: os museus e as ciências naturais no século XIX. São Paulo: Hucitec, 2000.

FERREIRA, L.M. O Instituto Histórico e Geográfico Brasileiro e a construção da Arqueologia Imperial. *Revista de História Regional,* 4,1, 1999, p. 9-36.

LANGER, J. *Ruínas e mito*: a Arqueologia no Brasil Império. Curitiba: unpublished PhD dissertation, 2000.

_____. Os enigmas de um continente: as origens da Arqueologia americana. *Estudos Ibero-Americanos*, 27,1, 2001, p.143-158.

MONBEING, P. *Pionniers et Planteurs de S. Paulo*. Paris: Armand Colin, 1952.

OLIVIER, L. A Arqueologia francesa e o regime de Vichy. In: BENOIT, Hector; FUNARI, P.P.A. (eds). *Ética e Política no Mundo Antigo*. Campinas: IFCH, 2001, p. 219-252.

PATTERSON, T. C. *A Social History of Anthropology in the United States*. Oxford: Berg, 2001.

POLLINI, A. Paestum. Sondage 214. In : *Mélanges de l'Ecole Française de Rome*. Chroniques,114, 1, 2002, p. 486-487.

SAID, E.W. *Orientalism*: Western conceptions of the Orient. London: Penguin, 1978.

TRIGGER, B.C. *A history of Archaeological Thought*. Cambridge: Cambridge University Press, 1989.

UCKO, P. (ed). *Theory in Archaeology:* a World perspective. London: Routledge.

Ciudadanía, esclavitud y conflicto social en los tiempos de Nerón

Fábio D. Joly

Doctor en Historia – FFLCH/USP. Profesor de Historia Antigua – Universidad Federal del Recôncavo da Bahia (UFRB)

Introducción

En una conocida recopilación de artículos, organizada alrededor del tema el "hombre romano", se encuentra la siguiente caracterización del liberto compuesta por Jean Andreau:

[El liberto] no posee la coherencia del aristócrata, seguro de su superioridad y protegido por valores que lo fortalecen, aunque no los ponga en práctica en la vida cotidiana. No posee la sencillez rústica del verdadero campesino indígena, ni la irreverencia bien controlada del esclavo doméstico. El liberto se encuentra en una encrucijada de varias fuerzas divergentes e incluso opuestas. Por un lado, fue esclavo, asunto que ni él ni los demás pueden olvidar. Por el otro, su estatus de liberto es parcialmente contradictorio, porque la liberación le confiere la misma ciudadanía de su patrón pero está sujeto a una serie de obligaciones y de costumbres que lo separan de los *ingenui*.[1] (1991: 151)

Caracterizar la existencia del liberto como contradictoria y plagada de contradicciones, es una posición común en las historias sociales del Alto Imperio Romano. El liberto es definido sobre todo negativamente: el liberto *no* es esclavo, *no* es *ingenuus*, *no* es aristócrata. Aunque se reconozca su presencia ubicua en la sociedad romana, en actividades económicas que van desde la agricultura hasta el artesanado y el comercio, el liberto es representado como un *outsider*, cuya existencia se sitúa en un limbo social, o, cuando mucho, en los estratos "intermedios" de la sociedad. Para Andrzej Los, por ejemplo, "los libertos ricos romanos, al contrario de los libertos griegos, no se situaban completamente al margen de la sociedad oficial. Pero apenas si rozaban esa estructura con la punta de sus pies. Al no poseer *ius honorum*, no podían pertenecer a los estratos superiores; por otro lado, sus fortunas les permitían actuar como *evergetas*, es decir, apoyando a los ciudadanos pobres, lo que los situaba fuera de los estratos inferiores cuyos miembros se beneficiaban del apoyo de los más ricos. Conviene, por lo tanto, considerarlos como un estrato intermedio" (Los, 1995: 1029).

Esta representación permite dos críticas. En primer lugar, la oposición entre liberto y esclavo no considera la estructura básica de la esclavitud, como la expusiera Orlando Patterson (1982: 296): "esclavización, esclavitud y manumisión no son meros eventos relacionados. Son un único proceso en diferentes fases". Además, en una sociedad, como la romana, en la cual las relaciones de patronazgo y clientelismo establecían jerarquías informales entre el cuerpo de los ciudadanos, estar sujeto a una "serie de obligaciones y de costumbres" no era privilegio de los libertos, de modo que con los *ingenui* se pueden trazar mas semejanzas que diferencias. Como resalta Fabio Faversani (1999: 77), "cliente y liberto son iguales en lo fundamental: son valorados – y se valoran – como de una posición social inferior en relación con su patrón. Ellos establecen un vínculo duradero con ese *patronus* al cual deberán prestar beneficios a cambio de algunas ventajas". Cambia la forma de insertarse en la relación: mientras que el cliente ingresa voluntariamente, el liberto lo hace por necesidad.

Una segunda crítica trata respecto de los modelos interpretativos de la sociedad romana subyacentes en los textos de Andreau y Los, que hablan, respectivamente, de "coherencia de los aristócratas" y de "sociedad oficial". Podemos citar aquí las palabras de Paul Veyne en su conocido análisis del Trimalquio petroniano: "la desgracia de los libertos proviene del hecho de que ellos comparten los principios sociales de los hombres libres. Ellos se juzgan como son juzgados. Lejos de provocar el resentimiento o la lucha de clases, su conciencia de inferioridad supone la aceptación del orden existente. Humillados, ellos no son rebeldes" (Veyne, 1990: 40, *apud* Garraffoni, 2000: 74).

Ahora, los libertos formarían un grupo que, con obstinación, buscaron la legitimación frente a los *ingenui* mas sin alcanzarla en la práctica, contentándose, entonces, en imitar imperfectamente el estilo de vida de sus ex-señores. Al discutir las cuestiones teóricas relacionadas con los estudios sobre el *Satyricon*, Renata Garraffoni apuntó que la interpretación postulada por Paul Veyne sobre la figura de Trimalquio, era ejemplo de una perspectiva normativa de interpretación de la sociedad romana, de acuerdo con la cual "los valores de la elite son tenidos como únicos y son esparcidos sobre la población, como si cada uno de ellos los subjetivara y tomara como fundamentales en sus vidas, estableciendo así, por lo tanto, una homogenización de la sociedad, porque lo diferente sería excluido" (Garraffoni, 2000: 74)[2].

---

[1] *Ingenuus, ui*: persona de nacimiento libre. (N. del T.: El término latino se usará en el resto del artículo según sugerencia del autor.)

[2] Para una crítica de los modelos normativos, desde el punto de vista arqueológico, véase Pedro Paulo Funari y Renata S. Garraffoni, 2006.

La adopción de ese punto de vista reposa, en última instancia, en la aceptación de los retratos de los libertos transmitidos por las fuentes literarias, de carácter elitista y señorial. A veces, un cambio de registro propicia otra visión. Si, por un lado, la esclavitud es prácticamente invisible en términos arqueológicos[1], por el otro, las inscripciones dejadas por los libertos se convierten en documentos que tornan visibles a los esclavos, así sea a partir del momento en que ganaron la libertad (Beard y Henderson, 1998: 69). La discrepancia entre las representaciones literarias y las auto-representaciones epigráficas, es el aspecto principal resaltado por quienes estudian el material itálico y provinciano producido por los libertos. El reconocimiento del pasado servil y la valorización del trabajo están presentes en las inscripciones dejadas por los (as) libertos (as), destacándose, precisamente, aquellos aspectos oscurecidos en las fuentes literarias (Weber, 1998: 260)

Por otro lado, esta perspectiva, elitista y señorial, compartida por las fuentes antiguas y por parte de la historiografía moderna, tiende a colocar en un segundo plano la calidad de ciudadano del liberto. Sabemos que una peculiaridad de la sociedad esclavista romana fue la posibilidad de la concesión de la ciudadanía, parcial o total, al esclavo liberado por un ciudadano romano. Se trata de un hecho registrado en la historia romana desde el siglo IV a. C. (Fabre, 1981: 38), y que persistió durante el Principado. El objetivo de este artículo es analizar esta cuestión, que se centra en los choques entre el emperador y el senado en lo que respecta a la esclavitud y que se desarrollaron durante el periodo neroniano (54-68 d. C.).

Manumisión y ciudadania

En 56 d. C., al interior del consejo del emperador Nerón, se llevó a cabo una discusión acerca de la decisión del Senado de conceder a los patronos el derecho de revocar la libertad de los libertos que se mostraran ingratos (*Anales*, 13, 26-27). Tácito presenta la argumentación de ambas partes a partir de una oposición entre el estímulo al orden esclavista mediante el recurso de medidas coercitivas y el gerenciamiento de las posibilidades de promoción social, como la manumisión. En el primer caso, se entiende que no cabía a los señores el control de los esclavos por medio de la concesión de beneficios, sino más bien, un ordenamiento jurídico-legal que estableciera el temor a la represión:

Algunos se indignaban de que la libertad había dado a los libertos una insolente irreverencia, tratando a sus patronos como iguales, irrespetando sus órdenes y levantando sus manos contra ellos, incluso riéndose de los castigos que les eran impuestos. ¿Que podía hacer el patrón afectado sino relegar al liberto al litoral de la Campania, 100 millas de Roma? En todo lo demás, sus derechos legales eran los mismos. Los patronos debían tener algún arma que no pudiese ser despreciada, ni sería ofensivo, para los libertos, el mantener su libertad con la misma reverencia con la que loa obtuvieron. En cuanto a los que estuviesen siendo culpados por crímenes, estos volverían a la esclavitud, merecidamente, para que, debido al miedo, se dieran cuenta que los beneficios no mejoraban (*Anales*, 13, 26)

Se defiende una mayor intervención jurídico-legal en la esclavitud como forma de preservar la obediencia de los libertos. La libertad es identificada como una condición que trae consigo inestabilidad, por lo tanto, debe ser controlada y, en última instancia, revocada. Aún así, la solución adelantada por el Senado es criticada por el grupo contrario a la propuesta.

Otros decían, por el contrario, que la culpa de unos pocos debería afectarlos personalmente, pero sin, por ello, quitar los derechos colectivos. Pues este cuerpo ya era muy numeroso. De él provenía la mayor parte de las tribus, de las decurias, de los auxiliares de los magistrados y sacerdotes y también de los soldados alistados en las cohortes urbanas. Y gran parte de los caballeros y de los senadores no tenían otro origen. En caso que se separaran, los hijos de libertos, el pequeño número de hombres nacidos libres sería evidente. No fue en vano que los antiguos, cuando establecieron la división de los órdenes, consideraron la libertad como un bien común. Y habían establecido dos medios para otorgarla, con el fin da dar tiempo al arrepentimiento o a un nuevo beneficio. Todos aquellos a quienes el patrón no les hubiera conferido la libertad con las formalidades legales [*vindicta*] eran mantenidos bajo un cierto vínculo de esclavitud. Antes de concederse la libertad era necesario examinar los méritos con calma, pero sin revocar lo que ya había sido concedido. Esta sentencia prevaleció y César escribió al Senado pidiendo que examinara las quejas específicas de los patronos contra los libertos, pero sin que nada derogara el derecho general (*Anales*, 13, 27)

Según este argumento, cualquier política esclavista tendría que considerar la gran cantidad de libertos que hacen parte de la población. Es la relevancia cívica de este grupo lo que debería orientar la elaboración de la legislación y no los intereses particulares de los patronos. El texto taciteano revela, de esta forma, la misma heterogeneidad de la aristocracia imperial, que tenía diferentes visiones de lo político y, consecuentemente, de su relación con la esclavitud (Joly, 2004). En este sentido, la terminología empleada por ambos grupos es esclarecedora: mientras el primero utiliza el término *libertus* – que guarda una connotación privada, es decir, establece una relación con el patrón –, el segundo menciona *libertinus*, que designa con más puntualidad la posición del liberto como ciudadano romano (Shimada, 1988). Antes de mencionar la posibilidad de *revocatio in servitutem* bajo Nerón, se tiene noticia de que el emperador Claudio habría decidido reducir a la esclavitud a los libertos culpados por ingratitud con sus patronos, pero, igualmente, es poco probable que una ley general haya sido decretada entonces (Suetónio, *Claudius*, 25, 1 y Dion Cassio, 60, 13, 2. Cf. Koestermann, 1967: 283).

---

[1] Paradójicamente, esa es la conclusión a la que se llega tras la lectura del libro de F. Hugh Thompson (2003) que se proponía, justamente, hacer visibles los vestigios arqueológicos de la esclavitud greco-romana.

El testimonio de Tácito referente a la época neroniana, permite hacer un análisis que se detiene en la oposición entre libertad personal y libertad cívica, una oposición que liga el debate a discusiones semejantes, bajo el gobierno de Nerón, acerca del lugar de los libertos en la *res publica*, que acontecieron durante el periodo republicano. El problema que se planteaba, entonces, era el de la inclusión de los libertos en todas las 35 tribus de Roma, ya que ellos estaban localizados regularmente dentro de las 4 tribus urbanas. A partir de 169 a. C., los libertos fueron regularmente registrados en las tribus urbanas, aunque, en diferentes momentos, afloraron diversas reacciones frente a esa política, llevando, entre fines del siglo II a.C. y la primera mitad del siglo I a.C, a la promulgación de una legislación correspondiente: *lex Aemilia de libertinorum suffragiis* (115 a.C.), *lex Sulpicia de novorum civium libertinorumque suffragiis* (88 a.C.), *lex Papiria de novorum civium libertinorumque suffragiis* (84 a.C.), *lex Manilia de libertinorum suffragiis* (67 a.C.), *rogatio Manilia de libertinorum suffragiis* (58 a.C.) y *rogatio Clodia de libertinis* (52 a.C.) (Treggiari, 1969: 47 y ss).

A pesar de haber adquirido la ciudadanía, el ejercicio de la libertad cívica por parte de los libertos, por medio del voto en las asambleas, fue algo, recurrentemente, objetado y defendido, cuyo desarrollo se dio en la historia política romana en la forma de un combate entre *optimates* y *populares*, cada cual comprometiéndose con una visión específica de *libertas* (Arena, 2006). La crítica de los *optimates* a la propuesta de Clodio – candidato a la Pretura en 52 – de permitir que los libertos votaran en las 35 tribus, probablemente las mismas de sus patronos, encontró su medio de expresión en la pluma de Cicerón, en su *Pro Milone*, en el cual defiende a Milo por haber asesinado a Clodio antes de las elecciones. El argumento principal del orador para su defensa, era que las leyes propuestas por Clodio significaría hacer esclavos a los señores, de sus propios esclavos (*quae nos servis nostris addicerent*, *Pro Mil.*, 87), como si el permitir que los libertos votasen en las mismas tribus equivaliera a someter políticamente los patronos a los libertos. Por lo tanto, oponerse al proyecto de Clodio era, en resumen, un acto de libertad.

Recurrir a tal concepto, costoso para la cultura romana, es una estrategia de los *optimates* para no ser acusados de promover una *dominatio*, es decir, el poder de una facción interesada en hacer valer su voluntad en detrimento de la *res publica*. Pero, al mismo tiempo, están resaltando otro contenido de *libertas* diferente de su carácter cívico: la libertad como prerrogativa de un grupo de sabios, pues estos son, verdaderamente, libres y, por consiguiente, deben gobernar sobre aquellos que no tienen razón. Como se puede apreciar, se trata de la doctrina estoica con su énfasis en la libertad moral y su correspondiente minimización de la libertad cívica, como la obtenida por los libertos. En ese contexto, los *populares* estarían subvirtiendo un orden natural, equiparando patronos y libertos, y por lo tanto poniendo en riesgo la *libertas*.

La discusión que se realizaba al interior del consejo de Nerón, en 56 d. C., retomó la dualidad inherente al argumento anterior. Por un lado, los defensores de la revocación postularon la noción de que la libertad es un beneficio privado exclusivamente, de modo que el ex-esclavo tiene una deuda moral con el patrón, y su posición social debe ser medida exclusivamente con relación a aquella del patrón: es decir, el liberto tiene una posición subordinada en la sociedad. De ahí la inversión que implicaba la falta de reverencia (*irreverentia*) de los libertos al tratar a sus patronos con igual derecho (*an aequo cum patronis iure ageretur*) e incluso, amenazándolos con violencia física (como lo indica la expresión *ac verberibus manus ultro intenderent*).

Por otro lado, entre los puntos resaltados en defensa de la preservación de la libertad de los libertos, el concepto de *libertas* fue aplicado en su naturaleza esencialmente política, en el sentido de que se trataba de un bien común a todos los ciudadanos y no uno exclusivo de un solo grupo. Además, los libertos y sus descendientes eran tratados como si poseyeran una identidad colectiva – constituyendo un *corpus* – que incluía desde senadores y caballeros hasta aquellos individuos que actuaban en las esferas mas bajas de la administración de la ciudad de Roma. En ese sentido, y se trata del argumento principal utilizado en la defensa de la ciudadanía de los libertos, habría un proceso constante de *servilización* de la sociedad romana: *si separarentur libertini, manifestam fore penuriam ingenuorum*. Ese tema aparece en otros momentos en la obra de Tácito, así como la asociación de la plebe a los esclavos (ver *Anales*, 4, 27, 2: *urbem* [...] *trepidam ob multitudinem familiarum, quae gliscebat immensum, minore in dies plebe ingenua*). Un comentario de Séneca, en el *De Clementia*, presenta un punto de vista semejante, aunque refiriéndose a los esclavos (*Dicta est aliquando a senatu sententia, ut servos a liberis cultus distingueret; deinde apparuit, quantum periculum immineret, si servi nostri numerare nos coepissent*, *De Clem.*, I, 24, 1).

Este anonimato del *status* solo fue interrumpido cuando se postuló una ley de alcance general que descartaba las diferencias al interior del propio grupo – libertos, en el caso del texto de Tácito, esclavos en el de Séneca – otorgándoles una identidad. La gestión privada de la manumisión, al liberar a los esclavos que tienen méritos, actuaría como un instrumento indirecto de control social, evitando conflictos abiertos de mayor escala. Luego, se admite que, de alguna forma, existe la posibilidad de identidad corporativa representada en la ciudadanía, al interior del grupo de libertos, a pesar de su heterogeneidad (Kleijwegt, 2006)[1].

¿Una revuelta servil bajo Nerón?

Esta identidad, implícita en el debate del año 56, también aparece en otro episodio narrado por Tácito, pero ahora centrado específicamente en los esclavos urbanos: el

---

[1] Una identidad corporativa revelada también por el material epigráfico.

asesinato de Pedanio Secundo, prefecto de Roma, por uno de sus esclavos, en 61 d. C. (*Anales*, 14, 42-45). Ocurrió por entonces un levantamiento de la plebe – una de las pocas insurrecciones populares de la época de Nerón, aparte de aquella que se dio tras la muerte de Octavia, esposa del emperador, en el año 62 – que se opuso a la tortura y ejecución de los cuatrocientos esclavos de la casa, como preveía el *senatus consultum Silanianum*. Algunos senadores también se mostraron indecisos en relación a la ejecución de la ley, pero prevalecieron los argumentos esgrimidos por el renombrado jurista Gayo Cassio Longino, quien no encontró opositor alguno.

Tácito no cita literalmente el *senatus consult Silanianum*, datado tradicionalmente para el año de 10 d. C. (Ulpiano, *Digesto*, 29, 5, 1. Cf. Watson, 1987: 134). Se infiere que se trata de esta legislación a través de un pasaje del libro 13 de los *Anales*, relativa al año 57: "Por medio de un *senatus-consulto* se proveyó de instrumentos de venganza y tranquilidad a los señores ordenando que, si alguno de ellos era muerto por sus esclavos, hasta los manumitidos por testamento que vivían bajo el mismo techo, sufrirían las mismas penas" (*Factum et senatus consultum ultioni iuxta et securitati, ut si quis a suis servis interfectus esset, ii quoque, qui testamento manu missi sub eodem tecto mansissent, inter servos supplicia penderent, Anales,* 13, 32, 1). Al referirse a las medidas legales que iban a ser tomadas en el caso de los esclavos de Pedanio Secundo, Tácito dice que el Senado seguía una "vieja costumbre" (*cum vetere ex more familiam omnem, quae sub eodem tecto mansitaverat, ad supplicium agi oporteret, Anales,* 14, 42, 2). Algunos estudiosos notaron acá una ambigüedad y hasta un error en el relato de Tácito: como podía hablar de *vetus mos* al referirse a una ley del año 10 retomada en el año 57? Para Jiro Kajanto (1969: 46-47) no existe ambigüedad si se sitúa el *senatus consultum* en los años de 25 o 17 a. C., años en los que el nombre de los cónsules era Silanus. No se trata, sin embargo, de una mera cuestión de datación: el *mos maiorum* es, antes que todo, una pieza fundamental del discurso que Tácito atribuye a Casio (Wolf, 1988: 22). En el inicio de su discurso, el jurista alega que el castigo de los esclavos estaba prescrito por *instituta et leges maiorum* (*Anales,* 14, 44, 4-7), y, al final, vuelve a recurrir al tema de la antigüedad:

Nuestros antepasados no confiaban en la lealtad de los esclavos, ni siquiera de los nacidos en sus tierras ni en sus propias casas, criado allí bajo el afecto de sus señores. Hoy en día, cuando viven entre nuestras familias, sirvientes de diversas nacionalidades, diversos ritos, religiones distintas os sin religión alguna, solo el miedo puede coartar a esa gleba. Se objetará diciendo que morirán muchos inocentes. Si, pero cuando se diezma un ejército y cada décimo soldado es castigado, la suerte también recae sobre los valerosos. Todos los grandes ejemplos traen consigo alguna inequidad contra individuos; sin embargo, esto trae beneficios de carácter público (*Anales*, 14, 44, 4-7).

El hecho de que la defensa de la ejecución de los esclavos tenga el respaldo de un senador como Casio es significativo.

Previo a este acontecimiento, Casio aparece otras tres veces en los *Anales*. Es elogiado, como gobernador de Siria entre los años de 45 a 49, por Tácito:

En ese tiempo, Casio se distinguía por su sólido conocimiento de las leyes, ya que la paz acostumbra traer consigo el olvido de las artes militares, sosteniendo en pie de igualdad, a los laboriosos y los diligentes. Sin embargo, cuando tuvo lo oportunidad, durante estos en tiempos de paz, no dejó, él, caer en el olvido la antigua tradición, ejercitando a las legiones manteniendo, como si un enemigo estuviera al acecho, los mismos cuidados y providencias procedimiento digno de sus mayores y de la familia Casia [...] (12,12, 1).

En el año 58, Casio es citado cuando critica la atribución de excesivas honras a Nerón tras las victorias militares en Oriente (13, 41, 4). En ese mismo año fue escogido para resolver un conflicto entre el Senado y la población de Puteoli, pero como los ciudadanos no soportaron su *severitas*, la misión fue confiada a otros (13, 48). Tácito lo representa, de este modo, incorporándolo a las antiguas virtudes, ligadas estas al concepto de *mos maiorum*, evidente en el episodio de la muerte de Pedanio Secundo (Ginsburg, 1993: 97).

En el año 65, tras la muerte de la esposa de Nerón, Sabina Popeia, a Casio el emperador le prohibió comparecer a las exequias y, en un mensaje al senado, Nerón afirmó que era necesario alejarlo de la *res publica*. Alegó con este fin, que dentro de las imágenes de sus ancestros constaba la efigie de C. Casio (uno de los que mataron a Julio Cesar) con la leyenda "*duci partium*" (al jefe de partido). Para Nerón, esto significaba que él estaba para "diseminar la guerra civil y alejarse de la casa de los Césares" (*quippe semina belli civilis et defectionem a domo Caesarum quaesitam, Anales,* 16, 7, 4). Gayo Casio Longino era, de hecho, bisnieto del hermano de Casio, asesino de César (Wolf 1988:13) y estaba casado con Junia Lépida, descendiente de Augusto, lo que lo situaba, de cierto modo, en el cuadro de las contiendas dinásticas de la época (Nörr, 1984: 2961).

Aunque sea este el dato más enfatizado por la historiografía, talvez no sea el que mejor nos permita tener una comprensión del discurso que dio con motivo de la muerte del prefecto de Roma. No se menciona que el jurista porta el mismo nombre que su probable ancestro, Gayo Casio Longino, cónsul en 73 a. C., y gobernador de la Galia derrotado por Espartaco en Mutina, en el año 72 a. C. (Plutarco, *Crasso,* 8-11; Tito Lívio, *Per.,* 96; Orósio, *Hist.,* 5, 24, 1-8)[1]. Espartaco es un personaje conocido por Tácito y mencionado dos veces en los *Anales*. En el relato de la guerra contra Tacfarinas, numida que sirviera a las tropas romanas en el norte de África y, posteriormente, líder de una insurrección en 17 d. C., escribe Tácito: "Ni siquiera a Espartaco, que tras derrotar tantos ejércitos consulares, devastó impunemente a Italia, cuando la República sufría

---

[1] Esas fuentes se encuentran transcritas en Shaw, 2001.

las guerras contra Mitrídates y Sertorio, se llegó a un acuerdo para que su lealtad fuera aceptada" (*Anales*, 3, 73). Por su lado, en el libro 15 menciona una tentativa de revuelta frustrada por parte de gladiadores en Preneste, que tuvo repercusión popular (*iam Spartacum et vetera mala rumoribus ferente populo, ut est novarum rerum cupiens pavidusque, Anales,* 15, 46, 1). El propio término *bellum servile* es empleado por Tácito en la descripción de una insurrección de esclavos en Brundisio y sus cercanías, en el año 24 d. C. (*Eadem aestate mota per Italiam servilis belli semina fors oppressit, Anales,* 4, 27).

Las metáforas militares usadas por Casio, defendiendo la pena de muerte para los esclavos de Pedanio ganan, de este modo, un nuevo contexto. Tácito, al comparar a esclavos y soldados en tanto sujetos a unas mismas reglas para ser castigados, redime la imagen de Casio como restaurador de la disciplina militar, como si ahora estuviese derrotando eficazmente a los esclavos enemigos que, otrora, derrotaran a su ancestro. Sin duda alguna, aquí se presenta una estrategia retórica que permite, además, adentrar en otro aspecto de este episodio, la reacción de la población, que tuvo que se controlada por soldados (*Anales*, 14, 45).

Esta manifestación de la plebe ha sido, generalmente, interpretada como la agrupación de intereses de los estratos inferiores de la sociedad romana. Ya Finley (1991: 107) estimuló este punto de vista y, más recientemente, Aldo Schiavone:

> ... movilización absolutamente insólita en tales circunstancias, porque generalmente nadie se solidarizaba con los esclavos, y mucho menos los estratos sociales mas bajos que llenaban los circos donde los gladiadores eran regularmente masacrados. Sin embargo, muchos de los esclavos de Pedanio, sobre los cuales se cernía la amenaza, en ciertas ocasiones y durante la realización de sus trabajos, debieron haber trabado y consolidado relaciones de amistad, y de negocios pequeñas, dándose a conocer y ganándose el aprecio de los demás: vínculos nada despreciables dentro del tejido social o para los hábitos cotidianos de las personas del pueblo que atiborraban la metrópolis imperial, en el cuerpo hinchado de Roma. Su ejecución habría podido perturbar y devastar la vida de todo un barrio de centenas (tal vez millares) de familias de un área entera: una herida insoportable en el ritmo y equilibrio de la ciudad (Schiavone, 2004: 161-162).

Es cierto que Tácito no menciona explícitamente esclavos dentro del grupo de insurrectos, empleando los términos *plebs*, *populus* y *multitudine*, pero, como ya vimos, el tendía a representar a la plebe como compuesta, en su mayoría, por esclavos y sus descendientes, de modo que se puede aventurar la hipótesis de que la violenta reacción popular, armada con piedras y antorchas (*conglobata multitudine et saxa ac faces minante, Anales,* 14, 45, 2) reflejaba el temor de otros esclavos por el precedente creado por la ejecución de los cuatrocientos esclavos de Pedanio. Justamente, por no existir solidaridad entre los esclavos de una *domus*, cada esclavo estaba preocupado por su propia suerte. Este es el propio presupuesto del *senatus consultum Silanianum*, como se expresa en el discurso de Casio (*multa sceleri indicia praeveniunt: servi si prodant, possumus singuli inter plures, tuti inter anxios, postremo, si pereundum sit, non inulti inter nocentes agere, Anales,* 14, 44, 3) y en las palabras de Ulpiano sobre tal ley (*Dig.,* 29, 5, 1: *Curo aliter nulla domus tuta esse possit, nisi periculo capitis sui custodiam dominis praestare servi cogantur, ideo senatus consulta introducta sunt de publica quaestione a familia necatorum habenda*).

Puesto de este modo, en este contexto, el episodio del asesinato de Pedanio Secundo sugiere una forma de participación política de los esclavos en la vida de la ciudad. Aunque el cuerpo servil pueda parecer fragmentado y sin lazos de solidaridad interna – verdaderas naciones con rituales y costumbres propias según palabras de Casio – al momento en que se aplicó una legislación que distribuyó la responsabilidad penal entre los esclavos, se creó una resistencia conjunta.

La negativa de Nerón de castigar a los libertos de Pedanio deportándolos fuera de Italia, como propuso un senador, es presentada como una muestra de respeto a el *mos maiorum* (*ne mos antiquus, quem misericordia non minuerat, per saevitiam intenderetur, Anales,* 14, 45, 5) y posiblemente buscaba impedir la expansión de las tensiones entre el grupo de los libertos en Roma, conducta que ya fuera observada en el debate del año 56. Libertos y esclavos aparecen de este modo como grupos de presión en la Roma imperial bajo Nerón, y el emperador como árbitro supremo de los límites entre *servitus* y *libertas*.

Conclusión

Bajo Trajano, cuando Tácito compuso sus *Anales*, el *senatus consultum Silanianum* pasó a incluir a los libertos que fueron manumitidos en vida por el señor asesinado por un esclavo: *Sub divo Traiano constitutum est de his libertis, quos vivus manumiserat, quaestionem haberi* (Paulo, *Dig.*, 29, 5, 10, 1) (Boulvert y Morabito, 1982: 108). La *quaestio*, interrogatorio bajo tortura, siempre fue pensada exclusivamente para los esclavos, ni los *ingenui* ni los *libertini* estaban contemplados (Brunt, 1980: 260-261). Como resaltaba Wolf (1988: 48) "el ordenamiento de Trajano introdujo en Roma, por la primera vez, de forma legal, la tortura de libres". Aunque ese cuadro de degradación de la ciudadanía no condice con el que se obtiene a partir de los debates sobre libertos y esclavos durante el principado de Nerón.

Tanto en el debate del año 56 sobre la *revocatio in servitutem* de los libertos, como en el del año 61 sobre el destino de los esclavos y libertos del prefecto de Roma, las intervenciones de Nerón ayudaron a que prevaleciera el principio de utilidad pública (*utilitas publica*) según el cual el interés público – la preservación del estado – debería preceder a los intereses de los particulares (*utilitas singulorum*). Se trata de una fórmula que remite a uno de los principios pragmáticos del principado, según el cual el emperador debe hacer que se imponga el interés público al individual (Bellen, 1982: 461). La misma lógica, según Heinz Bellen, que presidió la formulación de las leyes relativas a la manumisión instituidas por Augusto: la *lex Fufia Caninia* (2 a. C.) que limitaba el número de esclavos que un señor podía manumitir por testamento, y la *lex Aelia Sentia* (4 a. C.) que establecía una edad límite de treinta años para el esclavo, y de veinte, para el señor que dejara liberar al esclavo (1982: 462-463).

Tal intervención imperial en el campo de la esclavitud no significa una simple reglamentación de la vida privada de los señores de Roma ni tampoco revela una tendencia a la restricción de la manumisión en la sociedad romana. Por el contrario, son acciones que denotan el elevado índice de manumisión y su carácter político al transformar esclavos en ciudadanos, generando la necesidad de que el *princeps* actúe como *curator rei publicae*, sobre todo en lo referente a la plebe urbana (Dettenhofer, 2000: 200).

Agradecimientos

Deseo agradecer a los autores del libro por su invitación a participar en él. Este artículo es producto de la investigación doctoral que contó con el auxilio financiero de la FAPESP (Fundação de Amparo à Pesquisa do Estado de São Paulo; proceso 02/00816-6).

Referencias Bibliograficas

ANDREAU, Jean. O liberto. In: GIARDINA, Andrea (org.). *O homem romano*. Lisboa: Editorial Presença, 1991, p. 149-165.

ARENA, Valentina. Liberti and Libertas: a call for civic freedom. In: KLEIJWEGT, Marc (ed.). *The faces of freedom: the manumission and emancipation of slaves in Old World and New World Slavery*. Leiden: Brill, 2006, p. 71-88.

BEARD, Mary; HENDERSON, John. *Antiguidade Clássica:* uma brevíssima introdução. Rio de Janeiro: Jorge Zahar Editor, 1998.

BELLEN, Heinz. Antike Staatsräson: die Hinrichtung der 400 Sklaven des römischen Stadtpräfekten L. Pedanius Secundo im Jahre 61 n. Chr. *Gymnasium*, 89, 1982, p. 449-467.

BOULVERT, Gérard; MORABITO, Marcel. Le droit de l'esclavage sous le Haut-Empire. *ANRW*, II.14, 1982, p. 98-183.

BRUNT, P. A. Evidence given under torture in the Principate. *Zeitschrift für Rechtsgeschichte*, 97, 1980, p. 256-265.

DETTENHOFER, Maria. *Herrschaft und Widerstand im augusteischen Principat: die Konkurrenz zwischen res publica und domus Augusta*. Stuttgart: Franz Steiner Verlag, 2000.

FABRE, Georges. *Libertus:* patrons et affranchis à Rome. Rome: École Française de Rome, 1981.

FAVERSANI, Fábio. *A pobreza no Satyricon de Petrônio*. Ouro Preto: Editora da UFOP, 1999.

FINLEY, M. I. *Escravidão antiga e ideologia moderna*. Rio de Janeiro: Graal, 1991.

FUNARI, Pedro Paulo A. ; GARRAFFONI, Renata S. Economia romana do início do Principado. In: SILVA, Gilvan Ventura da; MENDES, Norma Musco (orgs.). *Repensando o Império Romano: perspectiva socioeconômica, política e cultural*. Rio de Janeiro, Mauad/Vitória, Edufes, 2006, p. 53-63.

GARRAFFONI, Renata S. Os libertos no "Satyricon" de Petrônio: uma discussão teórica. *Pós-história*, v. 8, 2000, p. 71-84.

GINSBURG, Judith. Maiores certamina: past and present in the Annals. In: LUCE, T. J.; WOODMAN, A. J. (eds.). *Tacitus and the Tacitean tradition*. New Jersey: Princeton University Press, 1993, p. 86-103.

JOLY, Fábio Duarte. *Tácito e a metáfora da escravidão: um estudo de cultura política romana*. São Paulo: Edusp, 2004.

KAJANTO, Jiro. Tacitus on the slaves: an interpretation of the Annales, XIV, 42-45. *Arctos*, 6, 1969, p. 43-60.

KLEIJWEGT, Marc. Freed slaves, self-representation and corporate identity in the Roman world. In: _____ (ed.). *The faces of freedom: the manumission and emancipation of slaves in Old World and New World Slavery*. Leiden: Brill, 2006, p. 89-115.

KOESTERMANN, Erich (ed.). *Cornelius Tacitus Annalen*. Band III, Buch 11-13. Heidelberg: Carl Winter Universitätsverlag, 1967.

_____. *Cornelius Tacitus Annalen*. Band IV, Buch 14-16. Heidelberg: Carl Winter Universitätsverlag, 1967.

LOS, Andrzej. La condition sociale des affranchis privés au Ier siècle après J.-C. *Annales HSS*, n. 5, 1995, p. 1011-1043.

NORR, Dieter. Zur Biographie des Juristen C. Cassius Longinus. In: *Sodalitas. Scritti in Onore di Antonio Guarino*. Napoli: Editore Jovene, v. 6, 1984, p. 2957-2978.

PATTERSON, Orlando. *Slavery and social death: a comparative study*. Massachusetts: Harvard University Press, 1982.

SCHIAVONE, Aldo. *A história rompida:* Roma antiga e Ocidente moderno. São Paulo: Edusp, 2005.

SÉNÈQUE. *De Clementia*. Paris: Les Belles Lettres, 1921.

SÊNECA. *Tratado sobre a clemência*. Trad. Ingeborg Braren. Petrópolis: Vozes, 1990.

SHAW, Brent D. *Spartacus and the slave wars: a brief*

history with documents. Boston/New York: Bedford/St. Martin's, 2001.

SHIMADA, Makoto. *Libertini*: the designation of freedmen Roman citizens. In: YUGE, Toru; DOI, Masaoki (eds.) *Forms of control and subordination in Antiquity*. Tokyo: University of Tokyo Press, 1988, p. 420-424.

TACITE. *Annales*. 3 v. Paris: Les Belles Lettres, 1953.

TACITO. *Anales.* Madrid: Gredos, 1984.

THOMPSON, F. Hugh. *The archaeology of Greek and Roman slavery*. London: Routledge, 2003. (Reports of the Research Committee of the Society of Antiquaries of London, n. 66)

TREGGIARI, Susan. *Roman freedmen during the late Republic*. Oxford: Clarendon Press, 1969.

VEYNE, Paul. *A sociedade romana*. Lisboa: Edições 70, 1990, p. 11-48.

WATSON, Alan. *Roman slave law*. Baltimore: The Johns Hopkins University Press, 1987.

WEBER, Ekkehard. Freigelassene – eine diskriminierte Randgruppe?. In: WEILER, Ingomar (ed.). *Soziale Randgruppen und Aussenseiter im Altertum*. Graz: Leikam, 1988, p. 257-265.

WOLF, Joseph Georg. *Das Senatusconsultum Silanianum und die Senatsrede des C. Cassius Longinus aus dem Jahre 61 n. Chr*. Heidelberg: Carl Winter Universitätsverlag, 1988.

La noción de frontera en estrabón y Diodoro De Sicilia

Airton Pollini[*]

Doctor en Historia - Universidad de Paris 10 (Nanterre)
Professor assistente - Universidad de Haute Alsace (Mulhouse)

Nuestro conocimiento sobre los antiguos griegos se basa, esencialmente, en el punto de vista ateniense, del cual indiscutiblemente, se posee el mayor número de fuentes escritas combinadas con los datos provenientes de las pesquisas arqueológicas. Sin embargo, sería prudente también dirigir la mirada hacia otras regiones geográficas del mundo griego para tener una perspectiva mas amplia. El caso de las colonias en la Italia meridional es una de las mejores elecciones para conocer ciertos aspectos de la organización de una ciudad griega, sobre todo por la posibilidad de confrontar las fuentes escritas y los datos arqueológicos disponibles. En efecto, los territorios de las colonias de Poseidonia y Metaponto, así como la del Quersoneso en Tauridia (Crimea), son los más conocidos hoy en día y en donde un discurso sobre la cuestión de la organización del espacio extra-urbano encuentra los datos más precisos. Sería interesante entonces, estudiar la noción de frontera, no en sí misma, sino aplicándola al estudio de una región sobre la cual disponemos los datos arqueológicos más confiables y pertinentes (Greco, 1987).

El presente artículo aborda uno de los aspectos de esta investigación, la cual, sin embargo, debe hacerse también a partir de la cultura material, no solo como forma de ilustrar el texto, sino para ser usada, en igual proporción, en la construcción del discurso sobre lo que pudo ser la frontera de una ciudad griega. El objetivo pues, es encontrar una noción de frontera que pueda ser desarrollada a partir del estudio del uso de ciertos términos (Rouveret, 2000) para, en un segundo momento, confrontarla con los datos arqueológicos disponibles, tarea que rebasa los límites de este artículo[1].

Nuestro estudio sobre la frontera se inserta entonces, en este cuadro, y la elección de autores se explica por la región seleccionada. En efecto, las fuentes principales para la descripción de la Magna Grecia son el libro VI de la *Geografía* de Estrabón y la *Biblioteca Histórica* de Diodoro de Sicilia. Estos dos autores griegos aunque vivieron en la época romana, utilizaron fuentes más antiguas (datadas para el periodo griego), principalmente Artemidoro y Timeo. Los diversos puntos comunes entre ambos permiten compararlos; por otro lado, y ya que la mayoría de conocimientos sobre esta región pueden ser atribuidos en su mayoría a ellos dos, el análisis de estas fuentes puede darnos buenos indicios sobre el objeto de estudio.

La frontera en Estrabón

En Estrabón se percibe una cierta indiferencia ante las transformaciones producidas tras la conquista romana de la Italia Meridional (Prontera, 1987: 101), lo que refuerza la idea de que las descripciones del geógrafo están basadas en fuentes mas antiguas, particularmente en Timeo. Esto da más legitimidad al uso del discurso de Estrabón compuesto, en efecto, en la época romana, pero que probablemente es testimonio de una tradición mucho más antigua, contemporánea a la de nuestro estudio. No obstante es necesario hacer una salvaguarda: la descripción geográfica de Estrabón está, en cierto grado, guiada por las rutas marítimas (Prontera, 1987: 107-108). De tal modo, la delimitación del espacio es descrita con frecuencia en relación con accidentes geográficos asociados al mar, tales como golfos, cabos, itsmos o cursos de agua. Es el caso particular de las nociones, muy limitadas, de *Italia* o *Magna Grecia* (V, 1, 3 ; VI, 1, 4[2] ; VI, 3, 1 ; VI, 3, 11), que son descritas frecuentemente de manera esquemática y a partir del punto de vista marítimo. Estrabón dependía, probablemente, de la tradición geográfica heredada de los antiguos autores de Periplos (Peretti, 1983) y esto debe ser tomado en cuenta.

Tras comprobar, en un análisis de los autores mas antiguos, el uso recurrente de la palabra *horos* (Casevitz, 1993) es sorprendente ver, en el libro IV de Estrabón, un uso tan limitado del término. No obstante, el pasaje que trata sobre los pueblos que habitaban la Apulia (VI, 3, 8) es muy significativo: el geógrafo dice que el territorio, que en su época llevaba ese nombre, estaba habitado por dos pueblos, los Peucetios y los Daunios, y que nadie conocía la frontera precisa (τοὺς ὅρους ἐπ ἀκριβές) entre ellos. Aunque se desee ver, en el texto de Estrabón, un uso concreto de la palabra *horos,* y atribuirle una definición delimitada con precisión, como la que está implícita en este pasaje del libro sexto, otros ejemplos lo contrarirán.

---

[*] Universidad de Paris X (Nanterre) y NEE/Unicamp.
[1] La segunda parte de esta investigación se encuentra en mi trabajo de tesis, "Frontières et territoires en Grande Grèce. Archéologie et histoire des représentations", Université de Paris 10 Nanterre, 23/02/2008.

[2] Ver un comentario sobre este pasaje en: Greco, 1987: 128.

Tan solo uno, el del libro V (4, 1), en donde Estrabón se refiere a los límites de la Céltica, basta para confirmar esa variación constante en el valor y, sobre todo, del grado de precisión, del vocabulario griego.

Aunque el geógrafo utiliza poco la palabra *horos*, sus compuestos y derivaciones si aparecen con frecuencia en el libro VI de la *Geografía*. Debe notarse también el uso, aún más preciso, del verbo οὑρίζειν. En un pasaje que concierne directamente a nuestro discurso sobre la frontera, encontramos la descripción del territorio de los Picenos (V, 4, 13), que «se extiende hasta el curso del Silaris, que lo separa de la antigua Italia» (τοῦ Σιλάριδος ποταμοῦ τοῦ ὁρίζοντος). El segundo pasaje importante se hace referencia al río Halex (VI, 1, 9), en la frontera entre Locres y Rhegion[1] (Pollini e Funari, 2005), donde se usa un compuesto del verbo διουρίζειν. Pero los cursos de agua no son la única forma de demarcar la división de un territorio como lo indica el pasaje sobre la frontera entre Cales y Teanum Sidicinum en la Campania (V, 4, 11). A lo largo de la vía Latina, se encuentran dos Fortunas[2] a ambos lados de la ruta que servía, precisamente, para demarcar la línea de división entre los dos territorios.

Una vez más, la misma palabra puede ser utilizada con diferentes grados de precisión y en contextos diferentes[3]. El verbo puede ser utilizado también de forma metafórica, en el sentido de "determinar" o "fijar"[4], como en el pasaje VI, 1, 8, donde Estrabón da cuenta de las reformas de Zaleucos de Locres para la determinación de las leyes, aún a pesar de que el geógrafo demuestre desinterés por las instituciones de las ciudades italiotas (Prontera, 1987 : 100). La forma triangular de Sicilia está "determinada" (διορίζουσι) por tres cabos, el Pelorias, el Pakinos y el Lilybeum (VI, 2, 1).

La última derivación de *horos* empleada en el libro VI de la *Geografía* es μεθόριος. Entre las diecinueve apariciones de esta palabra en el texto de Estrabón, solo se encuentra una en la descripción de la Italia del Sur, en VI, 3, 7. Se trata de la descripción de la Vía Appia, que une Brentesión[5] y el Mar Adriático con Roma, pasando por Tarento y Venusia, esta última situada sobre la frontera (μεθόριος) entre el Samnium y la Lucania. El hallazgo del término en otros libros de la *Geografía*, sugiere un uso muy ligado a descripciones precisas de las fronteras entre territorios. Para Estrabón, ésta es la palabra que mejor se adapta para traducir la existencia de una frontera bien definida entre dos territorios; pero por aparecer tan pocas veces en la descripción de la Italia del Sur, no podemos llevar más lejos esta interpretación.

En lo concerniente a la raíz *per-*, ésta también es usada con un sentido de frontera por Estrabón, y el mejor ejemplo de ello es aquél sobre los pueblos que moran "más allá" (πέραν) del Istros[6], en la parte final del libro VI de la *Geografía* (VI, 4, 2). En otro contexto, el pasaje sobre los habitantes de Thourioi (VI, 1, 8), que deseaban sobrepasar a los Locrios en la formulación de leyes más detalladas y por lo tanto, mejores, prueba el uso de la palabra como metáfora en este sentido de "más allá". En VI, 1, 6. hace parte de la cuestión acerca de la noción del "otro lado", cuando Estrabón habla de Pitecusas[7] y de la costa que está enfrente, "al otro lado", igualmente, cuando se refiere a una partida de pueblos bárbaros de la Sicilia venidos del continente "de enfrente" (VI, 2, 4), o a la oposición entre Brentesión y la costa de "enfrente" (VI, 3, 8). Estos ejemplos muestran el grado de imprecisión del término y de todas las precauciones que se deben tomar antes de atribuirle un sentido único o definitivo al vocabulario utilizado por Estrabón.

Un hallazgo inesperado es la ausencia de palabras derivadas de la raíz *ter-* en el libro sobre la Italia del Sur. Las escasas apariciones de estos términos en la obra de Estrabón se hallan en otra sección del texto. El uso exiguo dado a palabras con esta raíz, en comparación con el uso frecuente que da Estrabón a otros términos con raíces diferentes, es sorprendente.

Estrabón utiliza también la palabra τελευτή, como en el pasaje sobre el Cabo Caenys, definido como el cabo en los límites (τελευταῖα ἄκρα) de Italia (VI, 1, 5). Esto ocurre de forma similar en un pequeño pasaje donde la expresión es utilizada en dos ocasiones (VI, 1, 7): sobre el cabo Leucopetra, que se encuentra al final de la cadena de los Apeninos (τελευτᾶν φασι τὸ Ἀπέννινον ὄρος) y cuando se refiere a Heracleión, denominado el promontorio final de Italia (τελευταῖον ἀκρωτήριον). Conviene anotar que en las tres apariciones del término en la descripción de la Italia meridional se está refiriendo a cabos o promontorios. No se puede, por tal razón, atribuirle un único sentido que esté ligado a un contexto de frontera, ya que la palabra parece estar haciendo referencia a una realidad específica que está siendo condicionada siempre por un punto de vista marítimo.

En lo que concierne al uso que da Estrabón al término *eskhatos*, éste es utilizado para describir la ciudad de Laos como la última de Lucania y para situarla en el límite de esta región (VI, 1, 1). La segunda aparición (VI, 1, 12) se refiere a la salud proverbial de los Crotoniatas, porque el último (*eskhatos*) de entre ellos era el primero (*protos*) de entre los Griegos en materia de salud. Este es el mismo uso metafórico que se da al pasaje de VI, 4, 2 donde se trata la historia de Roma y del último de los reyes Tarquinos. Debe tomarse nota de la ausencia de la palabra *eskhatia*

---

[1] Hoy Reggia Calabria (N. Del T.)
[2] Los traductores no concuerdan entre ellos con la interpretación de este pasaje : algunos ven dos estatuas (*Cf.* : STRABON, 2003 ; STRABONE, 2001), otros dos templos (STRABO, 1999 ; STRABON, 1909) dedicados a la Fortuna (*Tyché* en griego).
[3] Otra variación notable en el vocabulario empleado por Estrabón es el término " italiota" , que sirve para señalar, no solamente a los Griegos de Italia (VI, 1, 1), también sirve para los *socii Italici* (V, 4, 2) ; *Cf.* : PRONTERA, 1987: 106.
[4] Este uso está comprobado en la literatura griega, por ejemplo en Sófocles (*Antigone*, v. 452).
[5] Hoy Brindisi. (N. Del T)
[6] Hoy Danubio. (N. Del T)
[7] Hoy Isquia. (N. Del T)

(Casevitz, 1995 : 429) en el libro VI de la *Geografía*: para referirse a las límites de Italia: Estrabón usa el término τελευτή.

El vocabulario de la frontera en Diodoro

Después de Estrabón, la segunda fuente de descripciones más importante sobre las colonias griegas en Occidente es, sin lugar a dudas, Diodoro de Sicilia. Desafortunadamente, como bien lo demostró G. De Sensi Sestito (1984: 125-126), la parte de la obra de Diodoro que trataba concretamente sobre los hechos de la Magna Grecia se perdió: allí se trataba del periodo arcaico y contenía, presumiblemente, comentarios sobre las fundaciones coloniales. En los siguientes libros, la historia de las ciudades italiotas está, en gran parte, condicionada por, y subordinada a, la historia de Sicilia. Por otro lado, los eventos relacionados en los libros XI y XII, es decir, aquellos que contienen una narración relativamente extensa sobre la península, son los que liga con mas frecuencia, de manera más o menos indirecta, a la historia de Reghion (De Sensi Sestito, 1984: 145).

Teniendo en cuenta estas consideraciones iniciales, Diodoro, como fuente para el estudio de la frontera en la Magna Grecia, resulta más difícil que Estrabón cuando se desea hacer un análisis a profundidad sobre esta región. Los escasos indicios de la noción de frontera que pueden hallarse en el trabajo del historiador están sujetos a la siguiente cláusula: en la parte que se conserva de su discurso, Diodoro no está preocupado con la descripción de la Magna Grecia, y los pasajes que la mencionan dependen de eventos relacionados con Sicilia.

Tras esta alerta, aún nos faltan por considerar los dos puntos que nos interesan del trabajo de Diodoro: el vocabulario y la noción de frontera aplicados a la geografía de la Italia Meridional. En cuanto al vocabulario, parece que Diodoro rescata un sentido del término *horos* similar al de Estrabón: el siciliano también lo utiliza para designar una frontera bien establecida, aún cuando su demarcación no sea explícita, como ocurre a veces en ciertas descripciones de Sicilia. El único ejemplo referente a la Magna Grecia trata sobre la frontera entre Locres y Reghion, (XVI, 100, 2), lo que prueba el empleo de la palabra *horos* en el contexto preciso de una frontera entre ciudades. Es Dionisio I de Siracusa, quien desembarca sus tropas en las fronteras (*horoi*) de Locris para tomar una ruta terrestre hacia Reghion, asolando e incendiando el territorio de esta ciudad.

Se hace necesario entonces un comentario adicional: los usos generados dentro del contexto colonial (Sicilia y magna Grecia) demuestran un uso de *horos* en plural, entre otras cosas, para definir una demarcación que parece muy precisa, como en el caso de Locris y Reghion. Pero, por otro lado, no hay que dejarse llevar por el número de ejemplos que demuestran el uso del concepto en un contexto de frontera tan preciso. Diodoro utiliza también este término para describir realidades bien diversas. Solo basta con tomar un ejemplo (XIX, 28, 2) que muestra la palabra asociada a "los límites del desierto" (τῶν ὅρων τῆς ἐρήμου), los cuales son, por su naturaleza, ciertamente imprecisos.

Los compuestos y derivados de *horos* también son empleados por Diodoro en contextos de límites claros. Tal es el caso de ὁρίζοντος, utilizado con referencia a la guerra entre Segesta y Selinunte, en el año de 416 a. C. (XII, 82, 3), situada allí donde un río separaba el territorio de las ciudades en conflicto[1]. Aquí se recurre a un río que parece ser el elemento geográfico preferido para establecer una frontera clara entre dos ciudades.

El verbo συνορίζειν es empleado en un sentido menos preciso, pero en relación a las *poleis* vecinas de Siracusa, cuando Diodoro reportaba que, en el año 403, Dionisio quiso apoderarse de las ciudades de Naxos de Catania y de Leontina (XIV, 14, 2), definidas como ciudades limítrofes del territorio de Siracusa[2]. La ambigüedad en el uso de los términos hace que su interpretación sea mas difícil y que esté sujeta, sistemáticamente, al contexto de uso. En un pasaje del libro XVI (XVI, 44, 4) se muestra mejor esta dificultad cuando opone las expresiones ὁμόρου χώραν y τῆς συνοριζούσης χώρας para designar las tierras en los confines del territorio de Mesina[3]. Algunos pasajes de los libros XVII y XVIII (XVII, 4, 2 ; XVII, 76, 1 ; XVII, 96, 3 ; XVIII, 3, 1 ; XVIII, 3, 2), que no están relacionados con Italia o Sicilia, permiten igualmente, observar una cierta vacilación en el empleo de los términos y de la asociación del derivado τὰ συνορίζοντα a la noción de territorio vecino o limítrofe.

Se había dicho que, en el caso de Estrabón, la derivación μεθόριος era uno de los conceptos más precisos para señalar una frontera. En la obra de Diodoro sucede lo mismo con las seis apariciones, todas en plural, del mismo término (I, 32, 11; I, 60, 6; IV, 22, 5; XII, 65, 9; XIX, 10, 4; XXXIII, 4a, 1). Sin embargo, enfrentamos un problema al igual que con Estrabón: la exigüidad del uso del concepto no permite realizar un análisis más a profundidad. En estos pasajes μεθόριος está relacionado, frecuentemente, con la demarcación de territorios mas o menos extensos: entre Etiopía y Egipto (1, 32, 11); entre Egipto y Siria (1, 60, 6); entre Laconia y la Argólida (XII, 65, 9) entre Locres y Reghion (VI, 22, 4); en los confines del territorio

---

[1] Περὶ δ τοὺς αὐτοὺς χρόνους κατὰ τὴν Σικελίαν Ἐγεσταῖοι πρὸς Σελινουντίους ἐπολέμησαν περὶ χώρας ἀμφισβητησίμου, ποταμοῦ τὴν χώραν τῶν διαφερομένων πόλεων ὁρίζοντος.

[2] Τούτων δ' ἐπεθύμει κυριεῦσαι διὰ τὸ συνορίζειν αὐτὰς τῇ Συρακοσίῃ καὶ πολλὰς ἀφορμὰς ἔχειν πρὸς τὴν αὔξησιν τῆς δυναστείας.

[3] ἃ δὴ λίαν ἀγωνιῶν ὁ Διονύσιος, τοῖς Μεσσηνίοις ἔδωκε πολλὴν τῆς ὁμόρου χώραν, ἰδίους αὐτοὺς κατασκευάζων ταῖς εὐεργεσίαις· πρὸς δ Ῥηγίνους ἀπέστειλε πρεσβευτάς, παρακαλῶν ἐπιγαμί αν ποιήσασθαι καὶ δοῦναι τῶν πολιτικῶν παρθένων αὐτῷ μίαν συμβιώσασθαι· ἐπηγγέλλετο δ' αὐτοῖς πολλὴν τῆς συνοριζούσης χώρας κατακτήσεσθαι, τὴν πόλιν δ' αὐξήσειν ἐφ' ὅσον ἂν αὐτὸς ἰσχύῃ.

de Bruttium[1] (XIX, 10, 4) o en los confines de Arabia (XXXIII, 4a, 1).

En lo referente al uso de μεθόριος, los dos pasajes referentes a la Magna Grecia son muy interesantes. En el libro XIX (10, 4), para el año 317-316 se hace referencia a los exiliados crotoniatas que dejaron Thourioi, y que fueron son rechazados por los nativos para luego instalarse en los confines del territorio de Bruttium. Poco tiempo después, los nativos, con ventaja numérica, los matan a todos tras una batalla. En el libro IV (22, 5), Diodoro cuenta la leyenda de Hércules quien estaba enojado por los gritos de las cigarras "en los límites entre Locres y Reghion" (πρὸς τὰ μεθόρια τῆς Ῥηγίνης καὶ Λοκρίδος). Éste último ejemplo es el más preciso de entre las seis apariciones; pero tras el análisis de los otros pasajes, parece, sin embargo, que el empleo de este término está asociado en su mayor parte a un contexto de demarcación, relativamente claro, de frontera.

En lo referente a la palabra ὑπερόριος, se pueden contar siete referencias en Diodoro (II, 39, 4 ; III, 71, 3 ; IV, 40, 2 ; IX, 13, 1 ; XV, 36, 1 ; XVIII, 10, 2 ; XXXIV/XXXV, 1, 2) de las cuales ninguna hace referencia a la Magna Grecia. En todos estos ejemplos el término es utilizado para indicar un lugar más allá de las fronteras de una ciudad o de los confines del mundo habitado. Es en todo caso una noción que, más allá de definir una línea de frontera, define la travesía de esta línea. Diodoro emplea con frecuencia el término ὅμορος[2], que se puede relacionar con la frontera y que es utilizado principalmente en asociación con χώρα para designar las zonas que se pueden considerar limítrofes. Este término no fue tratado en nuestro comentario sobre Estrabón porque, entre las apariciones contadas en su trabajo, el único ejemplo encontrado en el libro VI (4, 2) habla de la frontera entre el imperio romano y los Partos. Por otro lado, el uso que da Estrabón al término *homoros* parece estar ligado, principalmente, a la idea de vecindad y, sin embargo, a una definición muy imprecisa de límite; concretamente en los ejemplos relativos a la descripción de Italia, las apariciones de esta palabra, en el libro V (2, 4; 3, 4; 3, 13; 4, 2; 4, 3; 4, 12), demuestran claramente el uso de este sentido. Para Diodoro, la idea de vecindad también es introducida por el término *homoros* aunque, en ciertos pasajes, la mejor interpretación es su referencia a una frontera entre dos territorios. El ejemplo más claro de este uso, en el contexto de la descripción de una frontera en la Magna Grecia es presentado en el libro XI (52, 1-2), donde Diodoro narra la guerra entre los Tarantinos y los Iapigianos, quienes disputaban una región "fronteriza"[3]. A pesar de la imprecisión de los límites de esta región, en este pasaje se puede ver la idea de un espacio dividido entre dos sociedades, aunque también pueda tratarse de un espacio ubicado entre dos territorios. El contexto de disputa refuerza la hipótesis de un espacio que, al fin y al cabo, no pertenecía a ninguno de los dos bandos involucrados o de un espacio que les era común. Este análisis contribuye a mostrar una gran variedad de realidades alrededor de la noción de frontera.

En el trabajo de Diodoro debe destacarse el uso frecuente de otros grupos lexicales ligados a un sentido de frontera. Sin embargo, el empleo de los términos muestra una variedad importante, en un sentido abstracto, para definir, tanto el fin de la vida (τελευτή), como para la idea de último y de extremo (ἔσχατος)[4]. Entre ambos grupos lexicales, desafortunadamente, no se halló un ejemplo pertinente que se relacionara con las descripciones de la Magna Grecia. El estudio de ciertos pasajes, referentes a otras regiones geográficas, nos permite afirmar, sin embargo, que estos términos introducen un sentido menos preciso. Algunos ejemplos nos sirven para demostrarlo: Diodoro emplea ἐσχατιά (o su forma plural ἐσχατιαί) para designar los confines del mundo habitado (II, 49, 2), los extremos del territorio de Siria (II, 53, 2), de Egipto (III, p, 1, 4 ; III, 12, 1 ; III, 14, 4), del país de los Κυνάμυνοι (III, 31, 1), del país de los Trogloditas (III, 34, 3 ; III, 38, 4), de Lidia (XVII, 28, 1), así como los extremos de las colinas próximas a la ciudad de Arsínoe (III, 39, 1), e incluso para designar las tierras más lejanas del Imperio de Alejandro, probablemente la región Bactriana-Sogdiana (XVIII, 7, 1).

Las consideraciones que se hicieron sobre el uso del vocabulario en Estrabón, también pueden aplicarse al caso de Diodoro. Para describir una división claramente establecida entre dos territorios, el historiador utiliza con mayor frecuencia los términos de la familia de *horos*; por el contrario, el vocabulario derivado de nociones menos concretas que *horos*, como *teleuté* o *eskhatià*, es empleado para las definiciones más imprecisas de la geografía, tales como los límites y los confines

Diodoro y las descripciones sobre la frontera en la Magna Grecia

Un breve examen del léxico ha permitido demostrar la conciencia de una noción de frontera claramente delineada en Diodoro. Mejor aún, la lectura de los pasajes relativos a la Magna Grecia presentes en los libros XI y XII, muestran una conciencia desarrollada sobre las apuestas políticas ligadas a las tierras limítrofes que el vocabulario, por si solo, no nos permitiría reconocer. A veces una región puede ser ubicada con la ayuda de tan solo una expresión sin que se tenga un término preciso que indique su localización. En estos casos, el uso de *pros* es frecuente, como puede verse en el pasaje sobre la nueva fundación de Sybaris en

---

[1] Hoy Calabria (N. del. T)
[2] Este término, derivado de *horos*, parece estar confirmado, al menos, en Jenofonte (*Cyr.*, III, 1, 33 ; IV, 2, 1 ; V, 2, 25) y Tucídides (VI, 2 ; VI, 78) con el sentido de vecindad o de zona limítrofe.
[3] κατὰ δ τὴν Ἰταλίαν πόλεμος ἐνέστη Ταραντίνοις πρὸς τοὺς Ἰάπυγας· περὶ γὰρ ὁμόρου χώρας ἀμφισβητούντων πρὸς ἀλλήλους.

[4] Para citar tan solo un ejemplo en donde estos dos términos son empleados, véase XI, 58, 1-4: Ἡμεῖς δ πάρεσμεν ἐπὶ τὴν τελευτὴν ἀνδρὸς μεγίστου τῶν Ἑλλήνων, περὶ οὗ πολλοὶ διαμφισβητοῦσι, πότερον οὗτος ἀδικήσας τὴν πατρίδα καὶ τοὺς ἄλλους Ἕλληνας ἔφυγεν εἰς Πέρσας, ἢ τοὐναντίον ἥ τε πόλις καὶ πάντες οἱ Ἕλληνες εὐεργετηθέντες μεγάλα τῆς μ ν χάριτος ἐπελάθοντο, τὸν δ' εὐεργέτην ἤγαγον [αὐτῶν] ἀδίκως εἰς τοὺς ἐσχάτους κινδύνους.

453-452 (XI, 90, 3)[1]: aún cuando Diodoro haga referencia a la nueva ciudad y a los límites de su territorio, el hecho de que en su historia la sitúe entre dos ríos, el Sybaris y el Crati, es la prueba de que hay muchas maneras de definir un límite.

El pasaje más célebre de Diodoro, relativo a la Magna Grecia, es sin duda su descripción de la fundación y organización e la ciudad de Thourioi, en el emplazamiento de la antigua Sybaris (XII, 9-11). Esta es, probablemente, una de las mejores descripciones de la organización espacial de una ciudad colonial nueva (XII, 10, 7), con la mención de sus siete avenidas principales (plate‹ai), tres a lo ancho y cuatro a lo largo, según un plano ortogonal regular. Sin embargo, en todo el pasaje que narra la guerra entre Sybaris e Crotona, tras la fundación y organización de Thourioi, Diodoro no se interesa en los problemas relacionados con la frontera. No retoma tampoco esta cuestión cuando hace referencia a los límites de los territorios de Sybaris, ni a los de Crotona ni a los de la misma Thourioi. En la única mención del territorio (XII, 11, 2) lo describe como "vasto y rico" (πολλῆς δώε οὔσης καὶ καλῆς χώρας). Puede ocurrir que el territorio no estuviese delimitado, como se puede entrever en las descripciones sobre la riqueza de Sybaris (Estrabón, VI, 1, 13, por ejemplo), pero nos es difícil creer en la ausencia de un límite entre ésta y la ciudad vecina de Crotona. Por lo menos el testimonio de Tucídides es muy claro (VII, 35, 1-2)[2] en cuanto a que el río Hylias era el elemento que demarcaba los límites del territorio de Crotona. Fue a pedido de Demóstenes y de Euromedonio que los ciudadanos de Thourioi enviaron un refuerzo de setecientos hoplitas y de trescientos *akontistaí* (soldados armados con jabalinas), a quienes se les prohibió atravesar el río Hylias y el territorio de Crotona, en su camino hacia la ciudad de Rhegion.

Tras considerar lo anterior, y sin dejar de lado el conjunto de pasajes ya tratados anteriormente, pueden ser hechos algunos comentarios más sobre la noción de frontera en el trabajo de Diodoro. Por un lado, el vocabulario utilizado allí parece seguir los mismos usos ya señalados para el caso de Estrabón, es decir, cuando Diodoro hace uso de los términos de la familia *horos* para describir las fronteras mejor delimitadas. Por el otro, estas menciones demuestran un tratamiento desigual por parte suya, lo que se podría explicar ya que la Magna Grecia no constituía propiamente el objeto de estudio del historiador. Cuando el siciliano registra un cierto número de descripciones, relativamente precisas, sobre los conflictos fronterizos en Sicilia, en lo que concierne al sur de la península, la única frontera bien trazada es la de Locres y Rhegion, que menciona en dos ocasiones (IV, 22, 4 y XIV, 100, 2).

---

[1] κατὰ δ τὴν Ἰταλίαν μετὰ τὴν κατασκαφὴν τῆς Συβάρεως ὑπὸ τῶν Κροτωνιατῶν ὕστερον ἔτεσιν ὀκτὼ πρὸς τοῖς πεντήκοντα Θετταλὸς συναγαγὼν τοὺς ὑπολοίπους τῶν Συβαριτῶν ἐξ ἀρχῆς ᾤκισε τὴν Σύβαριν, κειμένην ἀνὰ μέσον ποταμῶν δυοῖν, τοῦ τε Συβάριος καὶ Κράθιος. La misma descripción está presente también en XII, 9, 2.

[2] καὶ ὡς ἐγένοντο ἐπὶ τῷ Ὑλίᾳ ποταμῷ καὶ αὐτοῖς οἱ Κροτωνιᾶται προσπέμψαντες εἶπον οὐκ ἂν σφίσι βουλομένοις εἶναι διὰ τῆς γῆς σφῶν τὸν στρατὸν ἰέναι, ἐπικαταβάντες ηὐλίσαντο πρὸς τὴν θάλασσαν καὶ τὴν ἐκβολὴν τοῦ Ὑλίου.

Algunas reflexiones

Es conveniente sacar algunas conclusiones sobre el uso del vocabulario griego relacionado con la idea de frontera en los trabajos de Diodoro y Estrabón, en lo que concierne a la Magna Grecia. A pesar de los objetivos diferentes de ambas obras, en ellas se puede encontrar la misma vacilación en el momento de utilizar términos relativos a la frontera. Sin embargo, se pueden resaltar algunos criterios. Aunque se puede ver que las palabras son utilizadas en contextos variables, sin una única definición para cada caso, los diferentes elementos de la realidad no se describen al azar. Cuando se trata de reconstituir una línea de demarcación precisa entre dos territorios solo hallamos palabras de la familia de *horos*; los otros términos son empleados en contextos menos precisos, para designar con frecuencia el fin, el límite, pero no la división.

Por esta razón concordamos con M. Casevitz (1993: 23-24), quien en sus conclusiones finales afirma la inexistencia de un vocabulario que defina claramente la noción de frontera. Efectivamente, las mismas palabras designan divisiones de órdenes completamente distintos, tales como campos de cultivo, fronteras entre ciudades, tanto del interior del mundo griego como del bárbaro, etc., en donde ningún término se refiere concretamente a la frontera. Pero también debe hacerse una distinción que M. Casevitz no ha hecho: para describir las divisiones más precisas se debe apelar al vocabulario concebido originalmente para objetos concretos (*horos* en particular); para las nociones mas imprecisas, como las de límite, o de espacios vastos, las palabras son tomadas de un vocabulario aún mas abstracto. Esta distinción solo es válida en el contexto de la realidad geográfica, ya que los autores de la antigüedad tomaban prestadas, sistemáticamente, palabras del dominio de lo concreto para referirse a ciertos aspectos lejanos de la realidad concreta. La metáfora es de uso corriente en los textos analizados pero la geografía no se presta tan fácilmente a tales libertades. No se toman palabras prestadas del dominio de lo abstracto para designar una división bien definida, solo en aquellos casos donde las descripciones son más difusas.

De este modo, para dar un grado más alto de precisión a sus descripciones, los autores utilizan el vocabulario que pertenece a un dominio concreto, es decir, el grupo lexical *horos*. Eso se hace más evidente en las descripciones geográficas de Estrabón, donde los contextos de separación precisa entre dos territorios están siempre asociados a la familia de *horos*. El contexto en donde aparecen estas palabras, en el trabajo del geógrafo, parece indicar además que éste las utiliza cuando desea referirse a dos territorios con nombre propio, como lo confirman los ejemplos analizados: Peucetios y Daunianos, Picentos y la antigua Italia, Locres y Reghion, Calés y Teanum, Samnia y Lucania.

Por otro lado, cuando la descripción geográfica es más imprecisa, sin una división bien definida, el vocabulario utilizado para tal fin es muy vago. Se descubren allí, de inmediato, palabras de los grupos lexicales *teleuté* y *eskhatos*, en contextos ligados a extremos, límites o confines. En este último sentido se hace referencia a una sola parte: a aquella situada antes del límite. Todo lo que está más allá se percibe con frecuencia como impreciso o indefinido. Se piensa entonces en las descripciones de cabos y promontorios, y también en la de la ciudad de Laos: en estos ejemplos se trata siempre de dar nombre únicamente a la parte anterior al límite, sea ella la última ciudad de la Lucania o el último pedazo de tierra antes del mar.

Agradecimientos

Quiero expresar mi gratitud por el apoyo valeroso y constante de Agnès Rouveret y de Pedro Paulo Funari. Su rigor y espíritu crítico son ejemplo que yo intento seguir. Agradezco igualmente a los editores de esta recopilación por la oportunidad de presentar este trabajo, el cual hace parte de una investigación más amplia cuyo objetivo es estudiar la noción de frontera y los signos materiales de la demarcación territorial colonial griega en Poseidonia (Italia). No hubiera sido posible llevar a cabo esta investigación sin el apoyo de mis amigos y colegas, en particular de Sophie Montel, Stéphanie Wyler y Jean-Pierre De Giorgio.

Referencias Bibliograficas

CASEVITZ, M. Les mots de la frontière en grec . In: ROMAN, Y. (org.), *La frontière : Séminaire de recherche.* Lyon: Maison de l'Orient Méditerranéen, 21, 1993, p. 7-24.

_____. Sur eschatia. Histoire du mot. In: ROUSSELLE, A. (org.), *Frontières terrestres, frontières célestes dans l'antiquité.* Perpignan: Presses Universitaires de Perpignan, 1995, p. 19-30.

DE SENSI SESTITO, G. La storia italiota in diodoro. Considerazioni sulle fonti per i libri vii-xii. In: GALVAGNO, E. ; C. MOLÉ VENTURA (orgs.). *Mito storia tradizione. Diodoro siculo e la storiografia classica*, Atti del Convegno internazionale, 1984, Catania, Catania: Edizioni del Prisma, 1991, p. 125-152.

GRECO, E. Strabone e la topografia storica della magna grecia. In: MADDOLI, G. (org.). *Strabone. Contributo allo studio della personalità e dell'opera, 2. Strabone e l'Italia antica*, 1987, Acquasparta, Naples: Edizioni Scientifiche Italiane, 1988, p. 121-134.

PERETTI, A. I peripli arcaici e scilace di carianda. In: PRONTERA, F. (org.), *Geografia e geografi nel mondo antico. Guida storica e critica.* Bari: Laterza, 1983, p. 71-113.

POLLINI, A. e FUNARI, P. P. A. Greek perceptions of frontier in magna graecia : Literature and archaeology in dialogue. *Studia Historica, HA Antigua*, 23, 2005, p. 331-344.

PRONTERA, F. L'italia meridionale di strabone. Appunti tra geografia e storia. In: G. MADDOLI (org.), *Strabone. Contributi allo studio della personalità e dell'opera, 2. Strabone e l'Italia antica*, 1987, Acquasparta, Naples: Edizioni Scientifiche Italiane, 1988, p. 93-109.

ROUVERET, A. Strabon et les lieux sacrés de l'oikoumène. In: VAUCHEZ, A. (org.), *Lieux sacrés, lieux de cultes, sanctuaires:* approches terminologiques, méthodiques, historiques et monographiques. Rome: École Française de Rome, 2000, 273: p. 43-57.

STRABO. *Geography*. Livres 3-5; JONES, H. L. (trad.). *Loeb Classical Library*, 6e tirage, Cambridge MA: Harvard University Press, 1999 (1923).

STRABON. *Géographie*. Tome 1; TARDIEU, A. (trad.), 3a ed., Paris: Hachette, 1909 (1867).

_____. *Géographie*. Tome 3, Livres 5 et 6, LASSERRE, F. (trad.), *Collection des Universités de France (Guillaume Budé)*, 2e tirage, Paris: Les Belles Lettres, 2003 (1967).

STRABONE. *Geografia. L'Italia*, livres V-VI; BIRASCHI, A. M. (trad.), edição do texto: F. SBORDONE, *Bur Classici greci e latini*, 5a ed., Milan: Rizzoli, 2001 (1988).

La moneda romana con mención imperatoria hasta la muerte de César

Pilar Rivero-Gracia

Profesora – Facultad de Ciencias Humanas y de la Educación de la Universidad de Zaragoza

El documento numismático reúne una serie de condiciones que otorgan al poder del emisor cualidades sumamente relevantes y difícilmente superables. Es, en primer lugar, un signo universal de valor económico; representa, además, no sólo a la autoridad legítima, sino a la que lo es en grado eminente y actúa, ordenando la acuñación, como representación personificada del Estado romano, quedando, por lo tanto, subrayadas, de modo implícito o expreso, al mismo tiempo la legitimidad y la preeminencia de la autoridad emisora (Jal, 1963: 185-195). Y posee, de añadidura, un importante valor como medio de propaganda puesto que, dada su función económica, se halla a salvo de destrucciones sistemáticas y circula cotidianamente entre los ciudadanos romanos y en el ámbito en que su medio de pago se usa, de grado o por fuerza (Belloni, 1975: 131-159; Alföldi, 1956: 63-95).

Los períodos de guerras son especialmente favorables para este tipo de propaganda ya que entre las tropas circula una gran masa de monetario. A los soldados, por razones obvias, se dirigirán en muchas ocasiones como primeros destinatarios los mensajes ideológicos y políticos incluidos en las acuñaciones. En el contexto de guerras civiles, la finalidad podría ser confirmar al soldado de que combate en el bando correcto, luchando por aquél que ejerce el poder legalmente y que conduce a la victoria.

Responsabilidad de las acuñaciones imperatorias

Aunque Roma fuese la única ceca oficial durante la República, la necesidad del pago de soldadas o de retribuciones extraordinarias al ejército (Mattingly, 1953: 261-271) –cuyos cuarteles podían estar muy alejados de la *Vrbs* y no bien comunicados con ella– hizo necesario que en situaciones de guerra pudiesen funcionar talleres móviles en los campamentos militares. La acuñación en estas cecas móviles tuvo lugar en aquellos momentos en los que no se contaba con numerario suficiente enviado desde Roma o no se deseaba recurrir a las monedas indígenas (Beltrán, 1986: 905; 1998: 101-117; en contra, Knapp, 1977: 73) –posiblemente porque se pretendería hacer circular entre el ejército un mensaje propagandístico y de legitimidad del poder–.

Estas acuñaciones se emitirían bajo la responsabilidad de los *imperatores* con objeto de que la moneda resultase perfectamente legal. No obstante, el hecho de que el *imperator* respalde la acuñación la legalidad de su *imperium militiae* para el pago de las tropas que están bajo sus auspicios y su *imperium* no significa que él mismo se encargue de dirigirla. Otros magistrados, generalmente cuestores, pueden encargarse de dicha labor y, de esta manera, mostrar públicamente su vinculación con él. Igualmente, el *imperator* al que se alude en la moneda puede ser un antepasado, cercano o remoto y prestigioso del magistrado monetal que acuña, aunque no se halle bajo su mando en la campaña. En este segundo tipo de emisiones figura siempre el nombre del magistrado responsable de la acuñación, y en los reversos se alude sistemáticamente a la victoria militar o a episodios pretéritos en los que el *imperator* ha participado, o bien simplemente se hacen constar los símbolos de la familia. Ejemplos de acuñaciones con mención imperatoria no dirigidas por *imperatores* son las del procuestor Lucio Manlio Torcuato en 82, vinculado a Sila (*RRC* 367, 1-5); las del triunviro monetal Tito Didio en 55, rememorando al cónsul homónimo de 98 destinado a Hispania Citerior (*RRC* 429, 2a-b); o las del cuestor M. Minato Sabino en el 46, bajo el mando de Gneo Pompeyo Magno (*RRC* 470, 1a-d).

Según Carcopino, sólo en el caso de emisiones de áureos los *imperatores* precisarían un permiso específico del Senado (1931: 80), pero Sila acuña áureos en Oriente sin hacer constar la leyenda "S.C." y, de hecho, durante la República sólo en tres ocasiones los *imperatores* acuñan moneda haciendo constar la fórmula "ex S.C." –Valerio Flaco en Massalia en 82 (*RRC* 365, 1 a-c), Octaviano en Galia Cisalpina-Italia en 43 (*RRC* 490) y Sexto Pompeyo Pío en Sicilia en 43-42 (*RRC* 511, 1-4d)–, siendo todas ellas emisiones de denarios salvo la de Sexto Pompeyo, que incluía además áureos. El malestar creado en Roma por la acuñación ateniense de áureos de Sila pudo ser más agudo por una circunstancia formal: la concepción de las piezas remitía a los modelos numismáticos de los monarcas helenísticos al hacer constar el nombre del magistrado sobre monedas acuñadas en este metal. Más bien habría que preguntarse por las excepciones, es decir, por las causas que llevan a un *imperator* a hacer constar la fórmula "ex S.C." en la acuñación, algo muy infrecuente.

Con anterioridad a la muerte de César sólo Valerio Flaco hace constar expresamente el permiso del Senado en una acuñación imperatoria. Se trata de los denarios emitidos en la ceca de la ciudad aliada de Massalia, en la Galia Transalpina (*RRC* 365, 1a-c). Dos explicaciones parecen posibles. Primero, que realmente la acuñación de áureos realizada por Sila como *imperator* en Atenas hubiese levantado gran polémica en Roma y, en consecuencia, Valerio Flaco hubiera querido hacer constar, mediante la mención expresa del permiso del Senado, que sus denarios, emitidos igualmente como *imperator* y en la ceca de una ciudad aliada, cumplían escrupulosamente con la legalidad establecida. Segundo, que tal escrúpulo estuviese motivado por el hecho de que la acuñación se realizara en Massalia cuando en realidad el *imperator* Valerio Flaco, al salir de Roma, lo había hecho hacia la provincia de Hispania Citerior. Esto plantea la cuestión de la provincialización de la Galia Transalpina y, concretamente, la de si en tales fechas puede hablarse de esta región como de una provincia romana con límites administrativos claros (Hermon,1978: 135-169)[1].

Las acuñaciones explícitamente imperatorias en relación con las acuñaciones en provincias

Con anterioridad a la Segunda Guerra Púnica sólo hay registradas cuatro emisiones monetales en talleres móviles fuera de la ceca de Roma (*RRC* 1; 13; 16; 23): todas se sitúan en la Italia meridional y Sicilia y en ninguna se hace constar el nombre del magistrado responsable de la acuñación. Por contra, durante dicho conflicto se hallan documentadas al menos cuarenta y cinco emisiones monetales en talleres militares, efectuadas principalmente en Sicilia y el sureste de la península Itálica –aunque ocasionalmente tengan lugar en otros ámbitos geográficos, como la península Ibérica, donde existe una emisión de victoriatos en el año 211–; y en cuatro de esas cuarenta y cinco acuñaciones aparece reflejado el nombre del magistrado responsable de la acuñación (*RRC* 73; 74; 75; 81).

Desde entonces y hasta época silana, las acuñaciones en cecas móviles militares serán excepcionales: las estáteras de Tito Quincio en Grecia en 196 (*RRC* 548), los denarios serrados emitidos en la Galia Transalpina por Gneo Domicio Enobarbo, Lucio Licinio y cinco magistrados monetales y la acuñación de bronce en el año 88 realizada por Quinto Opio en la ceca de Laodicea del Lico. La acuñación de la Galia Transalpina suele ser datada en el año 118 porque se considera que Gneo Domicio no llevaría en su ejército un taller móvil sino que instalaría la ceca en la ciudad de Narbo, cuya fundación tiene lugar en 118. Sin embargo no es extraño que exista un taller móvil con el ejército y tampoco lo sería que el magistrado responsable de la acuñación aprovechase la infraestructura de alguna ciudad aliada, aunque en este último caso lo habitual sería que esta circunstancia apareciese reflejada como en los denarios acuñados por Valerio Flaco en Massalia o los emitidos por Gneo Domicio Calvino en Osca (Rivero, 2001: 159-163).

El periodo silano marcará un cambio fundamental en las acuñaciones militares. Hasta ese momento ninguno de los magistrados que había acuñado moneda en el taller militar o en una ciudad aliada para pago del ejército había hecho constar su cualidad imperatoria. En el ámbito romano, los primeros *imperatores* que emiten moneda como tales lo hacen precisamente en los años ochenta, en el contexto de las guerras civiles y en el entorno político de Sila. En el periodo que transcurre entre 84 y 73 se acuña fuera de la ceca de Roma en catorce ocasiones: en diez de ellas lo hace Sila utilizando una ceca móvil con su ejército; en tres, Valerio Flaco emplea la ceca de Massalia; y en la última Quinto Cecilio Metelo recurre a una ceca móvil. Los tres hacen constar su función imperatoria en lugar de su magistratura, salvo Sila en las tetradracmas que emitió tras la toma de Atenas en la ceca de esta ciudad (Thompson, 1961: 1341-1345), a diferencia de lo que hace Gayo Annio en 82-81, como procónsul en Hispania e Italia (*RRC* 131-546 ¿Será 146?). Ninguna fuente antigua destaca este hecho y, en consecuencia, ninguna interpretación puede considerarse definitiva. El cambio puede estar ligado al intento de *abrogatio* del *imperium* de Sila en Oriente que provoca el estallido del conflicto civil entre los dos bandos romanos, en cuyo caso el hecho de hacer constar expresamente la cualidad imperatoria en la moneda podría estar señalando la voluntad de los *imperatores* del bando silano de proclamar la legitimidad de su *imperium*, en virtud del cual, se hallaban en provincias con el ejército para el cual precisamente acuñaban esas monedas.

Entre los años ochenta y el inicio de las guerras civiles de época cesariana sólo acuña fuera de Roma Gneo Léntulo Marcelino: en 76 y 75 en Hispania y en 59 una rara emisión de estáteras de oro en la ceca de Antioquía (*RRC* 549). Si bien en la primera todavía acuña como cuestor, en la segunda, ya en posesión del *imperium militiae*, sin embargo no hace constar su función imperatoria. Desde entonces y hasta la muerte de César, los magistrados *cum imperio* en provincias deciden emitir moneda hasta en dieciocho ocasiones y en ocho de ellas hacen constar su cualidad imperatoria, siempre ligada a contextos militares de guerras civiles.

Contexto geográfico de las acuñaciones imperatorias

Las emisiones que mencionan el título de *imperator* en la República se realizan en talleres móviles en provincia, si

---

[1] En su estudio sobre la formación de la provincia Galia Transalpina, Ebel mantiene que la intervención de Roma en las provincias occidentales es paulatina y la lex prouinciae no se redacta coetáneamente a la irrupción de los imperatores sobre el territorio (Ebel, 1976: 94-95). Aunque las primeras intervenciones en la Galia Transalpina tuvieran lugar hacia 125 (Roman, 1993: 57-66) y en la región ya estuviese fundada la colonia de Narbo, el gobierno de C. Valerio Flaco en Hispania Citerior es, según Ebel, la prueba indiscutible de que, al menos hasta los años 90, el gobernador de Hispania Citerior tenía atribuciones en lo que sólo más tarde será la provincia de Galia Transalpina, ya que después de luchar contra los celtíberos (App., Hisp. 100), se halla en Galia en 85 cuando ampara a su sobrino (Cic., Quinct. 28), y en 81 celebra el triunfo sobre Celtiberia y Galia (Gran. Lic. XXXVI fr. s/n). Por tanto, haciendo figurar "ex S.C." sobre las monedas que acuña como imperator, Valerio Flaco se habría propuesto destacar el permiso que tenía del Senado para ejercer su imperium militiae precisamente en ese lugar y con ello la legalidad del ejercicio de sus funciones imperatorias sobre ese territorio (Fatás, 1980: 118-120)

bien en ocasiones puede aprovecharse la infraestructura de una ciudad aliada, normalmente cuando el *imperator* y su ejército se hallan instalados en dicha ciudad. Tal es el caso de las emisiones de denarios de C. Valerio Flaco en Massalia en el año 82 (*RRC* 365, 1a-c).

Sólo hay tres acuñaciones realizadas en Roma en las que se alude a un *imperator*, aunque en ninguno de los dos casos el *imperator* nombrado es el responsable de la acuñación monetal, puesto que su *imperium militiae* no podría ser ejercido en la *Vrbs*. La primera moneda emitida por la ceca de Roma en la que aparece referida la función imperatoria no es acuñada bajo la responsabilidad del *imperator* a quien se menciona –Gayo Memio–, sino por un familiar suyo directo que le alude para honrarle, para incrementar su propio prestigio familiar y, muy posiblemente, para definir claramente su postura política ante los conflictos internos romanos. Se trata una emisión de denarios realizada por Gayo Memio, hijo de Gayo, en el año 56 que muestra en el anverso a Ceres y en el reverso, junto a la leyenda "Gayo Memio, *imperator*" un trofeo con un cautivo arrodillado cuyas manos están atadas a la espalda (*RRC* 427, 1). El hecho de que se trate de la primera acuñación realizada en la ceca de Roma en la que un *imperator* aparece como tal favorecería la hipótesis según la cual se estaría haciendo referencia a un familiar muy directo del monetal, con certeza su padre, que obtuvo victorias militares durante su destino en Bitinia y Ponto (Brunt, 1971: 460). Es más: en 56 se realiza también una acuñación de Fausto Cornelio Sila, hijo de Lucio, que recuerda la victoria obtenida por su padre sobre Yugurta y Bocco *(RRC* 426). Ese mismo año Lucio Domicio Calvino Enobarbo había anunciado su intención de presentar su candidatura al consulado y Fausto Cornelio Sila podría pretender, acuñando esta moneda, declarar que había heredado de su padre su oposición a los populares (Belloni,1979: 214-216) Al representar a su padre y aludir a sus victorias militares en esta moneda, Memio dejaría clara su ascendencia política, vinculándose políticamente con su padre y, en consecuencia, con el bando pompeyano. Por tanto, las monedas del hijo de Sila y del hijo de Memio no sólo son emitidas en similares circunstancias, sino que persiguen idéntica finalidad. La segunda acuñación en Roma con alusión explícita a la función imperatoria es la realizada en 55 por el triunviro monetal T. Didio, en la que figura como *imperator* el cónsul de 98 del mismo nombre (*RRC* 429, 2a-b). El anverso está dedicado a Concordia, mientras que el reverso destaca la labor pública del cónsul T. Didio. Posiblemente se trate del tema del *consensus omnium bonorum* y su finalidad propagandística sería la de destacar la concordia reinante entre *noui homines* –como son ambos Didios– y *nobiles* subrayando las tareas públicas desarrolladas por los primeros en beneficio de todos. La tercera y última acuñación emitida en la ceca de Roma en la que figura un *imperator* coincide con las fechas inmediatamente anteriores al asesinato de Julio César y es precisamente éste quien aparece como *imperator* en la moneda, en la que además se graba su retrato coronado. Ésta es la primera ocasión en la que un magistrado romano figura en una moneda retratado con corona y con la leyenda explícita *imperator*, y ello tiene lugar precisamente en la ceca de la *Vrbs*, dentro de los límites del *pomerium*. Los magistrados responsables de la acuñación, cuyos nombres aparecen también en la moneda, mostrarían así públicamente su apoyo a la política de César, pero sin duda esta representación tan personalizada del *imperator* y dirigida no a sus propias tropas en la provincia, sino a los ciudadanos de Roma que permanecen dentro de la *Vrbs*, habría de causar malestar entre los oponentes políticos a César, los cuales podrían haberla considerado una muestra de su ambición por alcanzar un poder personal más allá del ámbito institucional republicano.

Una interpretación posible de la escasez en la ceca de Roma de monedas en las que figura la cualidad imperatoria –válida también para explicar los excepcionales casos de epígrafes en los que un *imperator* figura como tal en un monumento ubicado en el interior la *Vrbs*– podría ser la voluntad de no querer destacar dentro de los límites del *pomerium* el ejercicio de una forma de *imperium*, el *imperium militiae*, que no encuentra lugar en ese contexto. En consecuencia, en Roma los documentos se firman aludiendo a la magistratura oficial, ocupando así el magistrado su ubicación legal entre las atribuciones del Senado y del pueblo romano[1].

Motivos iconográficos más frecuentes
Victoria y trofeos

Las acuñaciones con alusión a Victoria no son exclusivas de los *imperatores* ni de la acuñación en provincias o en campaña militar. Así, por ejemplo, en Roma acuñan denarios en los que figura Victoria los triunviros Tito Carisio (*RRC* 464, 4-5) y Lucio Papio Celso, este último con la leyenda *triumphus* en el anverso (*RRC* 472, 2). Además, hay que tener en cuenta que la representación de Victoria no implica necesariamente un éxito militar efectivo previo a la acuñación. En tanto que diosa, el *imperator* puede dedicarle una moneda tanto antes de la batalla para solicitar el éxito militar como después para agradecerlo. Y, aunque aluda a una victoria ya obtenida, nada indica en la moneda que se trate de una victoria inmediatamente anterior a la acuñación. El *imperator* puede recordar sus victorias y triunfos precedentes como medio de propaganda, ya para dar confianza a sus propias tropas, ya para "preparar ideológicamente" su camino hacia

---

[1] A partir de 49 se inicia una tendencia a disminuir las emisiones en Roma y, paralelamente, incrementarse las de provincias. Desde 43 esto sucede de un modo casi sistemático, razón por la cual las acuñaciones realizadas por imperatores se convierten en las más frecuentes. Muchos imperatores acuñan como tales y las emisiones en talleres móviles llegan a sustituir prácticamente a las de la ceca de Roma. De hecho, aunque las hay, son escasas las acuñaciones fuera de Roma en las que no se firma como imperator sino con la magistratura. Es posible que, tras la muerte de César, todos los magistrados con imperium militiae deseasen destacar la legalidad de su posesión del imperium, y no es de extrañar que esto se refleje claramente en las acuñaciones monetales destinadas a su propio ejército, cuya fidelidad resultaba imprescindible en las guerras civiles. La escasez de acuñaciones en la ceca de Roma tras la muerte de César contrasta con la cantidad de emisiones imperatorias acuñadas en provincia y puede ser reflejo de la voluntad de trasvasar al ámbito militar –sobre todo a las manos y al criterio de los imperatores– las acuñaciones, aumentando así el uso de sus prerrogativas.

la concesión del triunfo. En cualquier caso, la iconografía relacionada con la victoria es una de las más frecuentes en las monedas imperatorias, aunque no la única importante. Sila en 82 (*RRC* 359.1-2), Quinto Cecilio Metelo Pío en 81 (*RRC* 374, 2) o Quinto Metelo Pío Escipión en 47 (*RRC* 559; 460.1-4; 461), por ejemplo, acuñaron como *imperatores* monedas alusivas a la victoria.

El motivo del *Triumphator* –Victoria coronada en cuadriga, con las riendas en la mano izquierda y el caduceo en la derecha– es frecuente en las monedas imperatorias de Sila (*RRC* 367, 1-5) y destaca por vincular con la victoria no la sumisión de los enemigos ni la erección de monumentos conmemorativos, sino la consecución de la paz representada por el símbolo del caduceo.

En los denarios y áureos también se representan trofeos, lo cual no significa necesariamente que esos trofeos se hayan erigido realmente o que correspondan a sendas victorias. De hecho se conservan trofeos erigidos después de la victoria definitiva en la guerra cuya inscripción no hace referencia a una batalla en concreto, sino al conjunto de pueblos vencidos durante la campaña militar. Los primeros representados en una moneda firmada por *imperatores* corresponden a una acuñación de Sila en Oriente (*RRC* 359,1-2). Trofeos también aparecen en sus tetradracmas de la ceca de Atenas, uno a cada lado de la lechuza, emisión en la que no hace constar su cualidad de *imperator*, y generalmente datada entre 84 y 81 y, aunque pudieran vincularse a victorias reales como Queronea y Orcómenos, sin embargo no corresponden a la victoria definitiva sobre Mitrídates (Cic., *Manil.* 8). Los trofeos se cuentan entre los objetos que, como símbolo de rendición, ofrece una ciudad hispana a un soldado pompeyano en dos de los denarios acuñados Hispania en 46-45 durante los enfrentamientos civiles con los cesarianos (Salcedo, 1996: 181-193). Igualmente en este sentido apunta la coronación del soldado que la ciudad hispana procede a realizar en otra acuñación paralela (*RRC* 470, 1c-d). César también incluye un trofeo en el reverso del único denario que acuña en Hispania durante la guerra civil (*RRC* 482), aunque no hace constar su cualidad imperatoria en la moneda y no hay noticia de la erección de trofeo alguno como resultado de una victoria en una guerra civil, por lo que posiblemente la representación de trofeos en las monedas haya de ser vinculada a la propaganda de la victoria entre sus propias tropas y no implique la existencia real de un monumento conmemorativo.

Divinidades y símbolos religiosos

La aparición de divinidades tutelares de los diferentes *imperatores* en las monedas contribuiría a crear una imagen pública del *imperator* como protegido por la divinidad. Así, la figura de Sila –cuyo *cognomen Felix* será traducido al griego como Epafroditos– se asocia con Venus, quien contribuiría a sus victorias haciendo patente la *felicitas* de Sila (App., *BC* I 97; Baldsdon, 1951: 1-10; Schilling, 1954: 287; Pera, 1977: 241-268). En este sentido, hay que destacar la conexión existente con la acuñación de Sufenas que alude a los *Ludi Victoriae* de Sila (*RRC* 421). Venus también figura en las monedas acuñadas en Roma que aluden a César como *imperator* (*RRC* 480, 3-5a; 480, 16; 482). Otras divinidades figuran con menos frecuencia: así, Júpiter y Hércules lo hacen las monedas de Q. Metelo Pío Escipión en África en 47-46 (*RRC* 460, 1-3; 461).

La *sitella* y el lituo, que figuran en monedas de Sila (*RRC* 374; 359, 1-2) y de Quinto Cecilio Metelo (*RRC* 374,2) son símbolos del augurado, aunque al aparecer en las monedas imperatorias vinculados con trofeos y símbolos de victoria puede que, en realidad, estén aludiendo a la especial comunicación establecida entre el *imperator* y la divinidad que lleva a la consecución de la victoria, a la vigencia del derecho de auspicios de los *imperatores*, en virtud de la lex curiata, y a la directa comunicación con la divinidad que ello implica (Rivero, en prensa).

Roma

La representación de Roma era un tipo monetal muy empleado en el siglo II, pero había caído en desuso a principios del I. Sin embargo, Sila decide retomarlo en algunas de sus acuñaciones imperatorias (*RRC* 367, 1-5; Babelon, 31; Banti, 50) verosímilmente para tratar de identificar su causa con la de la *res publica* y mostrar su intención de restaurarla. Posteriormente también será uno de los motivos elegido por los hijos de Pompeyo, tras la muerte de su padre, en 48 al proseguir la lucha por su causa (*RRC* 469, 1 a-d).

Motivos provinciales

El gobierno de Sila no sólo introdujo un nuevo orden en la *res publica* (Diehl, 1988: 192), sino que la atención que prestó a los territorios provinciales y a su administración conllevó un cambio iconográfico en las monedas, iniciándose o potenciándose desde entonces la representación de asuntos relacionados con las provincias, ya fueran elementos característicos de cada una de ellas, la representación personificada de las mismas o fórmulas iconográficas de carácter más genérico pero vinculadas a la actuación en la provincia, como la representación de trofeos con o sin cautivos (Salcedo, 1996: 183). Las primeras personificaciones de Hispania en 81 (*RRC* 372,2) o de África y de Sicilia en 71 (*RRC* 401; 402) tienen carácter genérico, sin rasgos característicos tales como indumentaria u otros atributos, y corresponden al *topos* iconográfico de la personificación bárbara (Demougeot, 1984: 123-143; Clavel-Lévéque, 1996: 223-251). La personificación de Corduba y otras dos ciudades hispanas en los denarios de Gneo Pompeyo Magno y Marco Munacio Sabino (*RRC* 470, 1a-d) corresponden a las primeras ciudades representadas en las monedas romanas, un tema que se resultará frecuente más tarde en época imperial (Belloni, 1979: 206-207).

El denario que muestra en el reverso a Sila desembarcando vestido como *imperator* y siendo recibido por una figura masculina que le rinde homenaje (Babelon, 31; Banti,

50) ha dado lugar a múltiples interpretaciones acerca de la identificación del personaje que le recibe. En principio, el tipo copiaría las emisiones que seis años antes habían realizado los itálicos para celebrar el desembarco de Mario a su regreso de África (Lenormant, 1897, vol. II: 296-297), pero existen ciertas dudas acerca de la propia existencia de la pieza, ya que, tras su publicación primera por Morell en la voz "Cornelia" del TLL, nadie ha podido verla. Babelon no encuentra motivos para dudar de su existencia, pues Borguesi, Cavedoni y Lenormant la habían aceptado, pero autores posteriores como Gruen y Crawford la han puesto en duda y Sydenham ni siquiera la incluye en su clasificación (Morell: pl.V, n. 2; Borghesi, 1862-1897, vol. I: 373; Cavedoni,1844: 21-29; BMCRR II/462 nota; RRC I/550/220). En todo caso, según Babelon, representa el desembarco de Sila en Brindisi –y por ello data la emisión en 83–, donde es recibido por el Genio del pueblo romano, que le tiende la mano, interpretación de la que difieren Eckhel y Cavedoni (Borghesi, 1862-97: 374), quienes a su vez mantienen que la figura masculina que rinde homenaje podría ser el rey Mitrídates y que, por lo tanto, la escena representaría una entrevista que éste habría mantenido con Sila.

En los denarios acuñados en África por Quinto Metelo Pío Escipión en 47-46 existen diversas alusiones a la tierra africana, como la personificación de África, caracterizada por estar cubierta por una piel de elefante, o la del Genio africano, acompañado por un león (*RRC* 460, 1; 460, 2; 460, 4; 461).

Otros motivos iconográficos

Motivos como la cornucopia (*RRC* 460, 1; 460, 2) o la espiga de trigo (*RRC* 460, 1; 460, 2; 460, 3; y 461) aluden a la prosperidad que traerá la acción del magistrado, y otros, como la silla curul (*RRC* 460, 1; 460, 2), al desempeño de su magistratura. En algunas monedas figura el emblema familiar del *imperator*, como en el caso de la representación de elefantes en las monedas imperatorias de Quinto Metelo Pío Escipión, pues, desde la captura en 251 de los elefantes de Asdrúbal por Lucio Cecilio Metelo, este proboscidio se habría convertido en emblema de la familia de los Metelos (*RRC* 559). Ocasionalmente, como en la acuñación de denarios de Valerio Flaco en Massalia en 82, se alude a motivos propiamente militares como el águila legionaria o los estandartes del manípulo de los *hastati* y del manípulo de los *principes* (*RRC* 365, 1a-c). En dos ocasiones figura el retrato de un *imperator*: los hijos de Pompeyo graban el perfil de su padre en sus monedas imperatorias. Pero es César el primero en aparecer retratado detalladamente -y con corona- en monedas en las que él mismo figura como *imperator*, grabadas en la propia ceca de Roma poco antes de su asesinato (*RRC* 480, 3-5a; 480, 16).

Conclusión

Este recuento muestra claramente que la mayor parte de las acuñaciones en talleres móviles o en provincia durante la República se realizan en momentos de importantes enfrentamientos militares, como la Segunda Guerra Púnica o las guerras civiles, pero también que es precisamente en el contexto de este último tipo de enfrentamiento, la lucha entre romanos, cuando los magistrados con *imperium militiae* deciden hacer constar su apelativo *imperator* en las monedas. La iniciativa surge en circunstancias de tiempo y contexto bien precisables: en los años ochenta y en el ámbito silano, coincidiendo con la aparición, en documentos jurídicos y honoríficos, de la traducción al griego de *imperator* como *autocrator*, precisamente cuando desde Roma se intenta retirar a Sila el *imperium* para luchar contra Mitrídates. Por tanto, puede interpretarse que el propósito de hacer constar el título del *imperator* en la moneda se deba vincular con la intención de mostrar, sobre un documento oficial de gran valor propagandístico, que se está ejerciendo el *imperium* dentro de la legalidad[1].

En sus temas iconográficos, estas monedas se vinculan al ejercicio del *imperium*. Exaltan aspectos militares y la especial vinculación del *imperator* a la divinidad, sea por su derecho de auspicios o por sus cualidades personales. La figura del *imperator* también es ensalzada a través de la propaganda de su ascendencia. Todo ello redunda en una mayor glorificación del *imperator* romano, pero el retrato coronado de César, con mención imperatoria y acuñado en la propia *Vrbs* rebasaría para los límites institucionales y sería para los tiranicidas una prueba más de sus pretensiones monárquicas.

Referencias Bibliograficas

ALFÖLDI, A. The main aspects of political propaganda on the coinage of the Roman Republic. In: *Essays in Roman coinage presented to H. Mattingly*. Oxford, 1956, p. 63-95.

BABELON, E. *Description historique et chronologique des monnaies de la République Romaine, Bolonia [1885-1886, París]*, 1963.

BALDSDON, J.P.V.D. Sulla felix, *JRS,* 41, 1951, p. 1-10.

BANTI, A. *Corpus Nummorum Romanorum:* monetazione republicana. Florencia, 1980-1982.

BELTRÁN, F. Sobre la función de la moneda ibérica e hispano-roman. In: *Estudios en Homenaje al Dr. Antonio Beltrán*. Zaragoza, 1986, p. 889-914.

_____. De nuevo sobre el origen y la función del "denario ibérico". In: *La moneda en la societat ibérica*. Barcelona, 1998, p.101-117.

BELLONI, G. Monete romane e propaganda. Impostazione di una problematica complessa, en M. Sordi, (ed.). *Storiografia e propaganda*, Milán, 1975, p.131-159.

_____. Figure di stranieri e di Barbari nelle monete della repubblica romana, en M. Sordi (ed.).

---

[1] De ser así, no extrañaría tampoco que la segunda gran concentración de emisiones en provincia tenga lugar durante la guerra civil entre pompeyanos y cesarianos y que, además, la mayor parte de aquéllas en que consta el apelativo de imperator sean acuñadas por los magistrados del bando pompeyano, ligado a la herencia silana.

Conoscence etniche e rapporti di convivenza nell'Antichità. Milán, 1979, p. 214-216.

BORGHESI, B. *Oeuvres complètes*, París, 1862-1897, Vol. 1.

BRUNT, P. A. *Italian manpower*. Oxford, 1971.

CARCOPINO, J. *Sylla ou la monarchie manquée*. París, 1931.

CAVEDONI, C. Revisión de G. Riccio. *Le monete delle antiche famiglie di Roma fino allo imperatore Augusto».* Bull. de l'Instit. archéol. de Rome, 1844, p. 21-29.

CLAVEL-LEVEQUE, M. Brigandage et piraterie: représentations idéologiques et pratiques impérialistes au dernier siècle de la République. *DHA*, 4, 1978, p. 17-31.

⸺. Codage, norme, marginalité, exclusion: le guerrier, la pleureuse et la forte femme dans la Barbarie gauloise, *DHA*, 22.1, 1996, p. 223-251.

CRAWFORD, M. H. The coignage of the age of Sulla. *NC*, 124, 1964, p. 141-158.

⸺. *Roman Republican Coinage*. Cambridge [*RRC*], 1974.

DEMOUGEOT, E. L'image officielle du barbare dans l'empire romaine d'Auguste à Théodose. *Ktèma*, 9, 1984, p.123-143.

DIEHL, H. *Sulla und seine Zeit im Urteil Ciceros*. Olms-Veidmann, 1988.

EBEL, Ch. Transalpine Gaul. The emergence of a Roman province. Leiden, 1976.

FATAS, G. *Contrebia Belaisca (Botorrita, Zaragoza) II. Tabula Contrebiensis*. Zaragoza, 1980.

HERMON, E. Le problème des sources de la Gaule Narbonnaise. *DHA*, 4, 1978, p. 135-169.

KNAPP, R. C. *Aspects of the Roman experience in Iberia, 206-100 BC*. Valladolid, 1977.

LENORMANT F. *La monnaie dans l'antiquité*. París, 1897.

MATTINGLY, H. Some new studies of the Roman Republican coinage. The "imperator" in the coignage of the Roman Republic». *Proceedings of the British Accademy*, 39, 1953, p. 261-271.

MORELL, T. *Thesaurus Linguae Latinae*, t. II, s.v. *Cornelia*.

PERA, R. La figura di Venere sulle monete romane. *Contributi di Storia Antica dell'Istituto di Storia Anticca dell'Università di Genova*, 14, 1977, p.241-268.

RIVERO, P. La campaña militar de Domicio Calvino en 39 a. C. y la ubicación de los cerretanos. In: GUERRA, L. Hernández; SAGREDO, L.; SOLANA, J. M.ª (eds.). *La Península Ibérica hace 2000 años. Actas del I Congreso Internacional de Historia Antigua*. Valladolid, 2001, p.159-163.

⸺. Muros de aire: auspicia, imperium y delimitación del espacio sagrado romano en tierras bárbaras. In: BEDON, R. (ed). Les espaces clos dans l'urbanisme et dans l'architecture en Gaule romaine et dans les régions voisines (Limoges, 11-12 junio 2004). *Caesarodunum 40,* (en prensa, 2006)

ROMAN, D. M. Fulvius Flaccus et la frontière de la Gaule Transalpine. In : ROMAN, Y. *La frontiére*. Lyon, 1993, p. 57-66.

SALCEDO, F. La Hispania bárbara y la Hispania civilizada: imagen de un concepto. In: *La península Ibérica en la Antigüedad: imagen de un territorio, (SHHA, 13-14, 1995-96).* Salamanca, 1996, p.181-193.

SCHILLING, R. *La religion romaine de Vénus*. París, 1954.

SYDENHAM, E. A. *The coinage of the Roman Republic*. Londres, 1952.

THOMPSON, M. The n*ew style silver coinage of Athens*. Nueva York, 1961.

NOTA

Este texto deriva de la Tesis Doctoral *Auspicia, ductus imperiumque: el concepto de imperator en la República hasta la muerte de César*, defendida por la autora en 2004. Actualmente está en preparación un libro, síntesis de la citada tesis, que con el título *Imperator Populi Romani: una aproximación al poder republicano* será editado por la Institución Fernando el Católico y puesto a disposición pública en su sección "libros en red" (http://ifc.dpz.es).

Historia Antigua: nuevas posibilidades de investigación

Ivan E. Rocha

Doctor en Historia – FFLCH/USP. Profesor de Historia Antigua – Universidad Estadual Paulista - Assis

La presencia de historia antigua en las instituciones de enseñanza iberoamericanas tiene en común la dificultad de imponerse como disciplina, dependiendo siempre del esfuerzo de un número reducido de profesores que luchan para defender ese espacio, y que empiezan a convivir con nuevas posibilidades de investigación y, consecuentemente, de enseñanza en el área.

La historia de la Historia Antigua en Brasil recibe atención en innumeras publicaciones que buscan rehacer su trayecto en las instituciones de enseñanza en el país. En la conmemoración de los 60 años de la Universidad de San Pablo, Ariovaldo Augusto Peterlini, Zélia de Almeida Cardoso, Gilda Maria Reale Starzynski y Filomena Y. Hirata plantean una retrospectiva de las letras clásicas en la Institución desde 1934; Jacyntho José Lins Brandão escribió un artículo sobre los estudios clásicos en Brasil, publicado en México, en un libro dedicado a los estudios clásicos en América y donde presenta una visión histórica de esos estudios en Brasil indicando los iniciadores de las cátedras de griego, latín, historia, filosofía y arqueología clásica en las principales universidades brasileñas; Fábio Faversani plantea el perfil de la Historia Antigua en los actuales cursos de graduación en Brasil, llegando a detalles sobre esa disciplina, tales como el tipo de formación de los profesores, carga horaria y bibliografía básica utilizada en sala de clase.

Investigación de Historia Antigua en Brasil

En 2002 publiqué un CD, *Antiguidade: pesquisas no Brasil*, en que hago un levantamiento de los investigadores que se interesan por historia antigua en Brasil, a partir de los currículos Lattes do CNPq[1]. En aquel momento, destacaba el trabajo de 137 profesores, en su mayoría doctores, que se dedicaban al estudio de historia antigua, incluso con orientaciones de maestría y doctorado en ese campo. Algunos dados levantados merecen destaque.

Entre las principales instituciones de enseñanza y investigación que incluyen disciplinas ligadas a la Antigüedad se encuentran Institutos Confesionales, Universidades Estaduales, Federales y Pontificias Universidades.

Además del área de historia, la Antigüedad es tema de investigación en filosofía, teología, literatura y educación. Entre los grupos de investigación afines inscritos en el CNPq están: La poesía en Grecia Antigua; La tradición clásica y la estética renacentista; Egiptología en Brasil; Ética, política y educación; Fundamentos de la política; Grupo de investigaciones históricas y arqueológicas; Historia de Roma; Historia e historiografía de las ideas; Historia, sociedad y cultura; Literatura, historia y ficción; Moneda y noción de valor en el mundo antiguo; Núcleo de estudios arqueológicos; Núcleo de estudios en filosofía antigua; Núcleo de estudios en letras y artes performáticas (NELAP); Núcleo interdisciplinario de estudios sobre la Antigüedad Clásica; El mito del héroe y la historia de la realeza; El pensamiento antiguo clásico en su permanencia y posteridad: realismo, materialismo y dialéctica; El tránsito de saberes en Grecia Clásica; Investigación de texto y contexto bíblicos; Política, cultura y memoria; Proyecto Apollonia: misión arqueológica, Religión, Biblia y sociedad.

Más específicamente, las palabras-clave destacadas en las investigaciones indican el foco de interés de los investigadores:

Actos de los Apóstoles	África romana
Agamemnón	Agricultura romana
Akad	Alceste de Eurípides
Alto Imperio	Amós
Ánforas	Antiguo Oriente Próximo
Antiguo Testamento	Antigüedad clásica
Antigüedad tardía	Antiplatonismo
Antropología	Apocalíptica
Apollonia	Apologistas
Aristocracia	Aristófanes
Aristóteles	Arqueología bíblica
Arqueología clásica	Arqueología etrusca
Arqueología mediterránea	Arqueología romana
Arqueología rural	Arqueometria
Arquíloco	Arquitectura antigua
Archivos privados de la Mesopotamia	Arte antiguo
Arte e ideología en Grecia Clásica	Arte rupestre
Artemisa	Atenas
Bacantes	Baja Edad Media

---
1 Conselho Nacional de Desenvolvimento Científico e Tecnológico

Bajo Imperio Romano	Bárbaros,	Figura ejemplar en Tucídides	Filoctetes
Basilea	Basilio de Cesarea	Filología clásica	Filón de Alejandría
Basilio Magno	Biblia	Filosofía Antigua	Filosofía china antigua
Biografía latina	Canon del Nuevo Testamento	Filosofía de la religión	Filosofía del derecho
Canto y espectáculo	Caricatura gráfica	Filosofía griega	Filosofía helenística
Carta a los Romanos	Casamiento	Filosofía política	Fuente Q
Çatal Hüyuk	Catón	Fuentes clásicas	Fuentes judaicas
Catulo	Cerámica	Género	Género literario
Cerámica etrusca	Cícero	Génesis	Gilgamesh
Ciudadanía	Ciudad antigua	Gracos	Grafitos
Cinismo	Colonización griega y romana	Grecia Antigua	Guerra Judaica
Comedia griega	Comedia latina	Guerra en Grecia Arcaica	Guerra Santa
Comercio marítimo	Comunicación	Hécate	Helenismo
Comunidad cristiana de Roma	Comunidades rurales	Hermenéutica	Herodoto
Conflicto social	Corintios	Héroe Sofocleano	Hesíodo
Corporaciones proféticas	Cotidiano ateniense	Enigmas	Hilemorfismo
Cratilo	Creta	Hipócrates	Hispania romana
Cristianismo	Crítica literaria	Historia agraria	Historia Antigua e Internet
Crítica social	Cultura árabe	Historia Antigua Oriental	Historia Augusta
Cultura clásica	Cultura y sociedad antiguas	Historia del Arte	Historia de la filosofía antigua
Cultura china	Democracia	Historia de la Iglesia	Historia de la medicina
Demócrito	Dioses	Historia de las mujeres	Historia de Israel
Deutero-Isaías	Deuteronomismo	Historia de Roma	Historia del Cristianismo
Dialéctica	Diégesis y mímesis	Historia del pensamiento médico occidental	Historia y ficción
Diógenes de Sinope	Diógenes Laercio	Historia y ficción	Historia económica oriental
Dionísio	Discurso imperial	Historia militar	Historia romana
Discurso político	Disnomia	Historia social de la cultura	Historiografía Antigua
Dominato	Donatismo	Homero	Horacio
Dramaturgia	Ecdótica	Hybris	Hypnos
Eclesiastés	Economía Antigua	Iconografía	Edad de Oro
Edipo Tirano	Educación	Ideología	Ifigenia en Aulis
Egiptología	Egipto	Iglesia Antigua	Iglesia y sociedad
Egipto en Brasil	Elegía de Propercio	Imperio romano	Imperio romano tardío
Elegía romana	Elite guerrera	Intertextualidad	Irrigación
Enseñanza y investigación en Historia Antigua	Epicureísmo	Isagoge	Islamismo
Epigrama	Epopeya	Jeremias	Juegos deportivos
Escatología	Esclavitud	Judaísmo	Judaísmo Helenístico
Esclavitud en Egipto	Esdras y Neemías	Judíos	Justicia
Esopo	Espacio rural	Kairós	Latín Post-Clásico
España romana	Espectáculos oficiales	Latín renacentista	Letras clásicas
Esquilo	Estado	Libertos	Lengua árabe
Estado y sociedad en Séneca	Estado faraónico	Lengua griega	Lengua hebraica
Estoicismo	Ethos popular	Lengua latina	Lengua sánscrita
Ética romana	Etruria	Lenguaje gestual	Lingüística sánscrita
Eunomia	Eurípides	Lírica griega arcaica	Literatura apocalíptica
Evangelio de Juan	Ejército israelita	Literatura árabe	Literatura bíblica
Exilio judaico	Éxodo	Literatura comparada	Literatura griega
Ezequiel	Fábula	Literatura hebraica	Literatura latina
Fabulística	Fedón y el realismo platónico	Literatura romana	Literatura sánscrita
Fedro	Fenicios	Literaturas clásicas	Libro de Jueces

Historia Antigua: nuevas posibilidades de investigación

Libro de los Doce Profetas	Lucas
Luciano de Samosata	Mayéutica
Massada	Mateus
Medeia	Medicina como paideia
Medicina y filosofía griegas	Medicina hebraica
Medicina en India Antigua	Menón
Mesopotamia	Mesianismo
Metafísica	Metron
Mimesis	Mimesis y Poiesis
Profeta Miqueas	Misterios eleusicos
Mística imperial	Mitra
Mito	Mito de Edipo
Mito y razón	Mito y sociedad
Mitología	Mitología griega
Mitología indígena	Mitos egipcios
Modo de producción	Moneda
Monarquía	Monarquía israelita
Monoteísmo	Muerte en la literatura romana
Movimiento Joanino	Movimiento profético en el Antiguo Oriente
Mujer en Roma	Mujer en la Biblia
Mundo socio-cultural bíblico	Música griega
Narrativa hebraica bíblica	Profeta Naum
Nínive	Nuevo Testamento
Numismática	Ocio
Ocupación en el Mediterráneo Oriental	Odes
Olimpíada	Paganismo
Paleoindio	Parábase
Paradigma ciceroniano en el Renacimiento	Participación popular
Patrística	Pablo de Tarso
Pensamiento Mítico	Pensamiento político
Pentateuco	Período israelita pre-estatal
Petronio	Platón
Plauto	Plebe urbana
Plinio, el Joven	Plinio, el Viejo
Pobreza en el Satyricon de Petronio	Poder
Poder y moralidad	Poder imperial
Poesía	Poesía bíblica
Poesía dramática	Poesía épica
Poesía erótica	Poesía latina
Poesía de Tibulo	Poética bíblica
Poética clásica	Polibio
Polis	Política
Política china antigua	Pompeya
Poblaciones romanas marginadas	Prehistoria
Pre-socráticos	Principado
Profeta Eliseo	Profeta Isaías
Profeta Jeremias	Profeta Osea
Profetismo	Profetismo en Mari
Propaganda en la Antigüedad	Propercio
Qohelet	Cuestión agraria en Grecia Antigua

Quintiliano	Qumrán
Reyes de Israel	Relaciones comerciales y culturales en el Mediterráneo pre-helénico
Relaciones Egipto-Israel	Religión Antigua
Religión bíblica	Religión clásica
Religión egipcia	Religión mediterránea
Religión romana	Representación de Augusto
Retórica	Ritos de paso
Roma Imperial	Roma Republicana
Romance griego	Romanización
Rotura y continuidad en la Antigüedad Clásica	Saduceos
Salmos	Salustio
San Augustín	Sátira
Satyricon	Semiótica
Senadores	Séneca
Septuaginta	Severos
Sincretismo	Sinópticos
Sociolingüística	Sociología Bíblica
Sócrates	Sofística
Sófocles	Solón
Suetonio	Sumeria
Talmud	Tanach
Tauromaquia	Teatro
Teatro griego	Techné
Tiempo	Tiempo mítico
Teogonía	Teología del Antiguo Testamento
Teoría de la Historia	Teoría general del Derecho
Tibulo	Tipologia de la tragedia y de la elegía
Torá	Trabajo
Tragedia en Séneca	Tragedia griega
Tragedia latina	Tucidide
Uruk	Usurpación
Utopías antiguas	Varrón
Floreros áticos	Vida rural
Virgilio	Vitruvio

Investigación de Historia Antigua en la Universidad Estadual del Estado de San Pablo/Campus de Assis

El curso de historia de la Facultad de Ciencias y Letras de la Universidad Estadual del Estado de San Pablo/Assis cuenta, desde 1985, con un Núcleo de Estudios Antiguos y Medievales – NEAM, formado por profesores y alumnos de graduación y postgrado que además de despertar el interés por el estudio y investigación en historia antigua, estimuló la creación de otros núcleos de estudios en otras áreas de la historiografía. En nivel de Postgrado, los profesores ligados al Núcleo orientan investigaciones en la línea de Religiones y Visiones de Mundo.

El Núcleo ha desarrollado importantes acciones de enseñanza y investigación en el área, incluyendo proyectos de iniciación científica, de maestría y doctorado. Realiza encuentros científicos anuales a nivel nacional y, desde

2005, a nivel internacional, posibilitando la presentación y discusión de investigaciones que vienen siendo realizadas en el país y en el exterior, momento importante también para intercambio de experiencias con relación a la enseñanza e instrumentos pedagógicos.

Presentamos, a continuación, un cuadro de las investigaciones sobre Historia Antigua, producidas bajo la orientación de profesores ligados al Núcleo: Andrea Lúcia Dorini de Oliveira Carvalho Rossi (1), Carlos Roberto de Oliveira (2), Eduardo Basto de Albuquerque (3), Ivan Esperança Rocha (4), Pedro Paulo Abreu Funari (5), Sidinei Galli (6).

Apocalipsis: elementos de interpretación del cristianismo del I siglo (Raquel de Fátima Parmegiani – MS) (4).
Conflictos Proféticos. La posición de la profecía en el campo religioso judaíta del siglo VIII a.C. (Fernando Cândido da Silva - MS) (4).
Contribución al estudio del acertijo romana: la Eneida de Virgilio (Adriana Carriel de Freitas - MS) (3).
Diversidad e identidad en Palestina judaica del séc. I d.C. (Maria Isabel Brito de Souza -IC) (4).
Economía y política en el mundo antiguo: las categorías analíticas en la obra de Moisés Isaac Finley (Robson Felipe Viegas da Silva – MS) (2).
El campo religioso en el siglo VIII a.C. en Judá: Miqueas y el culto oficial (Fernando Cândido Da Silva - IC) (4).
El culto de Ísis en Roma (Vanessa Fantacussi – MS) (4).
El movimiento religioso de Jesus en el I séc. D.C. y la actuación femenina (Tatiana Kiyomi Moriya – MS) (4).
El Oriente Próximo en las revistas de la UNESP (Rita de Caccia Alves Brito – IC) (4).
El papel de la mujer y dominación masculina en los primórdios de la tradición judaico-cristiana (Sílvia Márcia Alves Siqueira – MS) (4).
El Principado en la perspectiva de la literatura latina (Tácito, Suetônio y Plínio, el Joven) (Andrea Lúcia Dorini de Oliveira Carvalho Rossi - MS) (6).
El simbolismo visual de los grafitos en la epigrafia latina Popular Pompeiana (Wagner Montanhini - MS) (5).
Elaboración de índice remisivo de la obra de Tito Lívio. (Andreza Aparecida de Souza, Leila Paisana Gonzáles, Cláudio Xavier de Oliveira - IC) (4).
Elaboración de Material Didáctico para la Enseñanza de Historia Antigua: fuentes literarias y réplicas de cultura material (Lucas Luando - IC) (1).
Elaboración de Material Didáctico para la Enseñanza de Historia Antigua: fuentes literarias y réplicas de cultura material (Vanessa Ziegler – IC) (1).
Fuentes para el Estudio de Historia Antigua (Cristiano de Souza – IC) (4).
Grecia y Roma en las revistas de la UNESP (Fabiana Gomes - IC) (4).
Hombres y Mujeres Romanos: el cuerpo, el amor y la moral, según la literatura amorosa del primer siglo d. C. (Ovídio y Petronio). (Lourdes Magdalena Gazarini Conde Hechas - MS) (6).
La cultura de los libertos en el Satyricon: una lectura (Claudiomar de los Reyes Gonçalves) - MS)[1] (5).
La mujer egipcia y el erotismo: la noción de belleza, atracción y sensualidad en Egipto Antiguo (1307-1070 a.C.) (Poliane Vasconi dos Santos – DR[2] en elaboración) (4).
La mujer en la visión de Tertuliano, Jerónimo y Agosto séc. II - V D.C. (Sílvia Márcia Alves Siqueira – DR) (4).
La mujer en Roma: la condición femenina en la literatura pliniana, Suetônio y Plínio, el Joven (Valéria Cristina Basílio – MS) (2).
La reconstrucción del mito de Alexandre y César en la obra de Plutarco (Vanessa Ziegler – IC3) (1).
Las mujeres en el movimiento de Jesús en el I siglo (Tatiana Kiyomi Moriya – IC) (4).
Lívio y los reyes romanos: la defensa de una identidad romana (Luis Ernesto Barnabé – MS) (4).
Los manuscritos del Mar Muerto y el Génesis del Cristianismo (Fernando Mattiolli Vieira – MS) (4).
Los textos didácticos de historia antigua: un análisis crítico (Raquel de Fátima Parmegiani - IC) (4)
Mujer y religión en Roma: representaciones femeninas en el I siglo del Imperio (Valéria Cristina Basílio – DR) (2, 4).
Prácticas y representaciones: Princeps y Basileus en los discursos de Dion Crisóstomo (96-117 D.C.) (Andréa Lúcia Dorini de Oliveira Carvalho Rossi - DR) (4).
Religión y Sociedad en Egipto Antiguo: Una lectura del mito de Ísis y Osíris en la obra de Plutarco (Poliane Vasconi. – MS) (4).
Un estudio del Karma segundo el pensamiento vedantino de Radhakrishnan (Luciana de Cássia Silva – IC) (4).
Vientos de narrativas e imaginación histórica: Ifigênia en Áulis, un estudio de representaciones en la antigüedad griega (Luciana Frateschi Corrêa – MS) (4).

Una de las actividades desarrolladas por el NEAM fue el levantamiento del acervo con respecto a Historia Antigua disponible en la Biblioteca del Campus, clasificado por fuentes, obras de referencia, bibliografía, películas y vídeos, rehaciendo aproximadamente 1600 títulos, lo que constituye un rico material para investigación en el área a la disposición de profesores, alumnos de graduación y postgrado y demás interesados.

Conclusión

Concluyendo, gustaría de destacar que los horizontes de la investigación y de la enseñanza en Historia Antigua se han ensanchado cada vez más en los últimos años. El sistema de intercambio entre bibliotecas del país y del exterior permite, no siempre con la rapidez deseada, la utilización de otros acervos del país y del exterior. Bancos de datos, librerías en-línea, sitios especializados contribuyen para ese alongamiento. Hay que destacarse para los estudios clásicos el Proyecto Perseus que ofrece un abundante material que incluye fuentes literarias y arqueológicas grecolatinas en hipertexto, diccionarios, enciclopedia, imágenes y mapas con muchas posibilidades de investigación.

Para el estudio de la Antigüedad Oriental hay el proyecto ABZU, un guía constantemente actualizado sobre lo que viene siendo estudiado e investigado sobre el Oriente Próximo Antiguo. Mi página electrónica trae informaciones sobre los principales instrumentos en-línea a respeto de los estudios Greco-romanos y orientales. A cada día surgen nuevas contribuciones en ese sentido, como la digitalización y disponibilización del *Dictionnaire des Antiquités Grecques et Romaines* de Saglio y Daremberg por la Universidad de Toulouse y del *Vocabulario Portuguez y Latino* de Raphael Bluteau por la Universidad Estadual de Rio de Janeiro.

Así, van se deshaciendo las dificultades impuestas por la distancia de los grandes centros de estudios sobre la Antigüedad, permitiendo que en Brasil se tenga acceso a materiales, lo que hace bien poco tiempo era un privilegio de pocos.

Poco a poco, las universidades brasileñas, así como viene haciendo la CAPES[1], ya adquirieron muchas licencias para utilización de las principales revistas sobre el estudio de la Antigüedad permitiendo que tengamos en manos no apenas reseñas de artículos, sino textos integrales. En Brasil se destacan las publicaciones especializadas *Estudios Clásicos* de la Sociedad Brasileña de Estudios Clásicos y *Phoinix* del Laboratorio de Historia Antigua de UFR.. En fin, debemos todavía decir que becas de estudios institucionales y de diferentes agencias de fomento han contribuido mucho para estimular la investigación en nivel de graduación y postgrado.

Referencias Bibliograficas

BLUTEAU, R. *Vocabulário portuguez e latino*. Rio de Janeiro: UERJ, 2000. CD ROM.

BRANDÃO, Jacyntho Lins. Os estudos clássicos no Brasil. In: Carolina Ponce Hernández, Lourdes Rojas Álvarez. (Org.). *Estudios clásicos en América en el tercer milenio*. 1.ed. México: Universidad Nacional Autónoma de México, 2006, v. , p. 49-68

CARDOSO, Zélia de Almeida. Letras Clássicas. *Revista Estudos Avançados,* USP, n. 22, setembro-dezembro de 1994. Disponível em: <http://www.iea.usp.br/iea/revista/sumarios/suma22.html>. Acesso em 14 junho 2006.

CORASSIN, M. L., BATISTA NETO, J. . *Catálogo das Fontes de História Antiga e Medieval.* São Paulo: Universidade de São Paulo/ SIBI, 1987.

FAVERSANI, Fábio. A História Antiga nos Cursos de Graduação em História no Brasil. *Hélade*, Número Especial, 2001, p. 44-50.

PETERLINI, A. A. Língua e literatura latina. *Revista Estudos Avançado,* USP, n. 22, setembro-dezembro de 1994. Disponível em: http://www.iea.usp.br/iea/revista/sumarios/suma22.html. Acesso em 14 junho 2006.

ROCHA, Ivan E. *Antiguidade: pesquisas no Brasil*. Assis: FCL – Assis – UNESP Publicações, 2002. CD ROM.

ROCHA, Ivan E., SIQUEIRA, Silvia M. A. *Antiguidade: catálogo de fontes, obras de referência, bibliografia, filmes e vídeos.* 2.ed. Assis: FCL – Assis – UNESP Publicações, 2006.

STARZYNSKI, Gilda Maria Reale, HIRATA, Filomena Y. Língua e Literatura Grega: origens / Linhas de pesquisa de Língua e Literatura Grega. *Revista Estudos Avançados,* USP, n. 22, setembro-dezembro de 1994. Disponible em: <http://www.iea.usp.br/iea/revista/sumarios/suma22.html>. Acesso em 14 junho 2006.

(Footnotes)

1 MS: maestría
2 DR: doctorado
3 IC: iniciación científica;

---

1 Coordenação de Aperfeiçoamento de Pessoal de Nível Superior.

Plutarco y la politica imperial

MARIA A. O. SILVA

doctora en Historia – FFLCH/USP

Para De Blois, durante el segundo siglo después de Cristo, dos categorías de escritores griegos se desatacaron en el imperio romano: la primera, conformada por aquellos que pertenecían al sistema, es decir, los que estaban directamente ligados a la administración romana como Dión Casio y Herodiano. La segunda, por autores centrados en los problemas locales de su ciudad (1996: 3441). Conforme este autor, esas fuentes tendrían el mismo estilo literario, es decir, funden historia con biografía en una sola narrativa. En el caso de Herodiano, su estructura narrativa seria semejante a la de Plutarco, cuya finalidad era la de exaltar la riqueza de los pueblos aliados al Imperio, con el objetivo de reafirmar el poder central de Roma (1996: 3415-3416).

En su estudio sobre Dión Casio, Millar concluyó que sus escritos presentan un complejo sistema de intereses que mueve las acciones y la narrativa de esta fuente; este hecho se explica porque Dión Casio alcanzó el cargo mas alto en el cuadro político romano: cónsul, tanto en Roma como en Grecia, lo que lo convertía en miembro de las dos sociedades y, por consiguiente, lo comprometía con ambas (1964: 7). Por su lado, Jones concluyó que los tratados morales de Plutarco revelan su preocupación con el análisis de los aspectos políticos del Imperio de forma mas amplia, sin detenerse en un lugar específico, al contrario de Dión Crisóstomo, quien se involucró apenas con las cuestiones políticas locales (1978: 5).

Por el momento, destacaremos que estos autores excluyen de las fuentes su sentimiento de pertenencia a otra cultura, en este caso, la griega. Se debe tomar en cuenta la existencia de un grupo de aristócratas griegos que reafirmaban su identidad a través de prácticas, hábitos y costumbres, dando origen a una comunidad griega. Como lo observara Nippel, poner a los griegos en una posición privilegiada dentro del Imperio Romano y diferenciarlos de los orientales y de los salvajes es reproducir el pensamiento de los historiadores del siglo XIX preocupados con la "cultura científica nacional" que aún está por revisarse y someter a análisis continuos (1996: 196). Frente a esto, dentro de la corriente del revisionismo historiográfico de nuestra época, analizaremos, en las siguientes páginas, el tratado plutarquiano titulado *Máximas de los reyes y generales* (*Apophthegmata basileon kai strategon*) proponiendo una nueva lectura de la obra.

Escritura y resistencia en Plutarco

En ocasiones los vientos, sobre las aguas que navega el historiador, hacen visibles inmensas vaguedades, presentándole problemas, dificultándole el echar anclas. En cada jornada, desconociendo el rumbo de su navegar, el historiador, armado de registros dispersos, apenas si conoce su puerto de partida. Con estas palabras pretendemos demostrar cuan ardua es la tarea del historiador interesado en la interpretación de los hechos, especialmente los ocurridos en el mundo greco-romano. La primera cuestión que se le presenta al historiador del periodo imperial romano trata respecto de la veracidad de las narrativas literarias producidas en esta época. Generalmente, los especialistas ven como los autores de este periodo están involucrados en la política imperial; por tal motivo, sus obras estarían repletas de ficciones y adaptaciones justificadas por su interés en glorificar a Roma y a sus emperadores. Para contestar a esta línea de razonamiento, en esta primera parte de nuestro capítulo, intentamos analizar el escrito plutarquiano *Máximas de reyes y generales* con el objetivo de demostrar como manifiesta resistencia y crítica a la política imperial romana.

Para comprender nuestra forma de argumentar, es necesario partir del prosupuesto que, tras ser establecida la relación de dominante-dominado, se impedirá que la fuente lo diga todo, ocurriendo lo que Foucault denominó proceso de *exclusión* y *prohibición* de aquello que no puede ser dicho (2000: 9). Así, el lenguaje empleado en la narrativa plutarquiana actúa como mediador entre el individuo y su realidad socio-política y, de este modo, puede considerarse parte integral de la retórica de la dominación y de la retórica del oprimido, presentándose como una forma de resistencia intelectual.

Durante la invasión turca a Constantinopla, los estudiosos bizantinos partieron en dirección a Occidente, llevando a cabo su diáspora, trayendo consigo valiosos conocimientos además de varias copias desconocidas o perdidas en las tierras del poniente. Entre esas obras estaban los escritos de Plutarco, junto con sus biografías y tratados morales, incluyendo las *Máximas*. En las traducciones consultadas, no se hace referencia sobre el año en el cual fue compuesto el tratado salvo por la dedicatoria de Plutarco, *Ploutarchos Traiano Autocratori eu prattein*. Es decir, "De Plutarco para el bien practicar del emperador Trajano (lit. bien hacer), es posible inferir que las *Máximas* fueran escritas en una fecha cercana al año en que Trajano fue consagrado como Emperador, en 97 d. C.

El tratado *Máximas de reyes y generales* permaneció en el olvido de los que escribieron la historia de los antiguos. Recientemente, autores como Stadter (2002) y Pelling (2002), realizaron análisis a profundidad sobre estas *Máximas*. Por un lado, el desinterés ocurre porque que las Máximas hacían parte de las *Vidas Paralelas*, como afirma el propio Plutarco en el siguiente pasaje:

Allí, (en las *Vidas*), las acciones y las palabras fueron colocadas unas al lado de otras, esperando el placer de una lectura tranquila (172E)[1].

Por otro lado, también están los que sospechan de la autoría del tratado, a pesar de existir elementos suficientes para clasificarlo como propio de Plutarco. Según el catálogo de Lámprias, redactado en latín, *Regum et Imperatorum Apohthegmata* es el tratado número 108. De acuerdo con Babbit, el estilo literario percibido en su escritura corresponde al empleado por Plutarco (1961: 3). La cuestión principal, sin embargo, reside en la duda inquietante sobre los motivos que llevaron a Plutarco a componer y ofrecer a Trajano, tan sencilla colección de dichos de reyes y generales.

De acuerdo con la dedicatoria redactada por Plutarco, el pretendía ser útil al emperador con este presente:

Te ofrezco, con sencillos pensamientos tomados de la filosofía, insignificantes regalos y señales de amistad; te suplico recibir, junto con mis buenas intenciones, la utilidad de estos pensamientos (172C)

Sin declarar cual es la utilidad de su presente, Plutarco disimula su objetivo principal que, desde nuestro punto de vista, era el de reivindicar cambios en la política romana aplicada en los territorios conquistados. La situación de dominado, experimentada por Plutarco, no le permitía la redacción de un texto abiertamente contrario a las acciones imperiales. Establecida la prohibición de sus pensamientos, Plutarco manifiesta su desaprobación con respecto a la política imperial romana por intermedio de dichos, previamente seleccionados, de reyes y de generales: este artificio confiere autoridad a los dichos. En otro trecho de su dedicatoria, Plutarco busca persuadir al emperador de que lea su obra con los siguientes argumentos:

Aquí, pienso que las palabras, coleccionadas por separado, también son muestras fundamentales de aspectos de la vida que no le quitarán tiempo y podrás volver a ver, brevemente, hombres que son de valor para la memoria (172E)

Con estas palabras, Plutarco atenúa su intento de hacer públicos sus reclamos políticos, silenciado el sentido de su discurso de resistencia (Orlandi, 1997: 15-51). Nos conviene considerar que, en el acto de selección de las máximas de los reyes y generales, Plutarco reproduce sus pensamientos para el emperador. Aunque Trajano fuera emperador supremo, Plutarco emplea su micro-poder, adquirido a través de relaciones establecidas con la elite romana, para manifestarle su visión política. De esta forma, Plutarco ejerce su micro-poder como parte de un poder mayor cuya funcionalidad depende de estrategias, como apuntaba Foucault, que engloban esas micro-relaciones de poder (Foucault, 1979: 249). Un ejemplo de cómo podría manifestarse la resistencia griega a la política imperial, está en el dicho del literato y político ateniense Demetrio de Falera:

Demetrio de Falera aconsejó al rey Ptolomeo adquirir y leer libros sobre asuntos reales y de comando, porque sobre aquello que los amigos de los reyes no tienen el coraje de decirles, ellos lo ponen en los libros (189D)

No por coincidencia, Plutarco eligió ese dicho para avisar al emperador sobre la importancia de los escritos que le son destinados. De manera sutil y objetiva, nuestro autor revela a Trajano el artificio de sus intelectuales para comunicarle sus opiniones a través de sus palabras escritas. En resumen, según Plutarco, los textos que entrega al emperador no solo buscan entretenerlo, también instruirlo sobre los problemas urgentes de su sociedad. Por intermedio de Pericles, Plutarco expone su visión de cómo el emperador debería analizar sus decisiones políticas, ponderando los intereses de los diferentes pueblos que gobernaba:

Pericles, cuando estaba pronto a ser electo estratego, vestido con su clámide, solía decirse a sí mismo: "Recuerda Pericles, que vas a gobernar hombres libres, helenos y atenienses" (186C)

Consejos plutarquianos: la política entre griegos y romanos

En esta segunda parte, presentamos el discurso subliminal de Plutarco referente a como Trajano debería conducir su política imperial con los griegos. Al comenzar sus máximas con los persas, a nuestro entender, la elección plutarquiana estimula la comparación entre los imperios persa y romano, ya que ambos sometieron a las ciudades griegas:

Ciro decía que si lo hombre no tenían la intención de buscar lo mejor para sí mismos, eran obligados, por necesidad, a buscarlas para los demás, añadiendo que ningún hombre tiene el derecho de gobernar si no es mejor que sus gobernados (172E)

Con esa máxima, Plutarco demuestra que la sabiduría de Ciro fue la gran responsable por el dominio exitoso de los medos sobre las colonias griegas del Asia Menor. De acuerdo con nuestro punto de vista, Plutarco emplea

---
[1] Traducciones hechas por la autora con base en el original griego, texto de Frank Cole Babbit. *Moralia III*, London, Cambridge: Willian Heinemann, Harvard University Press, 1961.

el paralelismo histórico para producir una reflexión, por parte del emperador Trajano, sobre como él debería tratar a sus subordinados, ya que las negociaciones entre griegos y romanos dependían de la naturaleza de la relación establecida entre el emperador y las elites locales. Como máximo representante de la Beocia ante el imperio, el papel político desempeñado por Plutarco lo puso en el centro de las cuestiones relacionadas con la política romana en territorio griego. De esta forma, Plutarco reconocía la importancia de la armonía entre dominante y dominado en la potenciación de la capacidad de reivindicar cambios en la política.

La elección plutarquiana de narrar el episodio en el cual Xerxes impuso las costumbres griegas a los babilonios, busca mostrar al emperador como los griegos conquistaban la admiración de sus dominadores:

Irritado con los babilonios insurrectos, el (Xerxes), los dominó y les ordenó que no portasen armas, sino que tocaran instrumentos de cuerda y viento, practicaran la prostitución pública, comerciaran y practicaran el tráfico y vistieran el quitón. (173C)

La iniciativa del sátrapa de recomendar prácticas, propias de los griegos, a los babilonios, revela la alegría que sentía por sus colonias del Asia Menor. En la siguiente máxima, Plutarco enfatiza en el hecho de que las buenas relaciones entre los griegos y los persas fueron el resultado de políticas dirigidas a satisfacer intereses comunes, y no el fruto de la sumisión griega, pues, como podemos inferir de la cita anterior, la obediencia griega estaba condicionada por el respeto del dominador hacia sus hábitos y costumbres.

Una vez más, en este momento, en las máximas de dichos y generales macedonios, Plutarco estimula la comparación entre romanos y persas, no solo por el hecho de haber conquistado Grecia, sino por su aprecio por la cultura griega. No por casualidad, Plutarco comienza la secuencia de máximas macedonias con los del rey Aquelao. Durante su reinado, entre los años de 413 a 399 a. C., Aquelao se hizo conocido por su admiración de la cultura griega, habiendo convocado a su corte a talentos como el poeta trágico Eurípides, el músico Timoteo y al pintor Zeuxis.

Plutarco retoma la cuestión del equilibrio del juicio en la relación entre vencedor y vencido a través del reconocimiento de Filipo II de que la grandiosidad de su imperio también dependió del apoyo de los atenienses. En este tácito paralelo entre macedonios y romanos, nuevamente, Plutarco envía al emperador un mensaje subliminal, recordándole a Trajano que la magnitud de su imperio dependía, de igual forma, de los pueblos dominados:

Sus compañeros de banquete le dijeron que era necesario ser duro con los atenienses, y a ellos respondió que era impertinente el hacer imposiciones a un hombre que todo lo sufría y todo lo hacía para que él (Filipo II), quedara por encima del juicio público y, por lo tanto, sería un desperdicio tener esa reputación (178A)

Plutarco culmina la secuencia de máximas de reyes y generales macedonios con el rey seleucida Antíoco VII, reafirmando la importancia del respeto a las tradiciones de los pueblos conquistados por medio de la siguiente situación:

Cuando los judíos tuvieron la ciudad de Jerusalén sitiada por él, le preguntaron si no podría hacer una tregua durante siete días para que su gran fiesta fuese llevada a cabo. El (Antíoco) no solamente les concedió la tregua, sino que trajo, solemnemente, hasta las puertas de la ciudad, toros con cuernos dorados, perfumes y gran cantidad de inciensos. Entonces, tras entregarlos al sacerdote, regreso al campamento. Los judíos admirados, inmediatamente después de la fiesta, se dejaron guiar por sus manos (184F)

En esta interacción con el otro, se hacía necesario el entendimiento entre las partes. Por tal motivo, Plutarco presenta el conocimiento de la lengua del otro como un elemento de entendimiento. Plutarco, a través de una máxima de Temístocles, retrata su punto de vista sobre como debería ser la relación entre vencedor y vencido pues, aunque Temístocles derrotara a Xerxes en Salamina, en el año 480 a. C., quiso aprender la lengua del derrotado para negociar directamente con él:

Quería tiempo para aprender la lengua persa, de modo que él, y no otro, llevara a cabo la audiencia con los persas (185F)

En esta máxima percibimos que la relación armónica entre los pueblos conquistados y el Imperio no dependía del uso de la fuerza sino del entendimiento entre las partes a través del diálogo entre ellas. Otros aspecto que Plutarco presenta es la observancia del emperador sobre todos sus territorios conquistados sin importar sus proporciones. Trajano debería acatar las diferencias existentes entre los pueblos para no despertar, en el conquistado, su ira.

Aparte del respeto del emperador hacia las prácticas culturales, la armonía en las relaciones entre griegos y romanos también dependía del cobro justo de impuestos. En contrapartida, los griegos tratarían al emperador como un aliado, colaborando con su política. Plutarco escoge una máxima de Darío sobre el cobro de impuestos, subvirtiendo el orden establecido y revelando, con un sutil paralelismo, su descontento con la política de impuestos del imperio, en silencio, sugiriendo la reducción de sus costos y apoyado en las siguiente palabras del rey Darío:

Tras establecer los impuestos para sus sometidos, (Darío) convocó a sus principales lugartenientes para preguntarles si los valores eran muy pesados. Habiéndole respondido que los impuestos eran justos, el rey ordenó que se cobrase la mitad (172F)

Recordemos que la demanda creciente del ejército de efectivo y víveres que alimentaba la grandeza del imperio, como señalara Finley, impuso al emperador una política de impuestos acorde con las necesidades militares de Roma (1982: 124-125). Tal demanda de recursos impulsó al emperador a reformular el valor intrínseco de la moneda romana. Como apuntaba Duncan-Jones, los emperadores Trajano y Caracalla alteraron sensiblemente la cantidad de oro y plata de sus monedas como recurso para aumentar la capacidad monetaria del imperio.

Resaltamos acá que la política romana de subir los impuestos refleja la circulación del poder en las relaciones entre Roma y sus provincia porque, por un lado, ellas agotaban sus recursos para enviarlos a Roma. Por otro lado, el imperio aumentaba su dependencia en relación a ellas. La dialéctica presente en la dinámica de esa relación fomentó la inestabilidad y la consecuente búsqueda de la armonía, llevando a las partes a involucrarse en la discusión sobre sus derechos y deberes.

La moderación en la política de impuestos, por lo tanto, representaba el reconocimiento de la contribución de los griegos a la grandeza del imperio, pues gracias al equilibrio de sus finanzas, los griegos podrían, en cualquier momento, prestar auxilio al imperio. Según nuestro entender, Plutarco formula este pensamiento, subliminalmente, mediante este evento vivenciado por Orontes:

Orontes, yerno de Artaxerxes, habiendo sido cubierto de deshonra por causa de la acusación, tras su juicio, dijo "Conforme los datos de los matemáticos, se puede representar, ora una miríada, ora unas unidades. Esto también ocurre con los amigos de los reyes, porque en un momento ellos pueden ayudarlos velozmente, ora no pueden ayudar por encontrarse muy débiles" (174B)

Como concluye Duncan-Jones, las guerras no solamente sustentaban la opulencia del imperio, sino que parte de su significativa riqueza provenía de la extorsión de los provincianos, cuyo patrimonio era absorbido por el pago de impuestos (1997: 6), aún existiendo el cobro diferenciado de impuestos entre las ciudades del imperio, ya que algunas habían sido eximidas de su pago (1997: 12).

En el término de este análisis del tratado en epígrafes sobre el carácter de la política imperial de Plutarco, concluimos que, al no tener en cuenta las proporciones de la región conquistada, el emperador debería acatar las diferencias de sus gentes para no despertar el instinto de conservación en el conquistado, conforme le ocurriese al general espartano Brásidas, conocido por su fuerza y valentía, sobre quien contaba que,

> ...atrapó un ratón entre los higos secos y habiendo sido mordido por él, lo soltó. En seguida dijo a los presentes: "Nada es tan pequeño que no pueda salvarse, con coraje se aparta de los que sobre él pusieron la manos" (190B)

De esta manera, el emperador debería respetar la economía y la cultura de sus provincias, independientemente de sus dimensiones, pues de alguna forma, esto podría desestabilizar la tranquilidad de la política romana. Por tal motivo, en los dichos de los espartanos, Plutarco alude a los inconvenientes generados a partir de sucesivas guerras, como lo ilustra con esta máxima de Licurgo:

Les ordenó que no guerrearan con los mismo pueblos de modo que estos no se tornaran más guerreros. Más tarde, cuando Agesilao fue herido, Antálcidas dijo al rey "que bellas lecciones dio a los tebanos", pero Agesilao respondió que él les había enseñado muchos hábitos de guerra contra su voluntad (189F)

El imperio y la paz

Según el catálogo de Lámprias, las máximas de los romanos pertenecen al apéndice de la obra dedicada al emperador Trajano. En esta sección, hay 172 máximas romanas que narran las conquistas romanas desde el siglo III a.C. hasta la época de Augusto. Si se consideran las palabras de Jones, se puede concluir que Plutarco pertenecía al bando de intelectuales griegos, oriundos de familias nobles y acomodadas, favorables a la política romana de asimilación (Jones, 1972: 37-38). De las conclusiones de Cizek, quien viera en los escritos de Plutarco pensamientos alineados con las políticas de Trajano (1982: 43-44), podríamos, a primera vista, considerar los dichos de los romanos tanto una oda a la pujanza del imperio como un estímulo a la política expansionista del emperador. Por el contrario, percibimos que Plutarco comienza sus dichos romanos con la máxima de Mario Curio, cónsul en 290, que derrotó a Pino, rey de Èpiro que dice:

Mario Curio, habiendo dividido las tierras conquistadas, fue acusado de dividirlas en lotes pequeños para que la mayor parte de la tierra se pudiera volver pública. En respuesta a ello, dijo con convicción que no había romano alguno que considerara poca la tierra que los alimentaba (194E)

La elección plutarquiana de comenzar sus dichos de los romanos con ese episodio de Mario Curio, revela su visión sobre la cuestión agraria en Roma. De acuerdo con la fuente, desde mucho antes, en el siglo III a. C., los romanos habían obtenido tierra suficiente para abastecer a su población. A nuestro entender, Plutarco atenúa su crítica a la expansión militar romana, destacando su autosuficiencia en la producción de víveres para su pueblo. De este modo, la fuente permite concluir que la expansión militar ocurrida tras la época de Mario Curio no pretendía atender las necesidades básicas de la población sino la obtención de prestigio a través de una expedición militar.

En la máxima siguiente, de Tito Quincio Flaminino, que derrotó a Filipo de Macedonia en la batalla de Cinoscéfalos, en Tesalia en el año de 197, y que en el año siguiente proclamó la libertad griega en los juegos Ístmicos se narra que,

Habiendo vencido en la guerra contra Filipo, (Flaminino) proclamó durante los juegos Ístmicos que dejaba libres los helenos y bajo sus propias leyes. En cuanto a los prisioneros romanos de la época de Aníbal, esclavizados por señores helenos, algunos helenos los compraron por quinientas dracmas y se los regalaron. Entonces, junto con esos romanos, que vestías gorros conforme a la tradición de los recién liberados, desfiló triunfalmente en la procesión de Roma (197B)

Podemos ver que algunos romanos fueron esclavizados durante la Segunda Guerra Púnica y, por lo tanto, otra consecuencia de las guerras sería la captura de su pueblo. De esta forma, las guerras no solo conllevaba, como lo vimos reflejado en el dicho de Licurgo (189F), a incrementar la habilidad militar del enemigo, sino a la esclavitud. Todavía en ese pasaje, encontramos la demostración plutarquiana de que los griegos retribuyen con altura los beneficios dados a ellos por el imperio. Plutarco entonces muda su argumento del periodo de concordia representada por Flaminio a la época de las guerras civiles romanas, demostrando como las guerras excesivas despertaron la ambición de hombres sin estirpe, cuyo objetivo era alcanzar el poder político romano, como podemos observar en este pasaje de Mario:

Gayo Mario era de origen sin gloria, y se promovió en la política gracias a las expediciones militares y, a causa de ellas, se postuló como candidato al *edilato* mayor. Sin embargo, percibiendo que no llegaría a ocupar el cargo, se postulo al edilato menor, una vez más , sin éxito, y aún así no abandonó su intención de ser el primero entre los romanos (202A-B)

En otra máxima, Plutarco ejemplifica el como las prácticas militares constantes suscitan la búsqueda de la gloria, por medio del reconocimiento, abriendo camino a hombres violentos como vemos en este extracto de Pompeyo:

Gayo Pompeyo era muy querido por los romanos en la misma medida en que era detestado por su padre. Cuando joven, se adhirió con decisión al partido de Sila. Y aún sin haber sido comandante o senador, reclutó muchos hombres en Italia. Cuando Sila lo llamó, dijo que no iría sin botín ni sin la sangre de sus tropas para presentarse ante el emperador. Y así lo hizo. No se presentó ante el emperador hasta que muchas guerras fueron ganadas frente a generales enemigos (203B-C)

Las consecuencias de las interminables guerras se expresan en elementos perceptibles en esta máxima como la violencia, el desorden social, la degradación moral y, principalmente, la destrucción de las instituciones políticas, con el establecimiento de la dictadura. Por medio de esta máxima, Plutarco revela la entrada nociva de prácticas militares al sistema político romano, lo que ocasionó la ruina de los valores morales, contaminando la concepción romana de justicia, corrompiendo a los tribunales, como se percibe en este episodio de Cicerón:

Casto Pompilio, queriendo ser abogado, aún siendo ignorante y carente de talento, llamó a Cicerón para que testificara en un proceso. Cicerón le declaró que o sabía nada del asunto y añadió: "acaso piensa que ellos van a preguntarme sobre legislación?" (205B)

Época sangrienta, de guerras y traiciones, como puede entreverse en las máximas de Cesar. Tomemos por ejemplo, esta máxima en la cual el dictador ironiza la amistad de Bruto y Casio:

Antonio y Dolabela, habiendo sido vistos con sospecha por algunos, contaron a Cesar que eran vigilados, pero Cesar respondió que no temía a los artesanos y comerciantes gordos y relucientes, sino a los flacos y a los pálidos, mientras señalaba en dirección a Bruto y Casio (206F)

Plutarco demuestra con esta cita que el emperador debería preocuparse con la traición de lo que estaba a su alrededor y no con los artesanos o comerciantes de imperio. Plutarco se muestra etnocéntrico al referirse a actividades típicas de los griegos, revelando que su discurso de resistencia se destinaba a dar espacio a las reivindicaciones de los griegos.

En las máximas de Augusto, identificamos el cambio en la conducta bélica de los romanos, cuya semejanza nos remite a la época de Flaminino, en la cual los territorios conquistados, y en particular los pertenecientes a los griegos, como Atenas o Alejandría, fueron tratados con respeto. Al seleccionar estas máximas, Plutarco muestra su satisfacción con la política expansionista romana, así como reafirma la importancia de la concordia entre griegos y romanos, como se observa en la siguiente cita:

Los alejandrinos, después de tomad la ciudad por parte de los romanos, aguardaban, convencidos de que sufrirían males terribles. Augusto Cesar subió a la tribuna y se ubicó al lado de Areio de Alejandrina, diciendo que salvaría a los ciudadanos, primero, por causa de la grandeza y belleza de la ciudad, segundo, por haber sido ella fundada por Alejandro y, tercero, por causa de Areio, su amigo (207 A-B)

Como podemos ver en este acontecimiento, la consonancia en las relaciones entre griegos y romanos promovida por Augusto representa una señal de la reconquista del orden social romano, ya que al emplear parte de su tiempo en la diplomacia, el emperador reducía el espacio al uso de operaciones militares. Resaltamos que Augusto, sobrino nieto de Cesar, estudió en Atenas y fomentó la producción artística y literaria, llegando a escribir una autobiografía y otras obras menores. Con eso, al seleccionar esta máxima, Plutarco busca convencer al emperador Trajano de que es necesario conocer la producción literaria para administrar un imperio con la misma sabiduría de Augusto; con tal motivo, sería preciso renunciar a las políticas violentas con el fin de dedicar el tiempo a asuntos más provechosos como la filosofía y la literatura.

A lo largo de este capítulo demostramos que Plutarco es una fuente importante para la comprensión de las relaciones entre griegos y romanos, o solo por su formación griega, sino también por su familiaridad con la cultura romana. Los escritos plutarquianos reproducen el pensamiento de alguien sometido, cuyo acceso al modo de vida del que los subyuga se hace viable por el micro-poder ejercido en el Imperio a través del poder que adquiriera en Queronéia. La articulación del poder ejercido por Plutarco en su región con el reflejo de éste en la política romana es determinante en la consolidación de sus relaciones con el imperio. Tal relación permitía la supervivencia de ambos. A pesar de eso, como en toda relación de desigualdad, existían conflictos en los cuales Plutarco abría espacios para la creación literaria que aprovechaba para introducir sus ideas, contrarias a la política imperial romana.

Referencias Bibliograficas

BABBIT, F.C. *Introduction.* In: Moralia III, Transl. Frank Cole Babbit. London/ Cambridge: Willian Heinemann/ Harvard University Press, 1961, p. 3-7.

CIZEK, E. *L'époque de Trajan:* circonstances politiques et problèmes idéologiques. Bucaresti/ Paris: Editura Stiinfica si Enciclopedica/ Les Belles Lettres, 1982.

DE BLOIS, L. Emperor and Empire in the Works of Greek-speaking Authors of Third Century A.D. *ANRW*, II, 34.4, 1996, p. 3391-3343.

FOUCAULT, M. *A ordem do discurso.* São Paulo: Loyola, 2000.

_____. *Microfisica do poder.* Rio de Janeiro: Graal, 1979.

JONES, C. P. *Plutarch and Rome.* Oxford: Clarendon Press, 1972.

_____. *The Roman World of Dio Chrysostom.* Cambridge/ London: Harvard University Press, 1978.

MILLAR, F. *A Study of Cassius Dio.* Oxford: Clarendon Press, 1964.

_____. *The Roman Near East 31 BC-AD 337.* Cambridge/ London: Harvard University Press, 1993.

NIPPEL, W. La costruzzione dell' "altro". In: SETTIS, S.(org.). *I Greci:* storia, cultura, arte e società. Torino: Einaudi, 1996, p. 165-196.

ORLANDI, E. P. *As formas do silêncio:* no movimento dos sentidos. Campinas: UNICAMP, 1997.

PELLING, C. B . R. The *Apophthegmata Regum et Imperatorum* and Plutarch's Roman Lives. In: *Plutarch and History: Eighteen Studies.* London: The Classical Press of Wales/Duckworth, 2002, p. 65-90.

RUSSELL, D. A. *Plutarch.* Great Britain/ New York: Charles Scribner's, 1973.

STADTER, P. Apophthegmata and Lives. In: STADTER, P. ; VAN DER STOCKT, L. (eds.). Sage and Emperor: Plutarch, Greek Intelectuals, and Roman Power in the Time of Trajan (98-117 A.D.) Papers Presented at the Conference Held at the University of North Carolina at Chapel Hill from June 24-27, 2000. Leuven: Leuven University Press, 2002, p. 56-62.

Nazismo fascismo y vichismo: la historia y la arqueología al servicio de los regímenes autoritarios de Europa

GLAYDSON J. SILVA

Doctor en História – Unicamp. Pos-doctorando del Departamento de Historia de la Universidad Estadual de Campinas

Introducción

El universo de comparaciones ligado a los regímenes autoritarios que asolaron Europa durante la primera mitad del siglo XX, es amplio y complejo y, así como se parecen en varios aspectos, también de la misma forma, son diferentes. Mi objetivo, en esta ocasión, no consistirá en analizar contrastes, singularidades, sino algunas convergencias en lo que concierne al papel legitimador desempeñado por la historia de la Antigüedad y su arqueología dentro de este contexto. La restricción a los regímenes anunciados (nazismo, fascismo y *vychismo*), más que delimitación temática, se explica por el hecho de que los usos y apropiaciones de los pasados nacionales que tuvieron su base en el mundo antiguo, fueron llevados, en Alemania, Italia y Francia, a consecuencias más extremas.

La historia y la arqueología –ciencias del pasado- son pensadas y practicadas en el presente y confieren, tanto a arqueólogos como a historiadores, marcas del tiempo presente en sus oficios: dominios que, aunque tienen el estudio del pasado como objeto, no siempre se dieron cuenta de ello ni intentaron hacerlo. En lo que se refiere a los estudios sobre la Antigüedad Clásica, esta es una característica muy marcada en virtud del conservadurismo del medio y del ejercicio de una práctica historiográfica por lo demás, ensimismada. No se puede hablar de Antigüedad, griega o romana, o sobre cualquiera otra, sin recurrir necesariamente, aparte de estos adjetivos, a una clara mención sobre a cual "antigüedad" se está haciendo referencia. Con respecto a la Antigüedad Clásica no sería mejor, por ejemplo, preguntarse ¿cuál antigüedad? ¿Nos referimos acaso a la renacentista del siglo XV y XVII que buscó su modelo en el pensamiento clásico? ¿O quizás a aquella, *comparativista*, de los siglos XVI y XVII que, tras el descubrimiento de los amerindios se desarrolló alrededor del establecimiento de paralelos etnocentristas? ¿o aquella de 1789 que servía a los intereses de jacobinos o girondinos? ¿Aquella del siglo XIX que ayudó a forjar los ideales de identidad, continuidad y comunidad de los estados-nación? ¿o aquella del siglo XX que, al servicio de los arquitectos de la modernidad, hombres europeos, blancos y católicos, sirvió para legitimar regímenes autocráticos y prácticas políticas? Estas son grandes generalizaciones, pero, aunque pretenciosas, pueden condensar el pensamiento sobre la antigüedad a lo largo de los siglos y tornar esto raciocinios monológicos, por otro lado verosímiles, apuntando siempre hacia una Antigüedad guiada, imaginada y reconstruida (Silva, 2004).

Estas diferentes antigüedades, o mejor dicho, estas diferentes lecturas de la antigüedad apuntan siempre a la presencia del pensamiento antiguo en la elaboración de las prácticas políticas, de las doctrinas, de los juegos identitarios, en fin, de las visiones sobre lo que es el hombre y el mundo en Occidente. Todo esto representa, para el estudioso del mundo antiguo de hoy en día, problemas cuyas soluciones no son siempre consensuales. ¿Qué lugar ocupa la recepción de los documentos relacionados con el mundo greco-romano en las sociedades contemporáneas? ¿Es igual su recepción en Europa que en otros lugares del mundo, por ejemplo, en América u Oriente? ¿Son estos documentos la atestación de la herencia clásica occidental tal como se reivindica? Para comprender el significado de la palabra "herencia" pueden dejarse de lado los diccionarios; siempre se la relaciona a la idea de patrimonio pasado, transmitido por una persona o por un grupo, por sucesión. Un patrimonio que siempre es reivindicado por herederos directos o por aquellos que juzgan que poseen los derechos de herencia. En el caso de las civilizaciones antiguas, cuyo "legado" constituye el patrimonio cultural, cabe resaltar que este siempre ha sido un objeto en litigio. Compete a los arqueólogos, historiadores y estudiosos del mundo antiguo, hoy en día, una mayor discusión y problematización de la idea de herencia y de herencia del mundo clásico. Inclusive, tal vez se deba rechazar la herencia atribuida a las sociedades modernas e indagar, a ese respecto, quienes son los beneficiarios de esta herencia clásica y lo que ellos reivindicaron o reivindican.

El área de "estudios clásicos" es, entre las disciplinas académicas, la que está mas alejada del campo de la política moderna. Por cuenta de esto, más que reconocer su pequeño espacio de maniobra, se la concibe como el punto más aislado contenido en una "torre de marfil". Cuestionando este presupuesto propio del estereotipo de aislamiento y alineación, atribuido a los Estudios Clásicos, Martín Bernal (2003: 9) lo ve como si se estuvieran incorporando a ellos los patrones sociales y culturales de los contextos en los que se desarrollaron, proveyendo a cambio, argumentos a favor de la noción de una incontestable superioridad europea sobre todos los otros continentes (2003: 9). Los aspectos considerados arriba no son muy considerados, aun hoy en día, dentro de los estudios de la Antigüedad. Esta área del dominio histórico, conservadora, jerárquica y patriarcal, permanece, aún hoy en día, poco problematizada y mucho menos aún, teorizada. Desde la década de los 1990as se ha intentado, por parte de historiadores de los más diversos orígenes principalmente, combatir este rancio universo. En Europa, lugar donde conoció y desempeñó bien el papel de legitimadora histórica de la cultura europea occidental, bajo la sombra de los estados-nación, aunque no por sí sola, la disciplina experimenta hoy en día una especia de agitación teórica que la relaciona con problemáticas, propias de la teoría histórica contemporánea, marcadamente innovadoras, a pesar de aun estar resintiéndose de un largo periodo a-teórico.

Parece haber una especie de voluntad extra más para comprender que para explicar, un deseo de romper con los modelos descriptivos y normativos que, aún a puertas del siglo XXI, oscurecían, y aún oscurecen, este dominio del conocimiento. En los denominados países del "tercer mundo", o periféricos, los históricos de sus territorios y pueblos colonizados parecen haber impuesto a ellos las duras marcas de la violación colonial, manifiestas desde la elección de los temas hasta las formas de abordarlos, elecciones que poseen lazos estrechos con un pasado en el cual no siempre la pasividad y la supervivencia dentro de los imperios coloniales fueron objeto de problematización, tal vez por haber sido concebidas apriorísticamente como ya dadas por la historiografía. Por otro lado, con algunas excepciones, en mucos de estos países, como Brasil y los demás países del cono sur, la ausencia de una cierta "tradición clásica" parece haber contribuido en el desarrollo de una historiografía menos comprometido con valores identitarios y nacionales. Esto los eximía y los exime de la necesidad casi constante con la que los países europeos justifican su presente a expensas gloriosas de un no siempre glorioso o adecuado pasado clásico que, por tal motivo, es imaginado, credo y forjado.

Los estudios de la Antigüedad y las historias nacionales

En lo que se refiere a los estudios sobre la antigüedad y su relación con los nacionalismos, la instancia del tiempo presente, antes que cualquier otra, es la que determina la producción de las memorias nacionales, tal vez la más querida de entre las actividades narcisistas de las naciones europeas. Constructora de un discurso ligado a la producción de evidencias históricas con relación a los pasados nacionales, es para la memoria, en su dialéctica de recordar / olvidar y para aquellos que la administran, que corresponde la producción de pasados comunes, la producción de las adecuaciones y deformaciones históricas. Memorias forjadas, las memoria de la nación encontraran su origen y razón de ser en las necesidades de justificar – de justificar el presente en el que fueran concebidas, como si una gran entidad, moldeada en la persona del Winston Smith de George Orwell al frente del Ministerio de la Verdad, tuviera por objeto adulterar el pasado, siempre recordando que quien controla el pasado controla el futuro, y quien controla el presente controla el pasado (1998: 36).

Delicada, pero con el mismo poder para matar que una bomba (Hobsbawm, 1998:17), y vehículo para la memoria, la Historia, discurso sobre el pasado, existe en el presente. No existe una mejor perspectiva que esta para comprender el funcionamiento de la Historia y de la Arqueología del mundo antiguo, tanto en el que lo que concierne a los discursos sobre las naciones en la Europa de los siglos XVIII al XX, como también a los discursos imperio-colonialistas de los regímenes europeos autocráticos en cuestión. Se puede deducir que ambos discursos obedecen, en Europa, a una triple función: reafirmar un identidad, garantizar una continuidad y consolidar una comunidad de destinos (Revel, 2001). Es alrededor de estas perspectivas que se establecieron muchos de los discursos sobre el mundo romano en este periodo. Es importante observar que no es raro entonces encontrarlos acompañados por los intereses políticos de los que reivindican una cierta herencia clásica, lo que en la actualidad no es muy distinto.

Bajo la protección dictatorial de los legados, Roma fue imaginada y construida, de distintas formas, en los más diversos lugares y épocas, legitimando o desautorizando grupos, prácticas y políticas. Pero entre todos estos legados, *apropiados* o fruto de invenciones, la idea de imperio y de su perennidad, así como todo lo que esto significa, talvez sea la que más ha marcado a Occidente. La efigie del Imperio Romano, como observara Richard Hingley, "*proporcionó un mito de origen para muchos pueblos de Europa y, en particular, para la Historia de occidente como un todo*" (2002: 29), proporcionando, en consecuencia, en muchas naciones que se proclaman herederas, derechos naturales del Imperio. El pasado imperial de países como Inglaterra y Francia, tuvieron en el Imperio Romano su mayor fuente de legitimación.

El uso de la imagen del Imperio romano permite introducir entonces, además de la idea del derecho imperialista de las naciones emergentes, la idea de pertenencia a la nación, actuando en el forjamiento de las identidades nacionales. El ideal de potencia, imperialismo y civilización de los europeos modernos, de esta forma, se convierte en el mismo de los romanos quienes les trasmitieron una especie de "misión imperial civilizatoria". El poder "civilizador" de Occidente conduce al orden, establece la paz y logra que impere el progreso. La romanización es para librar a los pueblos de la barbarie. Esta fórmula bizarra parece muy actual hoy en día si se considera el papel ejercido por los Estados Unidos frente a los países de Oriente y del llamado Tercer Mundo. Vidal-Naquet apuntaba, pertinentemente, a comienzos de la década de 1980, que "*solo nuestra época es mejor que la demás en su capacidad de comprender lo que sucedió cuando los griegos impusieron su modelo de civilización a oriente*" (1980: 16).

Justificación de imperios modernos, el Imperio romano ayuda a construir los sentidos de pertenencia, identidades y nacionalidades, dentro de un universo de préstamos simbólicos, sentidos construidos e interpretaciones falsas de las varias tentativas de las naciones europeas por establecer "pasados apropiados". La expresión "invención de las tradiciones", acuñada por Hobsbawm, se aplica en este caso con perfección. Para él, "*toda tradición inventada utiliza la historia como legitimadora de acciones y como cimiento de cohesión grupal*" (1984: 14). Al perpetuar lo recreado, como si hubiera existido por siempre en la memoria nacional, los grupos sociales tienen por objetivo establecer una continuidad en relación al pasado histórico, tanto étnicamente como en torno a algunas instituciones. La idea de valores transmitidos se liga de este modo a la evocación de una cierta *esencia ancestral*, a una idea de antigüedad de la nación y de sus valores, perpetuadas en las imágenes de la vida nacional con el objetivo de forjar identidades a través del usa de la idea de permanencia.

Instrumento ideológico de la Historia y de la Arqueología, esta memoria fabricada ejerció un gran papel en la definición de los propósitos colonizadores, imperiales, operando en la construcción discursiva de hechos y eventos de un pasado "desdoblado por los europeos y pueblos del mundo occidental en general, para esculpir identidades que se oponen para la construcción del Occidente y del no-occidente y crear una ascendencia cultural" (Hingley, 2002: 28), sirviendo frecuentemente para la glorificación de la Patria y la legitimación del estado.

Fue bajo el comando de los regímenes autoritarios, más que en cualquier otro periodo, que estas disciplinas fueron conducidas a sus usos más extremos – sea en el Portugal salazarista, la Francia de Vichy, la España de Franco, la Alemania de Hitler, el Irak de Saddan Hussein, en la Unión Soviética de Stalin, o en otros países donde la historia y la arqueología estuvieron al servicio de los grupos autoritarios en el poder. Llamadas a pronunciarse, ya fuera para legitimar los linajes étnicos gloriosos o para conferir derechos territoriales basados en ancestrales derechos de ocupación de espacios, la Historia antigua y la arqueología del mundo antiguo tuvieron en este dominio, un papel definidor. Desde los inicios de la década de 1990, principalmente, los estudios multi-disciplinares procuran comprender las apropiaciones del pasado histórico y arqueológico por parte de los diferentes países de Europa durante el proceso de construcción de su identidad. Esta tradición de apropiación del "pasado nacional", que asume enormes dimensiones en el siglo XIX, hará eco en la Europa del siglo XX, principalmente en el contexto de las dos grandes guerras y tendrá, en el discurso de los orígenes nacionales, una de sus mayores fuentes de inspiración.

Italia

De entre todos los países europeos, Italia sea talvez en donde el uso de la antigüedad para el servicio de los gobiernos autoritarios haya alcanzado su punto máximo. Es sobre la Ciudad Eterna que, en la lucha por el poder, el futuro Duce conducirá su Marcha, evocando oportunamente, la continuidad y la herencia de la Roma imperial. Sede de la Italia unificada, Roma también representa el pasado glorioso al que el Fascismo se liga y del cual se declara, vanagloriándose, heredero. El discurso retórico en torno a la superioridad latina se centrará en la continuidad de la Roma moderna con relación a la grandiosidad de la antigua Roma imperial, apelando exhaustivamente al mito de la *romanidad*. Esta relación entre la ciudad antigua y la moderna será una característica común en los discursos de Mussolini y también acompañará las publicaciones y manifestaciones oficiales del partido fascista. Las referencias constantes a una *romanidad* gloriosa, triunfante, se relacionan a la idea de proyecto que el Fascismo manejaba con relación a Italia y su expansión territorial. No es raro por lo tanto, cuando Mussolini asocia directamente su figura a la imagen de Cesar y Augusto, y a toda la simbología que ellos representan, obligando a la Roma fascista la necesidad de adecuarse a la imagen de una Roma ideal.

Más allá de las palabras, los instrumentos de persuasión de esta práctica son bien conocidos y evidentes – la historia y la arqueología. La grandiosidad evocada encontrará su lugar en la construcción o reconstrucción de la monumentalidad arquitectónica romana, en la cual el uso reiterado de una continuidad material y política de la nación es notoria. La *romanidad* es, en este dominio, la manifestación de la gloria imperial utilizada para fines nacionalistas, imperialistas y fascistas. En este sentido, la moderna Roma bajo el comando del Duce, y ejecutada por los arquitectos de la Roma es renovada y limpiada de su pasado medieval y renacentista, elementos vistos como símbolos decadentes de los cuales el régimen no se veía a si mismo como heredero. Mussolini, en su discurso *Per la cittadinanza di Roma*, del 21 de abril de 1924, dijo:

Se extiende delante de ustedes un periodo de por lo menos cinco años para completar lo que fue comenzado y para iniciar la mayor obra del segundo tiempo. Mis ideas son claras, mis órdenes precisas. Estoy seguro que ellas se convertirán en una realidad concreta. En cinco años Roma deberá aparecer maravillosa ante todos los pueblos del mundo: vasta, ordenada, poderosa, como era en la época del primero imperio de Augusto.

Continúen liberando el eje del gran canal de todo lo que continua obstruyéndolo. Limpien al rededor de Augusto, del teatro de Marcelo, del Capitolio, del Panteón. Todo lo que allí se desarrolló, durante los siglos de decadencia, debe desaparecer. En cinco años, desde la plaza Colonna, a través de un gran pasaje, deberá hacerse visible el cuerpo del Panteón. Continúen, igualmente, liberando de construcciones parásitas y profanas, los majestuosos templos de la Roma cristiana. Los monumentos milenarios de nuestra historia deben descansar enormes en su soledad necesaria. (...) voy a retirar de las monumentales calles de Roma la estúpida contaminación de los tranvías, pero daré a cambio los más modernos medios de comunicación a las nuevas ciudades que surgirán en círculo, al rededor de la antigua. Una línea directa, que deberá ser la más larga y ancha del mundo, ostentará la impetuosidad del *mare nostrum*, desde una Ostia resucitada hasta el corazón de la ciudad (...)

Los ejemplos de destrucción patrimonial durante este periodo son varios. Entre 1924 y 1931, por ejemplo, *"todas las casas que se encontraban, frecuentemente, en mal estado, que databan del Renacimiento y del siglo XVIII fueron demolidas, entre Tibre y la calle Cavour*" (SERONDE-BABONAUX, 1980: 119 *apud* FORO, 2001: 210). De esta forma se *limpiaba* la ciudad de su indeseado pasado, por no ser glorioso o útil, y se hacía evidente a los ojos de los italianos y del mundo, la grandiosidad de Augusto y de los césares en una Roma monumental, cuya potencia se reafirmaba. Se expurgaba de este modo siglos de decadencia. En el segundo aniversario de la Marcha sobre Roma, en octubre de 1932, Mussolini inauguraba su *Via del Impero*, limpia – la nueva Via Sacra del Fascismo, adornada con estatuas de César, Augusto, Trajano - para servir al culto de lo antiguo y a la gloria del Imperio y del espacio conmemorativo de la ufanía italiana. Bajo la sombra del pasado recreado se yergue la nueva Roma, que puede vanagloriarse y celebrar sus emperadores y hombres fuertes, o sus grandes poetas y apólogos, como Horacio y Virgilio. La Ciudad Eterna resurge entonces, durante el Fascismo, con sus propósitos colonialistas e imperialistas, que regresaron para quedarse. En el bervete, *Fascismo*, elaborado por el propio Mussolini (con la colaboración de Giovanni Gentile) para la Enciclopedia Italiana, constaba: *"si cada siglo posee su doctrina, parece, por mil indicios, que el nuestro es el del fascismo"* (1949: 850). Refiriéndose a su propio articulo, el Duce decía que *"(...) en Italia, hoy en día, la hora no es la de la Historia. Nada ha sido concluido. Es el tiempo de los mitos"*. Podría agregarse, tiempo de las historias construidas.

Alemania

Similar a lo acontecido en Italia, el uso de la Antigüedad en la Alemania nazi tomó dimensiones nada despreciables. En lo que se refiere al arte como medio de difusión de la ideología del Nacional Socialismo, dos fueron sus frentes de mayor actuación: la arquitectura y la escultura. El Nazismo encuentra, en las tendencias colosales de la arquitectura neoclásica de Albert Speer, y en las esculturas de la misma inspiración de Arno Breker, una de las formas mas virulentas de reafirmación. Visto desde muchos siglos después debía sugerir, a aquellos que lo observaran desde una larga distancia temporal, la idea de magnificencia de aquellos que lo vivieron, la idea de la existencia de una raza limpia, pura, civilizada, que habría tenido en el arte, la exaltación de sus valores raciales. Como lo evidenciaban las ruinas greco-romanas a los ojos del Führer, la gloriosa existencia de la *cuna de la civilización*, su imperio, quizás ya en ruinas siglos después, debería dar muestras de supremacía de la civilización en la que se vivió. Ligada a los cánones estéticos de la Antigüedad clásica, la arquitectura y la escultura nazi se preocuparía por la creación de espacios conmemorativos, de palcos para la celebración de la nueva era, donde el pasado visual de la ciudad sería visto siempre en conflicto con la nueva ideología. La antigüedad renacería allí, según las bellas palabras tristes de Pierre Villard, *"al precio de la sangre y del horror"* (1972: 18).

Destruida, despojada de todo patrimonio histórico y arqueológico que no le fuera conveniente, la Berlín de Hitler, así como la Roma de Mussolini, tendrá, en la escala monumental de su arquitectura y esculturas, la materialización de los ideales megalomaníacos del Führer. Ahí esta el espacio donde el individuo no tiene lugar, y se pierde, para encontrarse en medio de una ideología estética aglutinadora del pensamiento nacional, en su ostentación totalitaria, que encarnaba al mismo tiempo los símbolos de poder, de la gloria, de fuerza, de autoridad y, también, aquellos de impotencia, de miedo y de terror. Esta opresión del individuo, en virtud de la exaltación del pueblo, encontrará en la arqueología uno de sus instrumentos de mayor relevancia. En este sentido, la arqueología prehistórica y del mundo clásico desempeñarán, para el Reich milenario, un papel relevante y estarán fuertemente comprometidas con la ideología nazi.

Obsesionado por el pasado, el Nazismo encontró, en el dominio arqueológico, un instrumental adecuado para la legitimación de las ideologías raciales e imperialistas del Reich, siendo todo esto muy coherente con la lógica *hitleriana*. *Ein Volk, ein Reich, ein Führer* – un pueblo, un Reich, un Führer. Para esta empresa, colaboraron en gran medida los historiadores, lingüistas y filólogos en el ejercicio de sus profesiones, llevando hasta el extremo las propuestas de Hitler cuando decía que *"el arte de leer y de estudiar consiste en conservar lo esencial y olvidar lo accesorio"* (Hitler, 1939: 20). En lo que se refiere a la arqueología, lo que hace del papel de la arqueología algo tan singular es *"su posición dentro del aparato de propaganda y expansión del regimen"* (Schnapp 2003: 105) y su consecuente asociación a la destrucción de los patrimonios arqueológicos, así como también a los pillajes y crímenes raciales. Como en el Fascismo, muchos prestigiosos intelectuales de los dominios arqueológicos, y también históricos, colaboraron con el Nazismo y se beneficiaron de él. Gracias a los beneficios conseguidos por la conquista del poder o de la permanencia de él en sus áreas, mediante cargos, *sillas* universitarias y presupuesto para investigación, ellos no dudaron en deformar la historia, saquear patrimonios arqueológicos y *asesinar* la memoria, haciéndose cómplices de crímenes de guerra hediondos (Schnapp, 1981: 306).

Como en Italia, la disciplina en Alemania se comprometerá con los orígenes nacionales del linaje superior y en la construcción de la idea de unidad y continuidades culturales del pueblo alemán, postulando la superioridad de los germanos en relación a otros pueblos. Con los ojos puestos en la literatura romántica del siglo XIX, muchos intelectuales alemanas buscarán legitimar este presupuesto con la creación de evidencias de un origen germánico, cuot tronco lingüístico y racial sería más elevado que el de los demás. Apólogos de la existencia de una raza, lengua y cultura particulares, y de la relación entre raza y territorio, necesaria para justificar la *nación* alemana (*Urheimat*) estos encajaron de modo fácil en la política del Reich, para la cual los conceptos de *Urvolk* y *Ursprache* (pueblo y lengua originales) de Johan Fichte (1762-1814) funcionaban perfectamente – el mismo binomio hitlerista que postulaba que el motor de la historia reposaba en el antagonismo de las razas, en la dominación del mas débil por el más fuerte, en fin, en el embate entre los *fundadores de la cultura* y los *destructores de la cultura*. En la senda del patriotismo fanático de Kossina, en su ideología pan-germanista, los alemanes reivindicaron, por sus orígenes ancestrales, fundamentados en las evidencias arqueológicas, derechos de herencia sobre muchos territorios. Para el Reich, la investigación arqueológica estaba destinada a legitimar la superioridad racial "aria" proveyendo un testimonio de permanencia de vacíos de expansión territorial atribuidos a la raza o cultura germánica (Reinerth, 1936: Wahle, 1941 *apud* Olivier, 1998: 250). Bajo el patrocinio de Hitler, el Reich solo utilizó la ciencia histórica y la arqueología para dar un *respaldo científico* a aquello que su líder ya había postulado, años atrás, con relación a los Arios en *Mein Kampf*.

Todo lo que despierta nuestra admiración sobre esta tierra, ciencia y arte, técnica e iniciativa, se debe a la actividad creadora de pueblos poco numerosos y, quizás, al origen de una sola raza. De ellos depende la continuidad de toda la civilización. Todas las grandes civilizaciones del pasado cayeron en la decadencia simplemente porque la raza originaria creadora se extinguió por la mezcla de su sangre. Todo lo que vemos hoy en día, como civilización humana, como productos del arte, de la ciencia y de la técnica es casi, exclusivamente, el fruto de la actividad creadora de los arios. Podemos, de este modo, concluir, no sin razón, que, recíprocamente, fueron ellos los únicos fundadores de una humanidad superior y que ellos representaron el tipo primitivo de lo que nosotros concebimos tras el nombre de hombre. (Hitler, 1938: 94-95).

Prototipo del humano civilizado, el ario es el Prometeo de la humanidad (Hitler, 1939: 260), de raza pura y, por lo tanto, superior. Alrededor de este discurso es que las ciencias del Reich se estructuraron, entre ellas la Historia y la arqueología.

Francia

Francia experimentó, durante los cuatro años de ocupación alemana (1940-1944), un regimen anti-republicano, marcado por la colaboración activa con el Nazismo y por la persecución y exterminio de los judíos (Olivier, 1998: 242 y Marrus & Paxton, 1981, por ejemplo). Al contrario de lo que sucedió en la Italia fascista (país al que puede asociarse fácilmente a la Roma antigua y su idea de imperio), y a la Alemania hitlerista (que reivindicaba su pasado de superioridad asociada a los pueblos del norte), la Francia de Vichy, derrotada por Alemania, también usó la antigüedad en la búsqueda de sus orígenes, pero no para ostentar su gloria sino para justificar su derrota militar y su colaboracionismo con el Reich alemán. La estética de la arquitectura y de la escultura no tuvo, bajo Vichy, el uso conocido en los casos de Alemania e Italia. El uso de la antigüedad romana aquí fue otro. Como en aquellos países, la arqueología e historia del mundo antiguo en la Francia de Vichy fueron manipuladas, asociadas a un dispositivo de reeducación de la juventud y de (re)interpretación del pasado nacional, estas disciplinas fueron utilizadas extensivamente por el *patainismo*. Insertada en ellas, la historia de la Galia se rescribió durante este periodo.

Esta forma de ver el pasado implica una relación con el presente de la Francia de Vichy, ya que permite, convenientemente, ligar el pasado de los galos y de los romanos al momento histórico vivido por franceses y alemanes. Este nuevo pasado galo, usado como instrumento de propaganda, tenía por objetivo demostrar que, de la unión entre vencidos y vencedores, resultó una nueva y mejor sociedad, de la cual, las ideas de superación y progreso, son indisociables: "*(...) el régimen de Vichy establece (...) un paralelo entre la derrota de 1940 frente a los alemanes y aquella del año 52 a. C. Frente a los romanos: al igual que con la conquista romana, que debería dar origen a la civilización galo-romana, la victoria nazi debe ser la ocasión de un renacimiento para pueblo francés, finalmente libre de la nefasta herencia de la Revolución y del Socialismo, e integrado a una nueva Europa*" (Olivier, 1998: 244). Vercingetorix derrotado, conciente de su papel de salvador junto a su pueblo, es la figura heroica que mejor representa la posibilidad de demostrar, por medio del pasado, la opción que Francia, y los franceses, debían adoptar frente a una situación similar en pleno siglo XX. Su rendición es el símbolo del triunfo de la civilización. El programa educativo de Vichy tenía por objetivo construir, al lado de los grandes héroes franceses, la figura del Mariscal Petain como el salvador moral de un país ocupado por extranjeros, de la misma forma que también fueron salvación moral, en ocasiones similares, Vercingetorix y Juana de Arco.

En lo concerniente a la arqueología nazi y su papel en el régimen, es necesario observar que ella estuvo fuertemente comprometida con los valores legitimadores de la dominación, y gracias a ellas se daría prioridad a la excavación de sitios arqueológicos que atestiguaran una cierta relación con la presencia germana en territorio francés, así como también a la excavación de sitios galo-romanos ya establecidos los paralelos entre las sociedades galo-romana, Francia y la nueva Europa. Como conclusión se puede decir, respecto a los regímenes autoritarios en cuestión que, de una forma un tanto evidente, en la búsqueda de la constitución de identidades, se asemejan en muchas de sus propuestas, constituyendo de esta forma, una base común en la cual, el mundo antiguo, griego y romano (y no solo ese), sirvió como *espejo* para sus contemporáneos. Todos estos países propusieron un mundo mejor, nuevo y moderno, pacífico y disciplinado, organizado y civilizado, para el cual no se podía prescindir de un "nuevo hombre" fuerte; enemigos del presente, sus líderes echaban nostálgicas miradas a un pasado glorioso, uniforme y sin conflictos que debería resurgir en la actualidad. Estos mismos propusieron una continuidad histórica, cuyas "rupturas" debían ignorarse y sus vestigios desaparecer. Apologistas de sus pasados, crearon servicios, órganos e institutos encargados de estudiarlos, mitificarlos, difundirlos y, algo que muy común, crearlos – proyecto para el cual no hicieron falta artistas, intelectuales y científicos comprometidos con verdaderas alquimias de la razón; indistintamente, sus gobiernos procuraron actuar sobre la juventud (virilizándola), la educación y la escuela. Cosificaron el trabajo y la técnica como salvadoras de un mundo en crisis, promesa de un futuro mejor; otorgaron al hombre, a la mujer, a la familia, en fin, papeles extremadamente conservadores de los *cortes* sociales, tanto en estos dominios como también en las políticas agrarias (verdaderas vocaciones nacionales) y demográficas. No es raro entonces que sus propuestas fueran comparadas a las de Augusto, primer emperador romano. Estas naciones naturalizaron el racismo con bases *científicas*. En fin, tuvieron líderes valientes, emprendedores, salvadores de mundos en crisis y desestructurados por la política y la moral derrocadas de sus pueblos, es decir, sus héroes. Podrían encontrarse paralelos y referencias hasta el cansancio. Fácilmente, el mundo antiguo es representado y leído en medio de todas estas características de los regímenes autocráticos europeos. Autorizando o desautorizando prácticas, legitimando y, en fin, sirviendo como espejo de la honra, poder y gloria de las naciones y de la megalomanía de sus líderes. Una historia antigua sería poco seria y crítica si no considerara esto, que no considerara que su escritura esta insertada, clavada, marcada por el tiempo presente, que no considerara que su estudio no está desvinculado de las tradiciones histórico-interpretativas de sus objetos.

Agradecimientos

Quiero agradecer a Pedro Paulo Funari (Unicamp) y a Laurent Olivier (Université de Paris I/ Musée des Antiquités Nationales de Saint-Germain-en-Laye), por las discusiones y sugerencias con respecto al texto. Quiero también dar las gracias a Fabio Adriano Hering y Adilton Luís Martins por su solicitud y presteza alrededor del trabajo común que significó la mesa de *História Nacional e Construções Identitárias na Europa: usos e abusos da Antigüidade*. Las ideas desarrolladas acá son de mi autoría y responsabilidad mía.

Referencias bibliograficas

A) Fuentes:

Enciclopedia italiana. Roma: Instituto della Enciclopdia Italiana, 1949.

HITLER, Adolf. *Mein kampf*: Mon combat. Paris: La Défense Française, 1939. Édition intégrale (Reedição integral de 1995).

HITLER, Adolf. *Mein Kampf*. Ce qui ne figure pas dans les editions françaises publiées par les amis du Führer. Paris: Le Comite de Défense Republicaine et Française, 1938 (Caderno baseado na edição de Main kampf de 1938).

SUSMEL, Edoardo; SUSMEL, Duilio. *Opera Omnia di Benito Mussolini*. Firenze-Roma: La Fenice, 1951-63

B) Obras Generales

BERNAL, Martin. A imagem da Grécia Antiga como uma ferramenta para o colonialismo e para a hegemonia européia. Tradução de Fábio Adriano Hering. In: FUNARI, Pedro Paulo Abreu (org.). *Repensando o Mundo Antigo*. IFCH/UNICAMP, 2003. Coleção Textos Didáticos 49.

FORO, P. Archéologie et romanité fasciste. De la Rome des Césars à la Rome de Mussolini. *Retrouver, imaginer, utiliser l'Antiquité*. Toulouse: Editions Privat, Actes du Colloque international tenu à Carcassone les 19 et 20 mai 2000, 2001, p. 203-217

HINGLEY, Richard. Concepções de Roma: uma perspectiva inglesa. In: FUNARI, Pedro Paulo Abreu (org.). *Repensando o Mundo Antigo*. Campinas: IFCH-UNICAMP, 2002. Coleção Textos Didáticos número 47

HOBSBAWM, Eric J. A invenção das tradições. In: HOBSBAWM, Eric J., RANGER, Terence (Orgs). *A invenção das tradições*. Tradução de Celina Cardim de Cavalcante. Rio de Janeiro: Paz e Terra, 1984.

MICHAËL, R. Marrus, PAXTON, R. *Vichy et les Juifs*. Traduit de l'anglais par Marguerite Delmonte. Paris: Calmann-lévy, 1981.

OLIVIER, Laurent. L'archéologie française et le Régime de Vichy (1940-1944). *European Journal of Archaeology*. London: Thousand Oaks, CA and New Delhi, 1/2: 241-264, 1998.

ORWELL, George. *1984*. São Paulo: Companhia Editora Nacional, 1998.

REVEL, Jacques. Le fardeau de la mémoire. In:http://www.irmcmaghreb.org/corres/textes/revel.htm, Institut de Recherche sur le Maghreb Contemporain, 2001.

SCHNAPP, Alain. L'autodestruction de l'archéologie allemande sous le Régime Nazi. In: Dossier Antiquité et dictatures du 20e siècle. *Vingtième Siècle*. Revue d'histoire. Paris, 78, avril-juin 2003, p.101-109

_____. Archéologie, archéologues et nazisme. In: OLENDER, M. *Le racisme – mythes et sciences. Pour Léon Poliakov*. Editions Complexe, 1981, p. 289-315.

SILVA, Glaydson José da. Usos e abusos da Antigüidade. Entrevista concedida ao *Historiador Eletrônico*, publicada em 15/03/2004. Disponível em: http://www.historiadoreletronico.com.br/secoes/faces/109.html.

VIDAL-NAQUET, P. *Le monde* de 15 de decembro de 1980, página 16.

VILLARD, Pierre. Antiquité et weltanschauung hitlérienne. *Revue d'histoire de la deuxiéme guerre mondiale,* 88, octobre, 1972.

Plinio el Joven saluda a sus amigos y familiares: la vida cotidiana romana a través de sus cartas

Renata L. B. Venturini

Doctora en Historia – FFLCH/USP. Profesora de Historia Antigua de la Universidad Estadual de Maringá (UEM)

Introducción

Muchos de los documentos escritos durante la Antigüedad Clásica aparecen en forma de cartas. Esta práctica de escribir cartas, en tanto género literario y actividad reservada a algunos privilegiados, tuvo un notable impulso entre filósofos como Epicuro, Isócrates, Platón y Séneca.

En estos casos, las cartas constituían la expresión de lazos que iban más allá de la esfera privada o familiar. Muchos de estos textos eran destinados a la enseñanza, tornando conocidos a individuos o grupos de individuos que abordaban temas de interés de la comunidad. Por ejemplo, las cartas de Epicuro y Séneca evidencian la preocupación de difundir una nueva ética, propia de la filosofía epicúrica y estoica, de comprender el mundo y los hombres que lo habitaban de una forma racional.

Además de Séneca (y antes de Plinio el Joven, objeto de este estudio), los escritos del orador Cícero también deben ser mencionados. Sus epístolas más comunes adoptaron la forma de narrativas, congratulaciones, agradecimientos, lamentos y recomendaciones.

El género epistolar comenzó a expandirse a comienzos de la Edad Moderna. Según Tiago C. P. dos Reis Miranda,

"...en las escuelas de varios países eran enseñadas la manera de sostener la pluma e, inclusive, la forma de obtener efectos más interesantes por medio de determinados gestos. Esta enseñanza era realizada a través de tratados y cultivada con absoluta probidad por los llamados maestros escribanos." (2000: 44).

Utilizando las palabras de E. M. de Melo e Castro (2005: 15), escribir cartas es un "oficio literario" porque, al producir una carta, utilizamos recursos literarios que modelan aquello que queremos decir respecto de nosotros mismos.

Cuando nos ubicamos en la Antigüedad romana, en particular en los escritos de Plinio el Joven, nos deparamos con un ejemplo singular de correspondencia. La obra de Cayo Plinio Cecilio Segundo es básicamente epistolar. En total, son trescientas sesenta y ocho cartas distribuidas en diez libros. Los primeros nueve libros contienen asuntos de diferente naturaleza referidos a cuestiones de su vida privada y pública. El último libro reúne la correspondencia entre Plinio el Joven y el emperador Trajano, vinculada a temas de la administración pública, especialmente, sobre el gobierno de la provincia de Ponto-Bitinia.

Plinio el Joven provenía de una familia ecuestre que ascendió al Senado, tornándose uno de los ideólogos y miembros más activos del poder imperial durante los reinados de Nerva y Trajano. Como dirigente de un círculo político, cultural y amigo íntimo de Trajano, Plinio ilustró la óptica del emperador, especialmente en lo que respecta al pensamiento de un grupo senatorial de conciliación permanente entre la curia y el príncipe, que buscaba legitimar la política del emperador y orientar los intereses senatoriales.

Antes de centrarnos en el significado sustancial de las Cartas de Plinio el Joven, es necesario detallar las características del contexto de su constitución. En este sentido, debemos preguntarnos acerca de las circunstancias que condujeron a esta producción epistolar. Las cartas de Plinio el Joven constituyen documentos. Sus escritos fueron reunidos en diez libros y reflejan un mundo real, en el que aparecen personajes históricos tales como Tácito, Suetonio, Marcial e, inclusive, el propio emperador Trajano. La riqueza temática de esta correspondencia ya fue resaltada por varios autores, entre los que se destacan Eugène Allain (1901), Júlio Castilho (1906) y Sherwin-White (1966), este último reconocido estudioso de Plinio. Siguiendo las palabras de E. Allain, al leer a Plínio el Joven uno conoce el

"...senado, donde se juzgan crímenes de derecho común y donde los cónsules imperiales disimulan la realidad de su servidumbre bajo el manto de los beneficios republicanos; la Basílica Julia, repleta tanto de entusiastas sinceros como de rumores pagados; la sala de lectura en la que los gritos de alegría terminan en un bostezo... Al escuchar a Plinio, podremos conocer todos los casamientos, todos los nacimientos, todas las muertes, todos los testamentos, todos los hechos, todos los vaivenes de intrigas o de mérito... Con Plinio, aprenderemos que las tierras aumentaron de precio..., que la sociedad romana, al igual que la nuestra, se inclina más fácilmente al dinero que a la virtud..." (1901: I-II)

El contenido de las cartas, tan amplio como diverso, confirma las palabras de Eugéne Allain (1901). Según el mismo Plinio el Joven, sus escritos son *epistulae curatius*. Los asuntos tratados abarcan un abanico que comprende problemas de naturaleza económica como cuestiones específicamente urbanas como por ejemplo, los temas públicos, la ocupación de cargos, la recomendación para la carrera pública, las discusiones jurídicas, el funcionamiento del Senado, el agitado espacio de la *Urbs*, la vida cotidiana presentada con la práctica de las lecturas públicas, las cenas en casa de amigos, la jornada del hombre público como su vida familiar y sus intereses literarios.

Los principios de composición que rigen las cartas muestran que cada epístola era dedicada a un tema específico. Si bien no es posible identificar una unidad temática a lo largo de toda la correspondencia, podremos conocer la vida privada de Cayo Plinio Cecilio Segundo, sus propiedades, su actuación en la vida pública, su círculo de relaciones personales. Al leerlo, veremos desfilar a una serie de amigos y familiares, personajes vivos que permiten delinear la vida cotidiana romana.

Plinio el Joven y su vida privada

En la Carta VI.20, Plinio el Joven nos informa que tenía dieciocho años de edad cuando presenció la erupción del Vesubio en el 79 d.C., con lo que podemos establecer que el 61 d.C. fue el año de su nacimiento. En los primeros renglones del tercer párrafo, Plinio describe el aumento de los temblores de la tierra en la región de Campania y que causaron tanto temor a su madre, en cuanto que él tuvo una reacción propia de un *adulescentulus*,

"4. Mi madre se precipitó en mi cuarto; yo me levanté... Nos sentamos en el patio de la casa... 5. Yo no sé si calificar mi conducta de corajuda o imprudente (en ese entonces tenía dieciocho años de edad): pedí un libro de Tito Livio y, como si no tuviera nada mejor que hacer, comencé a leerlo y a seleccionar algunos párrafos, cosa que ya había comenzado a hacer antes."

Nativo de Como, Plinio el Joven siempre nos remite a su tierra natal con añoranza y con una referencia siempre entusiasmada. En ocasiones se lamenta por la imposibilidad de volver como consecuencia de sus ocupaciones públicas (Cartas I.3 y II.8); en otras, rememora las bellezas naturales de la región (Carta IX.7); y en algunas oportunidades, destaca las donaciones hechas por sus compatriotas, como el caso de una biblioteca (Carta I.8) y el de la construcción de una escuela (Carta IV.13).

La presencia del tío Cayo Plinio Cecilio (Plinio el Viejo) en la vida de Plinio el Joven es innegable, no sólo por haberlo adoptado (*auunculus meus idemque per adoptionem pater*) como cuenta en la Carta V.8.5, al decir que "mi tío materno era también mi padre adoptivo", sino también por haberlo influido en su educación e introducido en el mundo de las letras. Plinio el Joven nos informa sobre la carrera y la producción literaria de su tío en la Carta III.5, destacando su dedicación y habilidad. Con la muerte de su tío, Plinio quedó bajo la tutela de Lucio Virginio Rufo, cuyo carácter (*maximus et clarissimus ciuis*) y reverencia quedaron plasmados en la Carta II.1, cuando Plinio describe los homenajes funerarios realizados a su tutor,

"8. Él fue mi tutor por indicación de mi padre... Todas mis candidaturas contaron con su apoyo. 12. Me gustaría escribirte sobre otras personas, pero mi corazón está totalmente absorbido por una única contemplación: es en Virginio en quien estoy pensando y es a Virginio a quien veo... Tal vez tenemos y tengamos ciudadanos de igual mérito, pero de igual gloria, jamás."

Los primeros pasos de Plinio el Joven en el mundo de las letras, a pesar de ser tímidos como él mismo afirma en la Carta VII.4.2., se dieron cuando sólo tenía catorce años de edad, al escribir una tragedia en griego. Mas, su actividad literaria se muestra más productiva con el pasar de los años. Ella se refleja en la publicación de sus diez libros de correspondencia como en la aparición del *Panegírico de Trajano* (Cartas III.13/ III.18/ VI.27/ IX.7 y IX.28), a la vez que se evidencia en su elocuencia como jurista en las causas públicas romanas, "...comencé a hablar en el Foro a los diecinueve años; sin embargo, es recién ahora que veo lo que debe hacer un orador y aún sin mucha claridad."

Es en este espacio público que Plinio el Joven se fue afirmando como un hombre de letras. A través de esta condición, expresó los ideales de la educación romana, centralizados en el aprendizaje de la retórica y la elocuencia, a la vez que definió los fundamentos de una educación jurídica. Es a través de las Cartas VIII.13/ VII.2/ IX.25/ IX.18/ IX.2/ IX.8/ IX.31 y IX.11 que es posible identificar la relación de Plinio con amigos y admiradores de su actividad literaria.

A través de sus cartas, constatamos que Plinio el Joven nació en Como en el año 61 d.C., que era huérfano de padre (no se sabe desde cuándo); que en el año 79 d.C. quedó huérfano de su padre adoptivo; que se casó muy joven (pero no sabemos con quién), enviudando en el 96 d.C. (Cartas X.2/ III.15/ y IX.13) y que contrajo matrimonio con Calpurnia en el 98 d.C., año en el que Trajano subió al trono.

Plinio nos presenta su vida conyugal en un tono sentimental, virtuoso y ejemplar. Al tratar de este tema, las cartas muestran su postura favorable a un nuevo casamiento. En la Carta IV.19, escrita a Calpurnia Hispula (única hija sobreviviente de Calpurnio Fabato, de cuya existencia sabemos a través de esta correspondencia), Plinio ofrece un detalle raro de la vida conyugal entre los romanos al describir el perfil de su tercera esposa, Calpurnia.

En la Carta VI.4, Plinio da testimonio de un sentimiento profundo y verdadero hacia su esposa. Allí, él hace referencia a una visita de Calpurnia a la Campania porque se encontraba convaleciente. Esta carta revela que la mujer dejó Roma para viajar sola por primera vez. La misma prueba de amor conyugal aparece en la Carta VII.15

cuando, a pesar del estilo convencional, Plinio escribe con placer a sus amigos y torna público su sentimiento.

Como contrapartida, la infelicidad de Plinio surge al hablar de la paternidad no alcanzada (Carta VIII.10). La dificultad de tener hijos entre los romanos es un tema bastante estudiado por la historiografía. Jérôme Carcopino (1990) demuestra que el emperador Augusto trató de fomentar la natalidad en el interior de la elite romana al conceder privilegios a aquellos que tuvieran tres hijos. Estos privilegios, conocidos como *ius trium liberorum*, incluían la exención del pago de algunos tributos y la preferencia a ser candidatos a funciones públicas. M. Corbier (1987) destaca que los romanos se casaban no para tener herederos sino para heredar. El casamiento con hijos representaba una motivación que presidía las alianzas políticas; era una fuente de patronato y de amistades permanentes.

Plinio el Joven y sus propiedades

Un determinado grupo de cartas presenta párrafos que permiten identificar a Plinio el Joven como un gran propietario rural. Estos escritos presentan tanto informaciones sobre sus propiedades como preocupaciones vinculadas a esta actividad. Las cartas reflejan las ocupaciones públicas ejercidas por Plinio como las consecuencias de ello, transformándolo en un propietario absentista.

Aquí presentamos algunas de las cartas seleccionadas como referencia básica y que sirven, sobre todo, como modelo de análisis. Las propiedades que Plinio heredó de su madre Marcela (Carta II.15) y de su padre (Carta VII.11) estaban situadas en los alrededores de Como. Otras epístolas (especialmente las Cartas IV.10/ V.7/ V.1 y II.16) mencionan las herencias recibidas de amigos a través de testamentos en los cuales Plinio figuraba como uno de los beneficiarios.

En la Carta II.17, dirigida a Galo, Plinio el Joven realiza una descripción detallada de su villa de Laurento, realzando las ventajas de su proximidad de Roma, su belleza natural y las construcciones existentes en su interior,

"1. Tú te espantas porque disfruto tanto mi propiedad en Laurento... Tú dejarías de espantarte si conocieras el encanto de su habitación, las ventajas de su localización, la extensión de su playa. 2. Existe un retiro a diecisiete millas de la ciudad en el que, una vez cumplidas tus obligaciones, puedes pasar la noche sin perjudicar ni acortar la jornada de trabajo..."

Plinio continúa describiendo minuciosamente la distribución de los cuartos y dependencias de la casa, como el comedor, las habitaciones, los baños y los jardines, al mismo tiempo que va mostrando las razones por las cuales prefiere este dominio. La preferencia de Plinio por su villa de Laurento también puede revelar algunas de las condiciones que él apreciaba para la adquisición de un propiedad rural, tales como la cercanía a Roma, la disponibilidad de comunicaciones y el bajo costo de mantenimiento de las construcciones. Por ejemplo, la Carta I.24 escrita a Bebio Hispano ofrece la descripción de una villa suburbana que Suetonio deseaba adquirir, a la vez que relata las ventajas ofrecidas por la propiedad,

"1. Tranquilo, uno de mis amigos íntimos pretende comprar un pequeño dominio que, según dicen, uno de tus amigos está vendiendo... 2. Si el precio te agrada, mi estimado Tranquilo, muchas cosas seducen en este pequeño dominio: la cercanía a la ciudad, la comodidad del camino, las dimensiones convencionales de la casa, la pequeña extensión de la propiedad, especial para la distracción sin necesariamente absorber mucho..."

La Carta V.6 puede ser leída dentro de esta misma perspectiva. Al escribirle a Domicio Apolinario, Plinio el Joven describe su villa de Umbria (los *Tusci*), ubicada en Tiferno Tiberino, "...soy sensible respecto de tu cuidado e inquietud en relación a mí cuando oíste decir que este verano yo debería ir a mis tierras en Toscana y tú me aconsejaste a no hacerlo porque consideras que tal vez sea insalubre..."

Plinio continúa su descripción mencionando que el clima es el apropiado para el tipo de cultivos que le interesan, habla de la belleza de la región y de las condiciones del suelo, de los recursos hidrográficos garantizados por la presencia del Tíber y de la extensión de la propiedad. A estas informaciones, se le suman los detalles de las construcciones, la casa y sus dependencias y, finalmente, hace referencia a las condiciones que la propiedad ofrece tanto para el estudio como la caza.

Las cartas de Plinio el Joven, además de describir sus dominios rurales (lo que permite caracterizarlo como un gran propietario), también revelan su preocupación respecto del lucro que pueden proporcionar los mismos. La Carta IV.6, dirigida a Julio Nasón, manifiesta este tipo de inquietud,

"1. Las cosechas de mi propiedad en Toscana fueron perjudicadas por el granizo; dicen que la región de Transpadana ofrece una gran abundancia, pero se enfrenta a los precios bajos. Únicamente mi dominio de Laurento será productivo. 2. Es verdad que aquí sólo poseo una construcción, el jardín y, luego enseguida, arena. Pero no por eso será menos productivo porque es allí donde trabajo más. A pesar de la tierra que no tengo, soy yo quien allí se cultiva con el estudio. Y desde ya, podría mostrarte un granero lleno..."

Con este último ejemplo, debemos observar que las preocupaciones de Plinio en relación a los rendimientos de sus propiedades están vinculadas no sólo a las condiciones climáticas, sino también a la distancia entre sus dominios y al descanso que los mismos pueden proporcionar. La propiedad de Laurento, debido a su proximidad de Roma (Carta II.17), apenas le permite la práctica del *otium*, ya que no es una tierra productiva.

Debemos resaltar que el *otium* buscado por Plinio se concreta en el ámbito rural a través de actividades ligadas a la caza (Cartas I.6/ V.18/ IX.10/ IX.15 y IX.36) y, principalmente, al sosiego que le otorga el descanso y el estudio. Las Cartas I.9, V.2 y IX.6 son ejemplos expresivos de este concepción. Su vínculo con la naturaleza lo lleva a describir minuciosamente las curiosidades naturales. Plinio consagra tres epístolas a este tipo de descripciones, a saber, las Cartas IV.30, VIII.8 y VIII.20.

Plinio el Joven ve en el ocio una actividad complementaria. De esta manera, confirma la existencia de un reposo filosófico, distante del agitado espacio de la ciudad. Mientras que el campo representa el estrecho vínculo entre el *otium litteratum* y la *cultura animi*, la ciudad perpetúa el drama del placer sin cultura,

"1. Pasé todos estos días en la más dulce tranquilidad, entre mis anotaciones y mis libros. Y me preguntas, ¿eso es posible en Roma? Es la época de los espectáculos de circo que para mí no tienen el más mínimo atractivo... 3. ...Cuando pienso que ellos [los espectadores] no dejan de asistir con tanto ardor y ansiedad cosas tan vanas y comunes, yo encuentro una satisfacción secreta en ser sensible a estas nimiedades..." (Carta IX.6).

En otras cartas podemos encontrar aspectos interesantes y significativos sobre los negocios particulares de Plinio el Joven. La Carta III.19 constituye un ejemplo. Dirigida a Calvisio Rufo, la carta tiene como propósito consultar a su destinatario sobre la conveniencia de adquirir un dominio. Al pedirle un consejo a Rufo, Plinio describe las condiciones de la propiedad y las mejoras hechas en la misma,

"1. Como de costumbre, te consulto para que me aconsejes respecto de mis bienes. Unas tierras vecinas a las mías (que en realidad, se encuentran dentro de ellas) están a la venta. 2. Muchas razones me atraen, mientras que otras no menos poderosas me detienen. Estoy inclinado, primero, por el bello efecto que produciría la reunión; después por la ventaja, también agradable, de poder visitarlas a ambas en un solo viaje, evitando el gasto doble; de poder confiarlas a un único administrador y a los mismos trabajadores; de tornar más agradable una de las casas de campo y la otra, sólo conservarla en buen estado... 5. Y, luego, he aquí el punto capital de mi deliberación: el suelo es fértil, rico e irrigado; está dividido en campos, viñedos y bosques; todos los cultivos dan buenas cosechas; no obstante, los lucros son modestos, aunque seguros..."

Como ya destacamos, el número de cartas que nos permite conocer las posesiones de Plinio el Joven, identificándolo como un gran propietario rural, es demasiado vasto. Sin embargo, respecto de la posesión de bienes urbanos, apenas encontramos una mención presente en la Carta III.21, en la que elogia al poeta español Marco Valerio Marcial y hace referencia a su casa de Roma, ubicada en Esquilino.

Plinio el Joven y su vida pública

Junto con las preocupaciones que envuelven al gran propietario rural, se delinea el perfil del hombre público. La correspondencia demuestra que Plinio inició su *cursus honorum* (carrera de honores) cuando aún era joven. Con diecisiete años servía en el ejército, en Siria (Carta I.10.2). En el año 81 d.C., estando aún en Siria, fue tribuno militar. Posteriormente, fue tribuno de la plebe, cuestor, prefecto del tesoro de Saturno, cónsul, procurador y gobernador de la provincia de Ponto-Bitinia.

Al escribirle a Pompeyo Falcón, en la Carta I.23, Plinio nos informa de su actuación como tribuno de la plebe y como abogado, al mismo tiempo que revela una preocupación evidente con la decadencia del cargo de tribuno. La mención del tema se debe a que el destinatario de la carta tiene dudas sobre la posibilidad de ejercer los dos cargos simultáneamente,

"1. Tú me preguntas si es conveniente ejercer la abogacía en cuanto eres tribuno. Antes de más nada, es necesario saber qué piensas del tribunado: Para ti, ¿es una sombra vana y un título vacío de honor o una magistratura sacrosanta a la que nadie tiene el derecho de tratar sin atenciones, inclusive aquellos que la ejercen? 2. Por mi parte, quizás me engañé cuando era tribuno al creer ser alguna cosa; pero al creer esto, me abstuve de ejercer la abogacía... 4. Envuelto en estas reflexiones, yo preferí ser un tribuno para todos y no un abogado para algunos."

En la Carta III.4, Plinio ofrece informaciones sobre su función como Prefecto del Tesoro de Saturno. Al ejercer este cargo, el autor era algo así como un intendente de finanzas a quien le cabía administrar el tesoro público,

"2. ...Me había radicado en Toscana para presidir los primeros trabajos de un monumento público construido bajo mi cargo, luego de obtener autorización como Prefecto del Tesoro... 3. Todos mis colegas, excelentes y dedicados, ponen en primer lugar las exigencias de nuestro empleo común... Sobrevino un *senatus-consultus* infinitamente honroso para mí, transformándome en abogado, luego de mi aceptación..."

En la Carta VIII.7, dirigida a Macrino, Plinio nos habla de los problemas que tuvo que enfrentar cuando ocupaba el cargo de procurador del Tíber debido a sus célebres inundaciones,

"1. Aquí el mal tiempo es incesante y las inundaciones frecuentes. El Tíber salió de su cauce natural, inundando las márgenes bajas del río... 6. Mi preocupación aumenta en la misma proporción en que aumenta el peligro y te pido que remedies mi preocupación lo antes posible."

En los primeros renglones de la Carta III.18, escrita a Vibio Severo, Plinio nos habla de su condición de cónsul: "1. La ceremonia para asumir el consulado me exigía dirigir un agradecimiento al príncipe en nombre del Estado..." Esta situación también fue relatada en la Carta VI.27, escrita para Severo,

"2. Habiendo sido designado cónsul, renuncié a este uso [de agradecimiento al emperador por la concesión del Consulado] lo que, sin ser un elogio, parece tal y lo hice no para dar una prueba de independencia y coraje, sino porque yo comprendía quién era nuestro príncipe y entendí que la mejor manera de honrarlo era no ofreciéndole ningún honor que pudiera parecer impuesto."

La carrera pública de Plinio concluyó cuando era gobernador de la provincia de Ponto-Bitinia. En la Carta X.17, el autor describe tanto su llegada como los trabajos realizados en la región,

"...Llegué a Bitinia un poco más tarde de lo pensado, exactamente, el 17 de setiembre... Ahora, estoy examinando los gastos públicos de Prusa, sus ingresos, sus deudas; y cuanto más hago este trabajo, más me doy cuenta de la necesidad de hacerlo... Señor, le escribo estas líneas luego de haber desembarcado."

Recordemos que las 121 cartas que forman parte del Libro X de la correspondencia de Plinio el Joven son las escritas al emperador Trajano. Las mismas presentan el conjunto de problemas enfrentados por el autor mientras se desempeñó como gobernador. Este grupo de cartas constituyen una verdadera reseña de su administración provincial, interrumpida en el año 113 d.C., probablemente año de su muerte.

La confirmación de su carrera pública también puede ser corroborada en la inscripción de una placa encontrada originalmente en las termas de Como, ciudad natal de Plinio, según él mismo lo había dispuesto en su testamento. Desde la Edad Media, esta placa fue trasladada a Milán y conservada en la Basílica de San Ambrosio.

En el epígrafe observamos que el nombre de Plinio aparece en su forma nominativa, ya que se presenta como el autor de las donaciones que son mencionadas en la segunda parte de la inscripción: "...*in alimenta puerorum...*"/"...*in tutelam bibliothecae...*" La sentencia comienza con su nombre asumido después de la adopción por parte de su tío Plinio el Viejo, de quien Plinio toma el *nomen C. Plinius Caecilius Secundus*. En seguida, encontramos la indicación de su procedencia (tribu Ufentina, que era característica de los ciudadanos de Como), bien como la presentación de su carrera pública: *consul Suffectus* (cargo asumido el 1° de setiembre del 100 d.C., cuando pronunció el Panegírico de Trajano); *augur* (cargo sacerdotal ocupado entre los años 103 y 104 d.C.); funciones consulares (*legatus pro praetore*, cargo desempeñado cuando estuvo en Bitinia, en el 111 d.C.), *curator alvei*; funciones pretorianas (*Praefectus aerari Saturni*); *praefectus aerari militari* (administrador de la casa militar, nombrado por el emperador Nerva en el año 98 d.C. y por el emperador Domiciano en el 95 d.C.); *praetor* en el 93 d.C.; *tribunus plebis* (función ejercida en el 92 d.C.) y *quaestor imperator* (entre los años 89-90 d.C.).

Aún en relación al *cursus honorum* de Plinio, resaltamos que en el inicio de su carrera ocupó el cargo honorífico de *servir equitum*, reservado a los jóvenes más ricos y promisorios, que implicaba la obligación de celebrar los juegos. Posteriormente, fue *tribunus militaris* en la III Legión Gálica, en Siria y, finalmente, fue *decenviri stilibus uidicandis*, o sea, uno de los veinte magistrados romanos.

Cuando nos referimos a la carrera pública de Plínio el Joven, debemos recordar su origen ecuestre. El autor provenía de una familia de caballeros y logró llegar al *ordo senatorius*. A pesar de ser *homo novus*, Plinio asumió rápidamente la *forma mentis* senatorial, tanto en su calidad de *amicus principis*, como en su calidad de dirigente de un círculo cultural y político influyente.

Plinio el Joven y sus destinatarios: el círculo de relaciones personales

Al tomar en consideración el primer objeto a ser examinado en la obra de Plinio el Joven, mencionado por Anne-Marie Guillemin (1938: 1) como "el carácter del autor y de quien él habla revelado por la carta", sabemos que es particularmente delicado pretender presentar un cuadro coherente de los grupos sociales del período imperial. A pesar de ello, la correspondencia de Plinio nos evidencia la presencia de una sociedad jerarquizada, dominada por el orden senatorial y el orden ecuestre, cuya base de reclutamiento seguía criterios de fortuna. En este sentido, es suficiente destacar que el elenco con el que Plinio se correspondía pertenecía a la elite romana y era el depositario de los valores morales, culturales e ideológicos provenientes del *mos maiorum*.

Siendo así, cabe preguntarnos quiénes eran los amigos de Plinio, quiénes figuraban en las cartas. Encontramos que eran escritores como Tácito, Quintiliano y Suetonio; el filósofo Eufrates, de quien sabemos muy poco sino a través de estas cartas que trazan el retrato de un hombre sabio y sin orgullo, serio y amable; hombres como Corelio Rufo y Tito Aristo, que tranquilamente deciden tanto sobre su vida como sobre su muerte frente a la práctica del suicidio; Aquilio Régulo, delator y cazador de testamentos; eran mujeres como Arria (esposa de Cecina Peto), la esposa de Espurina y su propia esposa – Calpurnia –, que destacan el honor de su posición. A esta lista se suman hombres ilustres como Plinio el Viejo, Virginio Rufo, Trebonio Rufino, Junior Maurico, Voconio Romano y Máximo, entre tantos otros.

Entre los destinatarios de la correspondencia de Plinio encontramos senadores, miembros del orden ecuestre, gobernadores de provincia, funcionarios municipales e individuos vinculados directamente a su vida familiar. Estas personas tuvieron una actuación visible en la carrera político-administrativa de Roma, tanto a través de los cargos públicos ocupados, como a través de los homenajes recibidos directamente del emperador.

Por medio de esta breve mención al elenco de destinatarios de las cartas de Plinio, vemos que se van delineando los trazos de los problemas sociales enfocados por el autor. La convivencia de Plinio con sus interlocutores nos remite al segmento social al cual pertenecen. En tanto hombre público influyente, el autor ejercía el papel de articulador político. Ser mencionado por Plinio el Joven como un "... joven probo, recto y extremamente erudito" (Carta II.9.2), prácticamente aseguraba un futuro de prestigio a esa persona y su ascensión en la carrera pública romana.

Conclusión

Aquí tratamos de situar a Plinio el Joven en la óptica de su tiempo. Él conocía las instituciones porque era un hombre público actuante. Las informaciones que él mismo nos ofrece sobre sus recursos, sus propiedades, su estilo de vida, representaban las condiciones de existencia de un hombre joven, perteneciente a la elite municipal de la provincia de Como y que llegó al Senado en la época de los Flavios.

En realidad, Plinio se convirtió en un portavoz del sistema, reproduciendo el discurso de los amigos de Trajano. Sus escritos son la expresión de la vida cotidiana romana y muestran desde las estrategias de catequización, empleando los términos que estaban en boga en la sociedad romana de ese entonces, hasta asuntos más banales que eran utilizados por Plinio como una mera proyección personal. Estos temas eran bien receptados socialmente porque la sociedad romana apreciaba a sus portavoces. En cierta medida, este aprecio demostraba el conocimiento de la intimidad y de la personalidad de las personas retratadas, tornándolas accesibles al público y, por consiguiente, conocidas.

Como escribió Julio Castilho en 1906, en su carta dirigida a "Su Alteza Real, el Señor Don Luiz, Duque de Bragança", "...Con Plinio el Joven, vi cuán difícil y, al mismo tiempo, cuán agradable y curioso es el arte de gobernar bien. Si quisiereis ser un Trajano..., habréis de conquistar un panegírico digno de vuestro nombre a lo largo de siglos. SED TRAJANO Y HABRÉIS DE ENCONTRAR UN PLINIO."

Referencias Bibliográficas:

A) Fuente Publicada

SECUNDUS, Caius Plinius Caecilius. *Lettres*. (Trad. de Anne-Marie-Guillemin). 6ª edición. París: Belles Lettres, 1953.

B) Obras Generales

ALLAIN, Eugéne. *Pline le Jeune et sés héritiers*. París: Fontemoig, 1901.

CARCOPINO, Jérôme. *Roma no apogeu do Império*. San Pablo: Companhia das Letras, 1990.

CASTILHO, Júlio de. *Os dois Plínios*. Lisboa: Officinas Typographica e de Encadernação da Parceria Antonio Maria Pereira, 1906.

CASTRO, E.M. de Melo. Odeio Cartas. In: GALVÃO, Walnice Nogueira y GOTLIB, Nádia Battella. (org.) *Prezado senhor, Prezada senhora*. Estudos sobre cartas. San Pablo: Companhia das Letras, 2000, p.11-17.

CIZEK, Eugen. *Mentalités et institutions politiques romaines*. París: Hachette/Fayard, 1990.

CORBIER, M. Les comportements familiaux de l'aristocracie romaine. *Annales. Économie, sociétés, civilisation*. París: Armand Collin, 6: 1267-1286, nov./dic., 1987.

GUILLEMIN, Anne-Marie. *Les lettres de Pline le Jeune*. París: Hachette, 1938.

MIRANDA, Tiago C.P. dos Reis. A arte de escrever cartas: para a história de epistolografia portuguesa no século XVIII. In: GALVÃO, Walnice Nogueira y GOTLIB, Nádia Battella. (org.) *Prezado senhor, Prezada senhora*. Estudos sobre cartas. San Pablo: Companhia das Letras, 2000, p. 41-54.

SALLES, Catherine. *Lire a Rome*. París: Belles Lettres, 1992.

SHERWIN-WHITE, A.N. *The letters of Pliny*. A historical and social commentary. 2a. edición. Oxford: Oxford University Press, 1998.

Tierra y libertad: libertos y *institores* en el *ager barcinonensis* (Barcelona)

Oriol Olesti-Vila

Departamento Ciencia de la Antigüedad y Edad Media Universidad Autònoma de Barcelona

César Carreras-Monfort

Prof. d'Humanitats, Universitat Oberta de Catalunya

Introducción

Es fundamental en el estudio de cualquier sociedad antigua identificar los mecanismos de propiedad y explotación de la tierra, medio de producción fundamental alrededor de la cual se vertebraban otras formas productivas. Esta reflexión es especialmente apropiada para el caso romano, donde sabemos que la tierra no solo fue la fuente principal de riqueza, sino que constituyó un verdadero símbolo de poder y estatus, un refugio de las fortunas y del prestigio familiar, y por tanto el objeto del deseo de la promoción social.

Es bien sabido como en la mentalidad del ciudadano de la antigua Roma la propiedad de la tierra constituía no sólo un rentable medio de producción, o un seguro refugio para las rentas conseguidas en otros menesteres, sino un verdadero símbolo de privilegio social. Esta vinculación entre la propiedad de la tierra y un estatus prestigioso, además, no sólo se limitaba al campo de los ciudadanos, sino que se extendía también al grupo de las poblaciones dependientes, que veían en la posesión de fincas un objetivo difícil de alcanzar pero posible, culminación de una vida de dedicación y trabajo a su señor.

Petronio (Satiricón, 75-78) nos ofrece un buen ejemplo de ello a partir del popular personaje de Trimalción, el liberto fanfarrón, quien explícitamente nos indica como tras haber heredado las tierras de su patrón, las vendió, y perdió su fortuna en negocios mercantiles. Posteriormente, tras recuperar su fortuna gracias al comercio, compró de nuevo precisamente las tierras de su antiguo propietario, cerrando así un círculo vital peculiar pero no exento de contenido simbólico.

En las fuentes literarias antiguas son numerosos los ejemplos donde se mencionan las fincas que poseían algunos ricos libertos, algunos de los cuáles alcanzaron posiciones de notable poder económico. Más allá del caso de Trimalción, concebido como un ejemplo literario distorsionador, algunos de estos libertos parecen claramente históricos, y no dudamos del efectivo proceso de promoción de algunos de estos antiguos esclavos, que bien ellos mismos o sus descendientes alcanzaron el papel de propietarios fundiarios[1], aunque no debemos olvidar la continuidad de la relación que frecuentemente se mantenía entre el liberto y su antiguo propietario/patrón, que podía por ejemplo heredar una parte importante de su patrimonio.

¿Podemos detectar este mismo fenómeno a través de otro tipo de fuentes, como la epigrafía o la información procedente de los estudios arqueológicos, epigráficos y territoriales? Ya hace algún tiempo, el Prof. Julio Mangas destacaba como el análisis de las formas de dependencia en las ciudades romanas de *Hispania* dependía casi exclusivamente de la información epigráfica (Mangas, 1990: 207). A grandes rasgos, su opinión sigue siendo válida, pero creemos interesante constatar como algunos fenómenos puede también detectarse a partir de otro tipo de fuentes, frecuentemente infravaloradas, como es la toponimia.

Este artículo pretende mostrar una nueva metodología para el estudio de la propiedad de la tierra en época romana, y a su vez de los distintos grupos sociales que participaban en su explotación. Parte de la información sobre estos paisajes antiguos nos ha quedado fosilizada en la toponimia de épocas posteriores, pero también en restos arqueológicos, en la epigrafía de los objetos cotidianos y en la epigrafía monumental. Cualquiera de estas fuentes analizadas individualmente no nos puede proporcionar suficiente información, ahora bien, si se combinan correctamente pueden ayudar a comprender la problemática de la propiedad de la tierra en un período tan distante como el de la sociedad romana.

Estudio del territorio. Epigrafía y toponimia

Intentar estudiar las formas de propiedad de época romana a través de los estudios arqueológicos ha sido considerado con frecuencia como un objetivo quimérico o simplemente inalcanzable. Los análisis diacrónicos de las pautas de asentamiento (a partir de les llamadas cartas arqueológicas, o estudios de arqueología espacial), han permitido solo aproximaciones muy generales sobre la cuestión, pero en ningún caso información específica sobre la estructura de la propiedad en una área concreta. Por lo que respecta a los estudios sobre la morfología territorial antigua, y en especial los estudios dedicados a la identificación y

---

[1] Es el caso por ejemplo de Larcius Macedo (Plinio el Jóven, Ep. 3, 14). Lacius Marcedo, hijo de liberto, cuyo hijo alcanzó el consulado en época de Adriano, se caracterizó por su mal trato a sus esclavos de su villa de Formi, que le asesinaron. Como indica Plinio, fue un personaje que olvidó pronto que su propio padre había sido esclavo.

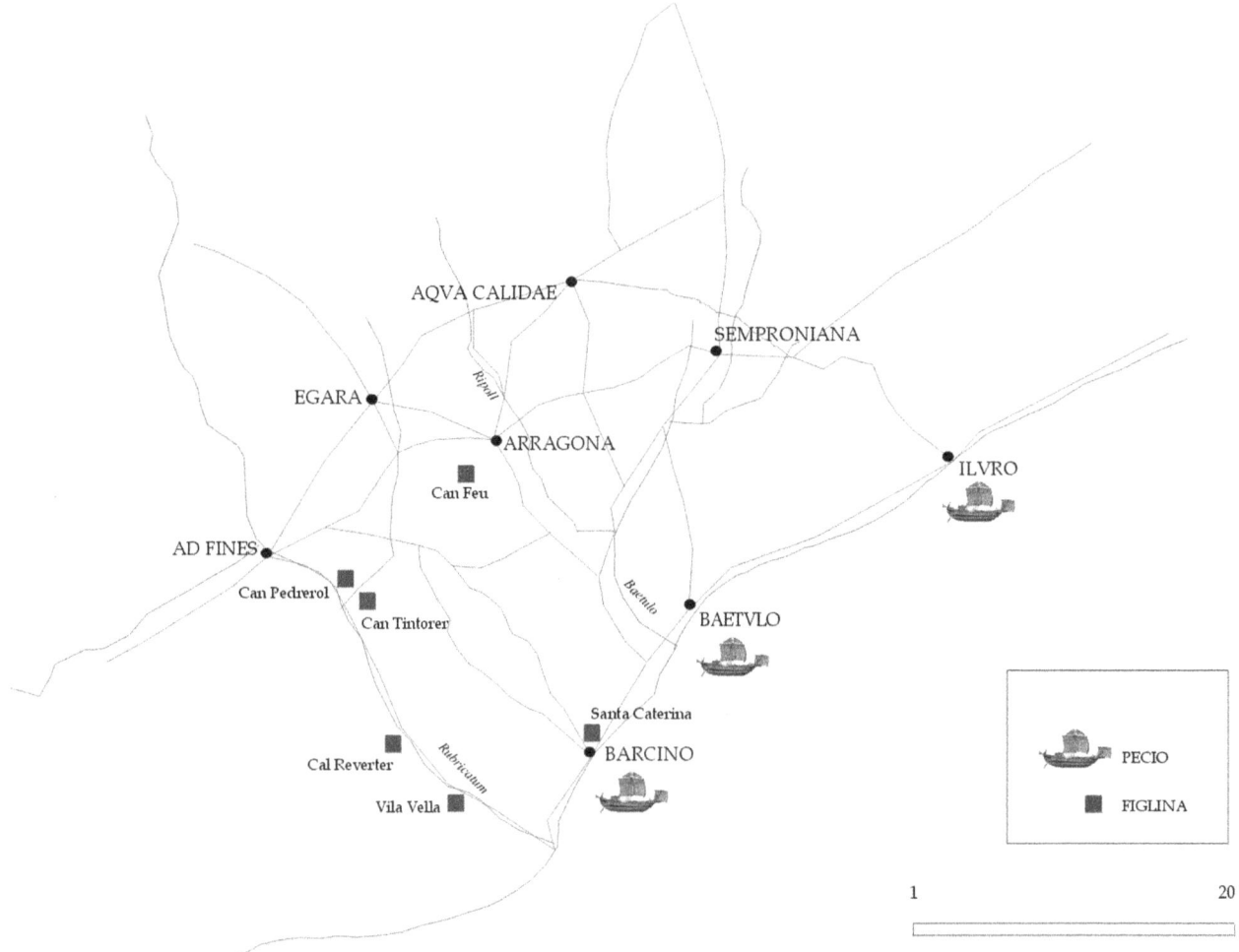

Fig. 1. Barcino y los talleres anfóricos próximos.

análisis de las redes centuriadas, han pretendido acercarse al estudio de las formas de propiedad, pero debemos reconocer que en la mayor parte de los casos los resultados han quedado a medio camino.

En algunas zonas, incluso, las profundas transformaciones del paisaje pre-industrial han impedido llevar a término estudios de tipo arqueomorfológico, con lo que todavía estamos más lejos de una aproximación al tema de la propiedad en época romana.

Este sería el caso del *ager Barcinonensis*, donde si bien se han efectuado diversos estudios arqueomorfológicos de interés (Aguilar, 1993; Palet, 1997), todavía son numerosos los aspectos no concluyentes de estos trabajos, en especial la verdadera existencia de una centuriación articulada con la *deductio* colonial de *Barcino* (actual Barcelona), un elemento que aunque coherente y probable a nivel histórico, no tiene todavía a mi entender una comprobación morfológica definitiva[1].

Ya hace algún tiempo iniciamos por ello en esta área (que podría incluir las comarcas vecinas de Barcelonés, Vallés, Baix Llobregat y Maresme) un tipo de aproximación metodológica diferente, de menor ambición –puesto que su objeto era la identificación de posibles *fundi* o *praedia* de época alto-imperial–, pero que permitiera progresar en el estudio de las formas de propiedad. Junto a P. Berni hemos iniciado diversos trabajos que pretenden localizar a través de la toponimia, la epigrafía de la producción, y la epigrafía monumental, los *fundi* o *praedia* de las principales familias de *Barcino*, así como identificar sus redes de distribución y producción (Carreras y Olesti, 2002; Berni, Carreras y Olesti, 2005). Esta metodología parte en primer lugar del estudio del poblamiento antiguo, a partir básicamente de los datos arqueológicos, complementado con el estudio de la documentación alto-medieval (en especial la recopilación de los topónimos derivados de terminaciones en *–anum* o *–ana*, formativas de nombres de *praedia* o *fundi*) y finalmente con los datos de la epigrafía de la producción y la epigrafía monumental.

---

[1] Los trabajos de J.M. Palet (1997) han permitido identificar los restos de una orientación en el Pla de Barcelona que podría corresponder a una posible centuriación fundacional. Sin embargo, creemos que a pesar de su probable su existencia, la restitución propuesta debe mantenerse como hipótesis. En primer lugar, porque la centuriación propuesta combina la existencia de dos módulos internos en la misma operación catastral -20x20 y 15x15 actus-, algo no sólo extremadamente inusual, sino posiblemente inexistente, al no responder a la lógica del proceso de una operación catastral. En segundo lugar, son escasos los restos de posibles límites conservados (frecuentemente incluso con una desviación respecto a la malla teórica). Finalmente, la transformación sufrida en el Pla de Barcelona desde época pre-industrial ha obligado a un trabajo con cartografía histórica y un paisaje degradado que debe llevar a la prudencia sobre las conclusiones.

Unos primeros resultados para el área de *Barcino* han sido publicados recientemente (Olesti, 2005a y 2005b), por lo que sólo describiremos brevemente nuestro método de trabajo. Aunque sea el territorio de *Barcino* el objeto del estudio, tendremos también en cuenta los datos de las ciudades vecinas, como *Baetulo, Iluro* o *Egara*, ciudades que muestran una estrecha relación con la colonia (Fig. 1). En realidad, como veremos, las estructuras de propiedad fundiaria superan el marco administrativo urbano, y por lo tanto no es difícil localizar propiedades de élites coloniales en territorios pertenecientes a ciudades vecinas, lo que sabemos era frecuente en el mundo romano (para el caso *Barcinonense*, Prieto, 1990).

La toponimia, la fonética histórica, y la morfología territorial conservada en la documentación altomedieval han sido hasta hoy un tipo de fuente histórica poco valorada por los investigadores de la antigüedad[1]. Somos conscientes de los problemas que plantea la utilización de la información toponímica, especialmente cuando se trata de topónimos identificados en documentación medieval de cronología avanzada o ya moderna. Los topónimos son de difícil datación, su etimología puede ser polémica, incluso a veces pueden sufrir pequeños desplazamientos, etc. En el área de la "Catalunya Vella", sin embargo, la numerosa documentación existente de los s. IX-XI permite una buena aproximación a la morfología territorial de este periodo, así como conocer la evolución fonética del topónimo en un momento aún bastante inicial, además de contar con el magnífico trabajo de documentación de Joan Coromines y su *Onomasticon Cataloniae*[2]. Lógicamente el salto del periodo alto-medieval al antiguo nunca puede ser directo y acrítico, pero tomando estos datos como punto de partida de la investigación territorial y arqueológica, creemos que se trata de una fuente de información de gran utilidad.

En estos casos, quizás el problema más grave es la relación o el enlace entre un establecimiento tardío, reflejado en documentos alto-medievales, y el establecimiento original, en este caso de s. I-II d.C. Es evidente que cualquier *fundus* o *praedium* de época colonial habría pasado a lo largo del tiempo a manos de otros propietarios. En la tradición romana, sin embargo, la continuidad de los nombres de los *fundi* está bien consolidada: se mantiene por lo general el nombre del primer propietario, de manera que tanto a nivel fiscal como de registro de la propiedad no se pierda el control sobre esa finca.

La cuestión era muy clara para los agrimensores. Así, cuando Higino Gromático (L.7-8) da un ejemplo de como inscribir los *fundi concessi* en los registros fiscales (*forma*), menciona el caso de un *fundus Seianus*, concedido a *L. Manilius* (*Eadem ratione terminabimus fundos exceptos sive concessos, et informa sicut loca publica inscriptionibus demonstrabimus. Concessos fundos similiter ostendemus, ut "fundus Seianus concessus Lucio Manilio Sei filio"*). Es decir, se mantiene el nombre del antiguo propietario. Un caso similar lo ofrece *M. T. Varrón*, mencionando de nuevo a un *fundus Seianus* que parece de nuevo un caso de referencia (*Res Rusticae*, III, 2, 7-8)[3].

Otros ejemplos similares pueden apreciarse en las viñetas gromáticas (Chouquer-Favory, 1992: 50), donde podemos apreciar ejemplos significativos de propiedades que conservan el nombre original pese a los cambios de propiedad, como el "*Dominius Faustiniani* (La. 185) concedido por Publio Escipión", o el *Dominius Manilianus* cuya tierra ha sido asignada a la colonia *Iulia Constantia*. También en esta línea, el *Liber Coloniarum* (La. 239) recoge el caso de *Volturnum*, donde su territorio fue asignado según el nombre de las *villae* y de sus posesores (*ager eius in nominibus villarum et possessorum est adsignatus*) en lo que se considera un ejemplo de la perduración de los nombres de los primeros propietarios (Hinrichs, 1989: 56).

Sin duda la coincidencia de nombres provocó problemas a los agrimensores tanto en el momento de la asignación, como una vez repartidos los lotes, en especial al transcurrir un periodo de tiempo notable y producirse adquisiciones y ventas. Así lo recoge *Sicculus Flaccus* (Th. 126, 267), que menciona una *controversia de modo* entre dos propietarios que reivindican un mismo lote con un mismo nombre.

Finalmente, un caso paradigmático lo ofrecen las Tablas de Veleya, donde son frecuentes los ejemplos de grandes y medianos propietarios que poseen diversos *fundi* o *praedia*, todos los cuales mantienen sus nombres iniciales (CIL XI 1147). Se trata probablemente de los nombres de los antiguos propietarios, que continuaron en uso pese a ser ahora propiedad de un único terrateniente, facilitando la identificación y registro de las fincas originales.

Este método de trabajo no es nuevo. En el área de la Galia trabajos de este tipo dieron interesantes resultados (Clavel-Léveque, 1970), y a pesar de ser a veces considerados como superficiales, creemos que se trata de un campo de estudio considerable. Muy recientemente esta misma problemática se ha puesto de manifiesto en el área centro-itálica, en la Umbría, donde la pervivencia de algunos topónimos alto-medievales, como *Gragnano* o *Agliano*, se ha podido relacionar claramente a través de la epigrafía y la arqueología con fincas de las *gentes* de los *Granii* y los *Allii* (Braconi, 2003: 41-44). A pesar de las dudas de algunos investigadores, puede considerarse esta información toponímica como muy útil, siempre que vaya acompañada de un trabajo de prospección y de investigación arqueológica.

---

[1] Un ejemplo de este tipo de aproximaciones, aunque limitado a un estudio descriptivo, puede verse en Bolós (1992). Un trabajo pionero lo constituye Banks (1984).

[2] Los trabajos de J. Coromines, pese a la polémica que a veces los rodea, son para nosotros un magnífico punto de partida. La ingente tarea de documentación realizada por su equipo, incluyendo el estudio de las referencias alto-medievales, así como sus propuestas de etimología, han sido siempre una referencia para nosotros, aunque no siempre coincidamos plenamente con sus conclusiones.

[3] También un L. Seius aparece mencionado como caso de referencia en el capítulo XX de la Lex de Gallia Cisalpina (Crawford, 1996, 469).

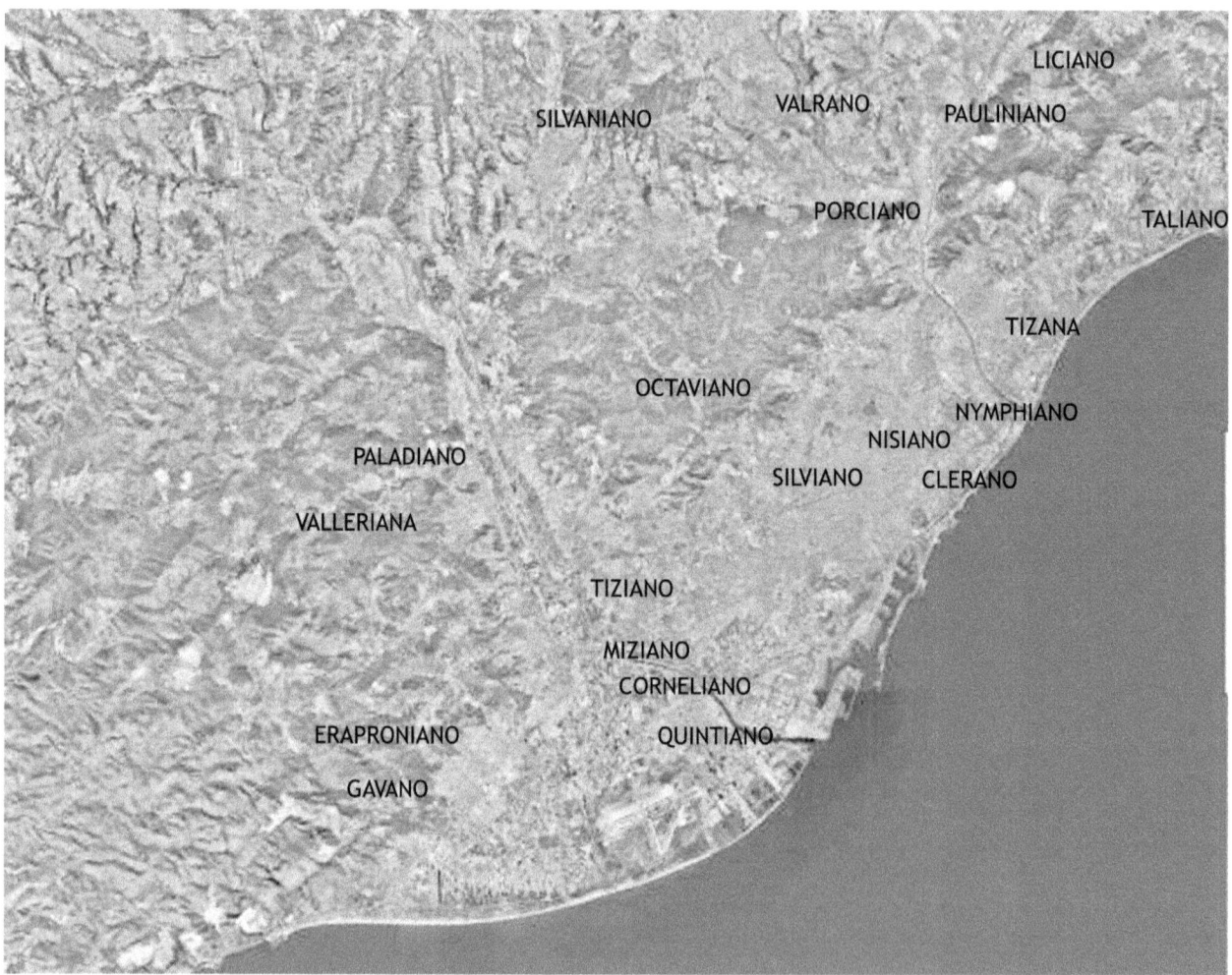

Fig. 2. Localización de los fundi mencionados en el texto.

Creemos, en resumen, que buena parte de los nombres de *fundi* presentes en la documentación alto-medieval responden a los propietarios originales de fincas romanas alto-imperiales, nombres que perduraron en época medieval dada la continuidad de la explotación antigua como mínimo hasta el periodo tardío, y que se mantuvieron por tratarse de propiedades de notable entidad. Es decir, esta mediana o gran entidad explicaría por qué perduraron en la descripción morfológica del mundo alto-medieval, en un momento donde la propia finca había ya desaparecido, y de ella sólo quedaban unos límites, unas indicaciones, útiles para la definición y descripción del espacio feudal. Esta supervivencia probablemente sería más difícil para las fincas de menor entidad, cuyo papel articulador del espacio medieval sería mucho menor.

Las grandes familias de la colonia. Algunos ejemplos significativos

Si efectuamos un rápido análisis de la epigrafía de la colonia augustea de *Barcino* (IRC IV: 403-405), es posible apreciar que la mayor parte de las familias notables de la ciudad –identificadas por el número de personajes mencionados, así como por el desempeño de magistraturas- aparecen ya documentadas en inscripciones del s. I d.C., lo que permite acercarlas al periodo fundacional (Granados-Rodà, 1993:

13). Se trata además de un conjunto reducido, que permite destacar a algunas *gentes* preeminentes, como los *Pedanii, Licinii, Cornelii,* o *Minicii*. Sin ánimo exhaustivo ni estadístico, podemos destacar otros linajes, que bien por el número de miembros documentados o por la presencia de personajes de rango senatorial, permiten pensar en familias preeminentes de la colonia. Se trata de *gentes* como los *Aemilii, Domitii, Fabii, Iulii, Porcii, Valerii,* etc. La mayor parte de las menciones conocidas deben enmarcarse en los s. I-II d.C., el periodo en el cual centraremos nuestro trabajo.

Es lógico suponer que buena parte de estas *gentes* fueron efectivamente propietarias de tierras en el territorio barcinonense y sus inmediaciones, dado el papel de la tierra como referente de prestigio para las clases privilegiadas, y por el interés de las elites romanas en invertir y consolidar sus riquezas a través de la adquisición de fincas. Además, por otro lado, si buena parte de estas familias participaron en la *deductio* fundacional de la colonia, es posible pensar que sus lotes iniciales debían hallarse en el territorio colonial, conservando el nombre del primer propietario, el nombre de la *gens*.

Un estudio reciente ha mostrado las posibilidades de este método en el *ager Barcinonensis* (Olesti, 2005a y

2005b). Se trata de lugares que conservaron este topónimo originado en un nombre a personal y la terminación –*anum, -ana*, y que generalmente se corresponden con un *locus,* o *terminus* o *territorium* alto-medieval. Hemos podido constatar como son numerosos los ejemplos de miembros de *gentes* de *Barcino* presentes a la epigrafía monumental o funeraria que podemos relacionar con estos nombres de *fundi* presentes en el territorio colonial o en sus inmediaciones[1] (Fig. 2). De hecho, buena parte de estas *gentes* presentes en la epigrafía y a la toponimia alto-medieval, se deben incluir entre las *gentes* más ricas y potentes de la colonia, como muestra su acceso a las magistraturas locales, sus actos evergéticos, y el acceso en algunos casos a los *ordines* ecuestre y senatorial.

Sería por ejemplo el caso de la *gens Minicia*, que parece poder indentificarse en el topónimo alto-medieval *Miziano* (CSC 382, 1002), y que tiene entre sus miembros a dos senadores (IRC IV 30-32). Otro caso sería el de la *gens Gavia*, que tiene entre sus miembros a un *flamen* provincial de la provincia (IRC IV 40), y que parece poder identificarse en el topónimo de *Gavano* (CSC 80, 1011). Similar sería el caso de la *gens Cornelia*, una familia con 30 menciones epigráficas en *Barcino*, entre ellas una que corresponde a época augustea, reflejado en un de los primeros monumentos públicos conocidos de la colonia (IRC IV 152) y que podemos identificar con el lugar de *Corneliano* (CSC 137, 980), próximo a la actual ciudad de Cornellà. En cuarto lugar, podríamos destacar el caso de la *gens Valeria*, una de las familias más importantes de la colonia (26 menciones) y con personajes de época augustea, es decir fundacional. En los alrededores de la colonia se ha documentado tanto un *locum ubi dicunt Valleriana* (CSC 31, 949), próximo al actual municipio de Vallirana, como un topónimo *Valrano* (*Onm.Cat,* VII 434, 1052).

Dos ejemplos, sin embargo, destacan por su excepcionalidad. Nos referimos en primer lugar al caso de la *gens Clerania*, una familia documentada a partir de *Clerania Beronice* (IRC IV 184) y que es la sola mención de esta *gens* conocida en todas las provincias occidentales. Esta excepcionalidad epigráfica, se ve confirmada por la existencia en el Pla de Barcelona del lugar llamado *Clerano* (ASPP 13, 1009), donde además los documentos medievales mencionan un posible establecimiento antiguo (*cum columbario maceries petrarum velo parietes opero antiquo structas*). El otro caso es el de la *gens Titinia*, una *gens* de claro origen itálico, probablemente implicada en la *deductio* colonial, y que ha conservado en varios lugares su presencia (*Tiziano*, St. Feliu de Llobregat, CSC 84, 965; *Tizana*, Marisma, CSC 751, 1093).

Otros ejemplos de *gentes* de *Barcino* que aparecen en la epigrafía local y en la toponimia altomedieval serían los casos de la *gens Quintia* (con el topónimo *Quintiano,* ACB, 9, 1085), el de la *gens Porcia* (*Porciano* CSC 297, 994), al que ya dedicamos un trabajo específico (Carreras-Olesti 2002), la *gens Licinia* (*Liciano,* CSC 233, 989), o la *gens Paullia* (*Pauliniano,* CSC 516, 1031). En estos dos últimos casos, es sorprendente destacar como los dos posibles *fundi* de estos personajes se hallan en territorios contiguos (Berni-Carreras-Olesti, 2005), pués los topónimos de *Liciano* y *Pauliniano* son bien conocidos (actuales términos de Liçà y Polinyà), y se encuentran a menos de 5 km. uno del otro. Pués bien, una de las 22 inscripciones dedicadas en *Barcino* al prestigioso liberto *L.Licinius Secundus, accensus* de *L.Licinius Sura* (Rodà, 1970), fue dedicada precisamente por su *amicus M. Paullus Paullinus* (IRC IV 98), personaje que puede estar indirectamente reflejado en una marca de *tegula* hallada en una *villa* localizada en la zona[2].

Conocemos también algunos nombres de *fundi* altomedievales formados a partir de *cognomina*, y que se corresponden con personajes documentados en la epigrafía de *Barcino*. Aunque ello no responde al modelo canónico de formación del nombre del *fundus*, parece que este proceso pudo generalizarse a partir del alto imperio, cuando la denominación de los personajes dotó de mayor importancia a los *cognomina*, que se desarrollaron como nombre propio (Lopez Barja, 1993: 52), y que pudieron tomar entonces quizás un papel como denominadores de un *fundus*. Es el caso de personajes con *cognomen* Octavius (IRC IV 149, 211) que parecen haber dado nombre a un *fundus Octaviano* documentado en St. Cugat (CSC 245, 990), justamente donde conocemos importantes estructuras romanas alto y abajo imperiales. También sería el caso de *Silvanus* (IRC IV 66, 135, 144), que ha dado lugar al topónimo de *Silvano* (Banks, 1984: 607), ubicado cerca de la villa romana de Can Cortada.

La presencia de libertos en la toponímia fundiaria

Llegados a este punto, nos interesa destacar algunos ejemplos detectados en el área del *ager Barcinonensis* de topónimos fundiarios antiguos que se corresponden no con los *nomina* de las principales famílias de la colonia, como hemos visto, sino con *cognomina* que podemos relacionar con personajes de origen servil.

Lógicamente, debemos aquí tener en cuenta las matizaciones que se han manifestado respecto a la identificación absoluta entre individuos con *cognomen* oriental y personajes de origen servil, identificación que aunque a nivel general es muy probable, no puede considerarse como efectiva en todos los casos (al respecto, Lopez Barja, 1993: 53). En el caso de *Barcino,* sin embargo, creemos que la mayor parte de los individuos con *cognomen* oriental se corresponden

---

[1] Se trata por ejemplo de los territorios de ciudades como Baetulo o Iluro, tradicionalmente vinculadas a la colonia de Barcino, como indican las relaciones existentes entre sus élites (Prieto, 1990).

[2] Se trata del yacimiento de Can Boada Vell (Palau de Plegamans), junto al término de Polinyà, donde se localizó una tegula con la marca [TEG] ULA PAULI EX FUN(do) [---]PERIANO (IRC V 139). La identificación de un personatge de nombre único Paulus, productor de tejas, no deja de ser sorprenente, si tenemos en cuenta la ubicación de este yacimiento en el término alto-medieval de Pauliniano.

con una muy alta probabilidad a personajes de origen servil, e incluso veremos un ejemplo donde los recientes documentos epigráficos localizados permiten afirmar este origen.

El primer ejemplo es el del lugar llamado *Nisiano*, probable evolución de un *fundus Nicianum*. El *Nisiano* alto-medieval, bien ubicado en la documentación, se halla al este del Pla de Barcelona, cerca del Besós y de Gramanet (*Nisiano*, CSC 572, 1044). Creemos que el topónimo procede del *cognomen Nicius*, y que se trataría de un nombre de origen servil. Precisamente, hemos documentado la presencia de este *cognomen* en *Barcino* a través del caso de la esclava o liberta *Nicia*, madre de dos pequeños hijos, esposa del liberto *C. L. Myron* (IRC IV 185), inscirpción de finales de s. II inicios del III. Se trata de un *cognomen* excepcionalmente llevado por una mujer (como destacan Fabre et alii 1997: 268), y que no ha sido documentado como *nomen* en Hispania, e incluso como *cognomen* presenta solo otro ejemplo Hispano (Abascal, 1994: 438). Precisamente la escasez de *Nicii* refuerza de nuevo nuestra hipótesis de trabajo, dado que la coincidencia entre la rarísima existencia de personajes con este nombre, y la presencia de una finca a su nombre en la misma ciudad debemos considerarla significativa. A nuestro entender, se trataría de un personaje de origen servil, que ya como liberto, o descendiente de liberto, alcanzó el estatus de propietario rural. Quizás por ello mismo deberíamos interpretar estos casos de fincas que toman un *cognomen* como origen del nombre del fundo, como propiedades surgidas en épocas avanzadas, y ya no como lotes originales de la fundación colonial.

Un segundo ejemplo, a nuestro entender aún más significativo, es el del lugar llamado *Nimphianus*, el actual Llefià, en la orilla izquierda del Besós, cerca de su desembocadura, actualmente St. Adrià del Besós. El lugar se halla ya probablemente en territorio de *Baetulo*, junto al paso de una importante vía medieval (Palet, 1997: 141), que parece posible relacionar con una vía anterior. Se onocen en el lugar indicios de un establecimiento romano (Banks, 1984: 607). El lugar aparece en la documentación alto-medieval como *Nimphianus* (ACB, LAEC I, 286, 1091), *Niphiano* (1077), *Liphian* (1091), y *Lifiano* (CSC 961, 1145), lo que ha evolucionado al actual Llefià. J. Coromines destaca sin problemas el origen del topónimo en la forma *Nimphianus*, que derivó por dissimilación en *Lifiano*, y en el nombre latino personal *Nymphius* (*Onom. Cat.* VI, 56).

Este nombre no es extraño en *Barcino*. Así, conocemos un liberto llamado *Q. Calpurnius Nymphius*, datable en la segunda mitad del s. I d.C., que llegó a ser Seviro augustal de la colonia (IRC IV, 78). Este personaje aparece vinculado a una familia, la *Calpurnia*, que ha dado a la ciudad al menos un magistrado municipal posteriormente (IRC IV 55), lo que implica un papel notable de esta familia en el *ordo* local. Lógicamente, no es posible asegurar que el *fundus Nimphinianum* corresponda a este liberto, pero no deja de ser sorprendente el reflejo de este *cognomen* de origen oriental tan particular tanto en la epigrafía local como en el territorio. Quizás el éxito de este personaje, constatado en su acceso al sevirato, pudo ser de nuevo el origen de un grupo familiar que acabase accediendo a la posesión de tierra.

Finalmente, un tercer ejemplo lo hallaríamos en *Primiliano*, el actual Premià de Mar (Maresme), a medio camino entre *Baetulo* e *Iluro*. En el actual término municipal se conocen diversas *villae* alto imperiales, y probablemente en alguna de ellas se originó el *fundus Primiliano* mencionado en la documentación altomedieval (*in terminos de Primiliano* (CSC 314, 996)). El origen del topónimo parece provenir de nuevo de un *cognomina* que podemos relacionar con el mundo servil, como sería el caso de *Primullus*[1]. J. Coromines lo considera un topónimo derivado del nombre personal latino *Primillus* (*Onom.Cat.* VI, 279), aunque nosotros creemos más probable un origen en *Primullus*. El *cognomen Primulus* aparece en dos casos en inscripciones de *Barcino*. En un caso se trata de *Domitia Primula*, esposa del liberto *L. Domitius L.L. Corinthus*, y de su hijo –y también liberto- *Domitius Primulus* (inscripción fechable en la segunda mitad del s. I d.C., IRC IV 157). En el otro, se trata de *L. Iulius Primulus*, casado con *Iulia Fortunata*, quizás su liberta (IRC IV 176). Tambien en *Iluro* ha aparecido una *Cornelia P.F. Primula*, madre de *M. Aemilius Avitus* (IRC I 219, suppl.) de época augustea, que podría ser un testimonio indirecto de la existencia de esta propiedad.

En este caso, además, puede que tengamos indicios de la relación de estos personajes con el mundo de la producción anfórica. Se trata de los sellos *PRI(mullus?)*, localizados sobre ánforas tarraconenses en las recientes excavaciones de Sta. Caterina (Agüelo *et alii* 2006), en Barcelona, donde se localizaron restos de un importante sector industrial. Se trata de diversos sellos que pueden datarse en época augustea, y que como en otros casos mostrarían una fase donde el personaje implicado aún mantendría su condición servil. Deberíamos esperar algún tiempo, para que este personaje o sus descendientes accedieran en primer lugar a la condición de liberto, y posteriormente a la de propietario rural.

---

[1] No puede descartarse que el topónimo pudiera proceder de otro cognomina relacionable con el mundo servil, como es el del En Barcino este cognomina está documentado, y los personajes mencionados muestran claramente una relación con el mundo de los libertos (IRC IV 141). Se trata de Aelius Primianus y su hijo Caecilius Primianus, que aparecen en la dedicatoria de su esposa y madre, Caecilia Daphnis. Como indican los editores (Fabre et alii 1997: 227) se trata de una inscripción que remete de nuevo al mundo de los libertos.
Primulus, tambien documentado en Barcino. Coromines lo considera un topónimo derivado del nombre personal latino Primillus (Onom.Cat. VI, 279), aunque nosotros creemos tambien posible un origen en Primullus. El cognomen Primulus aparece en dos casos en inscripciones de Barcino. En un caso se trata de Domitia Primula, esposa del liberto L. Domitius L.L. Corinthus, y de su hijo –y también liberto- Domitius Primulus (inscripción fechable en la segunda mitad del s. I d.C., IRC IV 157). En el otro, se trata de L. Iulius Primulus, casado con Iulia Fortunata, quizás su liberta (IRC IV 176). Tambien en Iluro ha aparecido una Cornelia P.F. Primula, madre de M. Aemilius Avitus (IRC I 219, suppl.) de época augustea, que podría ser un testimonio indirecto de la existencia de esta propiedad.

Fig. 3. Marca sobre dolia de L. Lic(inius) Chres(imus) (Berni, Carreras y Olesti, 2005)

El origen de la riqueza de los libertos

Si efectivamente, como parece, algunos esclavos accedieron no sólo a la condición de libertos, sino que incluso se convirtieron en propietarios rurales, ¿podemos intentar identificar el mecanismo de promoción de estos libertos en el caso *barcinonense*?

Recientemente, los datos de la epigrafía de la producción nos han ofrecido algunos buenos ejemplos.

Se trata en primer lugar de un ejemplo relacionado con los *fundi* antes mencionados, el del liberto *L. Licinius Chresimus* (Berni *et alii* 2005). Se conocen cuatro marcas en *dolium* con el nombre de este personaje procedentes de lugares diferentes y distantes del antiguo territorio layetano. Tres de estas marcas fueron impresas con la misma matriz y se lee *L·LIC·CHRES*, con dos nexos HR y ES. Dos de ellas vienen del Vallès Occidental, de las *villae rusticae* de Can Feu (Sant Quirze del Vallès) y Castellarnau (Sabadell); la otra fue hallada en la comarca de la Anoia, en la villa romana de Santa Margarida de Montbui (Igualada). La cuarta marca es de Barcelona, y puede ser vista *in situ* en el subsuelo de la Plaça del Rei, en una de las habitaciones con *dolia* de la factoría de *garum* y salazones bajoimperial. Se trata de una variante distinta, con una combinación de nexos mucho más compleja, y que tiene la particularidad de darnos el *cognomen* completo del personaje; probablemente se lee [?] *LICIN·CHRESIMI*? – Fig. 3.

En el caso del sello de Sta. Margarida, además, esta marca se encuentra acompañada por otro sello de tamaño menor,

Fig. 4. Signaculum de Epictetus. (Rodà et alii, 2005).

de letras delgadas muy poco espaciadas e impresión débil, que puede restituirse como *FIDELIS FECIT*. De ser este el nombre correcto, *Fidelis* sería un personaje de condición servil y su asociación a *Licinius* se entiende al tratarse de la persona que le fabricó el contenedor.

De todos estos datos, parece poder desprenderse que estamos frente a un personaje, liberto, que se dedicaba a la producción vinícola, pero no como productor directo, sino probablemente como *institor*. Se trataría de un liberto que acude a las fincas productoras de viña, compra uva o vino, lo fermenta i almacena in situ, marcándolo ya con su sello, para posteriormente transportarlo a la costa o a las áreas de producción anfórica donde lo envasa en sus ánforas. A su vez, también se intuye una clara cadena de dependencia, que por ejemplo en este caso implicaría como mínimo a un *L.Licinius* patrono (quizás el propietario del *fundus Licinianus*), un *L.Licinius Chresimus* liberto, y un *Fidelis* esclavo. A su vez, el posterior envasado del vino en ánforas implicaría una nueva cadena de dependencias existente en el taller cerámico.

El segundo ejemplo, es el de los libertos *Lucius Pedanius Clemens* y *Lucius Pedanius Epictetus*. Los dos personajes eran conocidos a partir del corpus de inscripciones de *Barcino*, y habían sido datados en época de Trajano (IRC IV 107 y 123, IRC IV 106). La *gens* Pedania es una de las familias más importantes de la colonia, que no ha podido ser identificada por el momento a través del estudio territorial. Sin embargo, el reciente hallazgo de un *signaculum* de plomo en el yacimiento de del Veral de Vallmora (Teià, Maresme), ha aportado nueva información (Rodà et alii 2005) Fig. 4. Se trata de un sello rectangular para marcar piezas cerámicas, con la leyenda *EPICTET(us) L(uci) P(edanii) CLEMENTIS*, que podemos interpretar como el esclavo *Epictetus*, de *Lucius Pedanius Clemens*. Se trata de dos personajes que aparecen bien contrastados en la epigrafía *Barcinonense* del s. II: el ya liberto *L. Pedanius Epictetus*, séviro augustal (IRC IV 106), y *Lucius Pedanius Clemens* en (IRC IV 107, 108).

Parece pues que en este lugar estaría actuando un liberto de la *gens Pedania*, que llegó a ser Seviro Augustal en la colonia, implicado en el negocio del vino, y que podría corresponder a una propiedad de la familia *Pedania*.

Aunque sólo a título completamente hipotético, la

ubicación de este liberto de la *gens Pedania* en Teià podría ser explicable si el origen del topónimo de Teià pudiera relacionarse con otro personaje mencionado en la epigrafía de *Barcino*, *Lucius Pedanius Atilianus* (IRC IV 68) y la existencia de una probable *gens Atilia*.

Taliano es el nombre documentado en el 996 en el lugar (CSC 314). Otras menciones de Teià son *Tallano* (1030, CSC 513) o el *alaudem Tayano* (1097, CSC 764). Coromines lo considera un topónimo derivado del nombre personal latino *Tallius* (*Onom.Cat.* VII, 255)[1], pero nosotros creemos posible su procedencia del *nomen Atiliano<Taliano*, si como es probable el nombre sufrió un fenómeno de aféresis de la vocal inicial, que no sería extraño tratándose de una "a" y de un topónimo. La presencia de una *gens Atilia* en *Barcino* está atestiguada en el caso de *Lucius Pedanius Atilianus* (IRC IV 68), hijo de *Lucius Pedanius Paternus*. Según Fabre et alii (1997: 146) el *cognomen* de este personaje podría provenir del gentilicio de su madre, *Atilia*, mencionada indirectamente en la misma inscripción (es frecuente el caso de hijos que toman como *cognomen* el *nomen* de la madre).

De confirmarse nuestra hipótesis que el *fundus Talianum* proveniese de una propiedad de la *gens Atilia*, ello implicaría que una inicial propiedad de la *gens Atilia* habría entrado en la órbita de la *gens Pedania* a través de una alianza matrimonial, y a partir de ese momento pasaría a ser explotado de manera integrada en el conjunto de propiedades de la *gens Pedania,* en este caso por un liberto de *L.Pedanius Clemens*. Aunque se trate de una interpretación hipotética, no hay duda que este caso podría reflejar la complejidad de la estructura de la propiedad y de la producción durante este periodo.

Por otra parte, el caso del esclavo *Epictetus* parece marcar un ejemplo claro de promoción vinculada al negocio del vino. De ser un personaje ligado a la producción de ánforas o *dolia*, como lo testimonia el *signaculum*, habría accedido al estatus de liberto, y posteriormente al sevirato augustal.

Marcas anfóricas de los talleres próximos a Barcelona (*Colonia Ivlia Faventia Barcino*)

Desde hace años se viene considerando que las marcas presentes en las ánforas vinarias de la Tarraconense, sobretodo en la zona próxima a Barcelona (antigua *Colonia Ivlia Faventia Barcino*), pueden proporcionar una información clave para entender la figura de los libertos en la sociedad de la Tarraconense. Lamentablemente, los sellos en ánforas son elementos de difícil interpretación, relacionados seguramente con alguno de los procesos de producción; bien del contenido de las ánforas, en este caso el vino, o bien en el proceso de manufactura del ánfora. En ambos casos, las marcas parecen indicar una estructura jerarquizada organizada a distintos niveles. También se observa que la misma estructura no se aplica en todos los alfares, y por lo tanto que es necesario realizar microestudios de cada uno de los casos particulares, para después definir pautas generales (Berni y Revilla, 2006).

En el área próxima a la colonia de *Barcino*, se han localizado numerosos alfares próximos al río Llobregat (antiguo *Rubricatum*) y en zonas del interior (Vallès Occidental) que producían ánforas que sellaban con distintas marcas (Fig. 1). El gran número de marcas presentes en cada uno de estos alfares, no parecen indicar un cambio continuo en la propiedad del alfar, sino relaciones contemporáneas en los procesos de producción de los envases o en encargos contemporáneos de distintos productores de vinos locales.

La situación se complica aún más cuando se documentan dos marcas distintas en una misma ánfora, seguramente indicando dos personajes con distintas funciones en el proceso de producción del ánfora o del contenido de la misma. Finalmente, las tipologías de las marcas resultan aún más sugerentes ya que a veces aparecen *tria nomina* o *duo nomina* (p.e. LDAP, TPIM), nombres de origen servil u oriental (p.e. LESB, APTI, HILARI, HELE) e incluso nombres interpretados como libertos (p.e. IVLI ANICETI).

Así en el taller de Can Pedrerol (Castellbisbal) (Revilla, 1995: 199-202), que funciona desde el siglo I aC a mediados del II dC, se han documentado hasta el momento un total de 13 tipos de marcas (ALB, AND, CELS, CRES, GRAE, MA, NI, NYS, PR, PROTI, SOSIBIA, TPIM, …R). Muchas de ellas parecen representar a nombres de origen oriental o servil como SOSIBIA, GRAE(*ci*), ALB(*ani*) o NYS( ), mientras que otros aparecen como desconocidos o de difícil lectura. Únicamente TPIM parece identificar un *duonomina* o *tria nomina*. Se podría pensar que estos personajes actúan de la misma forma que *Epictetus* en Teia, como agentes o *institores* de unos grandes propietarios fundiarios, cuyo nombre no resulta evidente en la epigrafía anfórica. La duda está en saber si estos agentes actúan sólo en el taller anfórico o bien gestionan fincas agrícolas de otros propietarios.

Otro ejemplo destacado es el taller de Can Tintorer (El Papiol) (Revilla, 1995: 203-208) no muy lejos del de Can Pedrerol, en dónde se han documentado hasta el momento 23 tipos de marcas distintas (ACA, ACAN, AND, ATI, CALAM, CELS, CE, CIAS, CIL, CLAR, FIR, FRIV, HELE, HILARI, LEAN, LRM, M, MVRPA, OA, PTI, RIV). Algunas de las marcas coinciden con las de Can Pedrerol como CELS, tal vez porque sea un nombre corriente, una persona que se haya vinculado a las dos *figlinae* o sencillamente que la finca de donde se envasan sus productos se haya a medio camino entre los dos talleres. Nuevamente algunas marcas señalan nombres de carácter servil como HELE(*ni*), HILARI, CLAR( ) o FIR(*mi*) y otros que pueden interpretarse como *duo nomina* o *tria nomina* de ciudadanos o libertos como LEAN, LRM,

---

[1] Según Abascal (1994) no existe en Hispania ningún personaje con el nomen Talius o Tallius, por lo que difícilmente podemos ponerlo en relación con este posible fundus. El único personaje que podría estar relacionado con este nombre sería el esclavo de Barcino, Cornelius Thallion (IRC IV 154). ¿Podríamos estar frente a un nuevo ejemplo de fundo originado en un cognomen de un personaje de origen servil?.

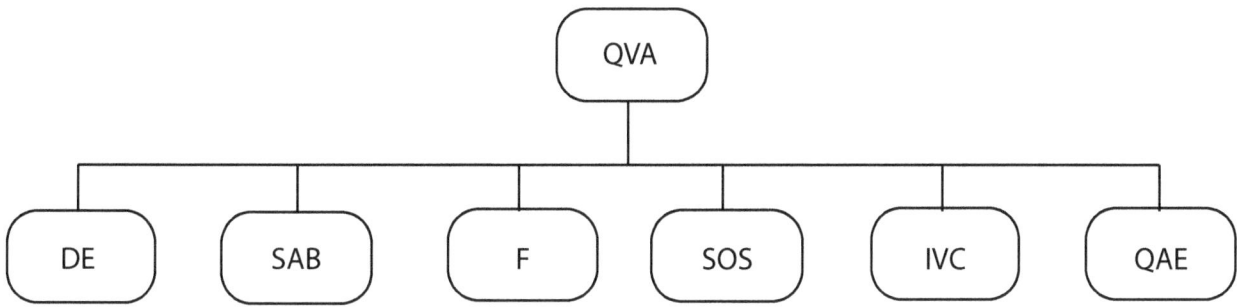

Fig. 5. Asociaciones de la marca QVA de Vila Vella

MVRPA, PTI o FRIV.

Aún más complicada es la interpretación de las marcas de Can Feu (Sant Quirze del Vallès) (Revilla, 1995: 213-216) en donde se documentan al menos 8 diversas (CE, H, HE, NI, IM, M, SEVE, SNE). Algunas de ellas sugieren un nombre servil como HE y SEVE, y también de nuevo hay repetición de marcas como CE con Can Tintorer y NI con Can Pedrerol. Las marcas con apenas dos o un carácter son las más complicadas a la hora de interpretar, y por lo tanto la prudencia aconseja ser muy cautos en su lectura.

La misma situación se produce en Can Reverter (Sant Vicenç dels Horts) (Revilla, 1995: 196-198) con 10 marcas (AF, AP, DH, F, IR, N, PH, R, THEOP, VT). En este caso, tan sólo la marca de THEOP(*hili*) parece responder claramente a un nombre servil, mientras el resto pueden responder a otras interpretaciones.

Más próxima a la colonia de *Barcino* se encuentra el taller de Vila Vella (Sant Boi) (López Mullor, 1990 y 1998; Revilla, 1995: 190-195), que ya proporciona una información mucho más precisa de las relaciones entre marcas. Se han documentado un total de 16 marcas distintas (APTI, CET, CVM, FAV, FELI, IVLIANICETI, LDAP, LPHAE, P, PAE, PRIM, QVA, SAB, SOS, TH, THEOP). Algunos nombres se han identificado como serviles como APTI, FELI(*cis*), PRIM(*i*), SAB(*ini*), SOS(*ibi*), TH(*alli*) o THEOP(*hili*), que ya aparecía en Can Reverter. Pero sin duda, las marcas que resultan más sugerentes son IVLI ANICETI, un *nomen* y *cognomen*, en que el *cognomen* parece tener un origen servil, por lo tanto se podría identificar como un liberto. El sello PAE(*ti*) también podría tener una lectura similar, si se tiene en cuenta dos marcas en *tegulae* del propio taller de Vila Vella con las marcas T( ) PAETI y V( ) PA.

Sin duda, la marca que puede ofrecer mayores posibilidades de interpretación es QVA, que en varios ejemplares aparece con la ligadura (VA). Inicialmente se había interpretado como otro nombre servil QVA(*dratus*) o QVA(*dronis*), pero nuestras recientes investigaciones nos hacen suponer su vinculación a un *fundus Valerianus*, del cual como hemos indicado derivaría el topónimo actual de Vallirana, citado en las fuentes medievales - *locum ubi dicunt Valleriana* (CSC 31, 949). El territorio de Vallirana tiene su salida al río Llobregat por dos puntos que tenían embarcaderos en la antigüedad: Sant Vicenç dels Horts y Sant Boi. En el taller de Can Reverter (Sant Vicenç dels Horts) no se ha encontrado ninguna marca relacionable directamente con la *gens Valeria*, pero en Vila Vella (Sant Boi) aparece este QVA, que creemos se puede leer como Q(*uinti*) VA(*lerii*), o sea un *duo nomina*. La misma marca QVA aparece en cerámica común, al igual que otra CALE, por lo tanto se trataba de un personaje importante.

Además, QVA es una de las marcas más conocidas del alfar, al menos se han reconocido 43 ejemplares distribuidos sobretodo por Italia (Luni, Roma) y sur de la *Gallia*, y numerosos pecios entre los que destacaría el de La Chrétienne H (15-20 dC) con 11 ejemplares. Lo curioso del caso son sus asociaciones, o sea ánforas con dos marcas, que aparecen en la figura 14.

Como se puede observar, la marca QVA se encuentra en ocasiones asociada a marcas que se identificaban como pertenecientes a personajes de origen servil como SAB(*ini*) o SOS(*ibi*), por lo tanto el personaje *Quintus Valerius* podría tener un ascendente sobre ellos. Tal vez se trate de agentes o *institores* de sus fincas que envasan sus productos en este alfar de Vila Vella, o tal vez existan relaciones de dependencia en el marco de la *figlina*. Lo más interesante es que existen miembros de la gens *Valeria* atestiguados en *Barcino* que llevan el *praenomen Quintus*, y parece ser que estaban vinculados entre sí porque aparecen en la misma inscripción. La inscripción se data a mediados del siglo I dC, y uno de los personajes tiene el *cognomen Faventinus*, o sea es *Quintus Valerius Faventinus* (IRC.IV.222), mientras que el otro se llamaba *Quintus Valerius Secundus* (IRC. IV.222). Por cierto, que otra de las marcas de Vila Vella es FAV, tal vez una abreviatura de *Faventinus*, *cognomen* de uno de los personajes mencionados en la inscripción.

Un último ejemplo es un taller de ánforas localizado en la parte suburbana de la colonia de *Barcino*, conocido con el nombre de Santa Caterina (Aguelo, Carreras y Huertas, 2006). Se han documentado por el momento un total de 18 tipos de marcas (A, I, T, PIL, THEOPHIL, O, PHILO, Φ, QFS, V, LESB, LAETI, PLOC, P, PRI, AVC, EP, EPAPR). De nuevo, algunas de las marcas parecen identificar personajes de origen servil como THEOPHIL(*i*), PHILO, LESB(*i*), LAETI, PRI(*mi*) o EPAP[*h*]R(*oditi*), tan sólo QFS parece indicar un *tria nomina*. En este caso concreto, la proximidad del puerto de la colonia podría suponer que distintos viticultores locales envasarían sus productos con ánforas de este taller antes de embarcarlos rumbo a las provincias occidentales o Roma. Si esta es la interpretación, las marcas representarían a agentes o *institores* de grandes propietarios barceloneses, responsables de la gestión de sus fincas y que encargaban un número de envases preciso a la *figlina* de Santa Caterina.

Conclusiones

No se ha pretendido en esta breve exposición proporcionar interpretaciones definitivas, sino más bien mostrar las posibilidades de una fuente de información, la de los estudios territoriales y toponímicos combinados con la epigrafía monumental y del instrumentum domesticum, demasiado alejados con frecuencia de los trabajos dedicados a la antigüedad.

La existencia en el *ager Barcinonensis* de fincas denominadas a partir de *cognomina* orientales, atribuibles con alta probabilidad a personajes de origen servil –personajes por otro lado documentados en la epigrafía de *Barcino* y sus inmediaciones-, muestra por un lado la capacidad integradora que una ciudad portuaria como *Barcino*, que pudo ofrecer a los grupos dependientes, vinculados probablemente a las actividades industriales y comerciales, unos mecanismos de promoción social y económica que aunque limitados fueron efectivos.

En este sentido, las marcas que aparecen en los *instrumentum docmesticum* (*dolia* y ánfora) muestran estas situaciones de dependencia relacionadas con actividades del campo como agentes o *institores*, o tal vez dentro del propio alfar. Los cambios que se observan en las marcas respecto a la epigrafía u otras marcas también demuestran el dinamismo de la sociedad barcinonense, y cómo los personajes de origen servil podían promoverse a lo largo de los años. El ejemplo más evidente sería el de *Epictetus*, cuya evolución de esclavo a seviro augustal aparece reflejado magníficamente en el registro epigráfico, pero creemos que este sería tambien el caso de los *fundi* denominados con *cognomina* de origen servil.

Por otro lado, también creemos que el hecho que se denominaran algunas propiedades con este tipo de *cognomina* es un indicio que la consolidación como propietarios de estos personajes fue rápida, quizás en la primera generación o como máximo en la segunda. Como sabemos, el deseo de los descendientes de un liberto de eliminar en su denominación un *cognomen* paterno que evidenciaba sus poco privilegiados orígenes, suponía su rápida desaparición. Si el *cognomen* oriental pervive en la finca, es porque su primer propietario bien fue el mismo liberto original, o bien su inmediato descendiente.

Es también cierto que la propiedad de una finca no impedía que algunos de estos libertos siguieran manteniendo una fuerte relación de dependencia con sus antiguos patronos, y que por lo tanto esta autonomía fundiaria fuera solo relativa (sabemos por ejemplo que en muchos casos una parte significativa de la herencia de un liberto volvía a su patrono). En cualquier caso, estos vínculos de dependencia no se limitaron solo al mundo de los libertos, de manera que también personajes gentiles presentaban, como podemos observar en la misma epigrafía *barcinonense*, fuertes relaciones de dependencia con personajes preeminentes. En el otro extremo, también existieron libertos independientes, que no actuaban ya bajo las órdenes de sus patronos, de manera que quizás personajes tan dinámicos como *Licinius Chresimus* podían ya haber actuado con plena autonomía.

Finalmente, de estos datos se desprende el verdadero papel de la tierra como refugio de las ganancias de los libertos, pero también como mecanismo legitimador de su nuevo estatus. La rápida adquisición de un *fundus*, y su nueva denominación, son reflejo de un interés por mostrarse como nuevos propietarios rurales, por demostrar el nuevo nivel adquirido, más allá o quizás paralelamente al papel que también para los libertos supone la magistratura de seviro augustal.

Como Trimalción, también estos personajes *barcinonenses* pretendieron al adquirir sus propiedades legitimar su nueva posición, y mostrar a través de la posesión de tierras, esclavos y libertos como su antiguo situación servil había sido solo circunstancial, y que en cambio su éxito posterior era el verdadero indicador de sus meritorias cualidades.

Referencias Bibliograficas

ABASCAL, J. *Los nombres personales en las inscripciones latinas de Hispania*. Murcia, 1994.

AGUELO, J.; CARRERAS, C.; HUERTAS, J. L'ocupació altimperial del solar del mercat de Santa Caterina. Un possible centre productor ceràmic. *Quaderns d'Arqueologia i Història de la Ciutat de Barcelona*, 2, 2006, p.60-73.

AGUILAR, A. Avanç preliminar a l'estudi dels cadastres romans a la comarca del Vallès (Barcelona). *Estudios de la Antigüedad* 6/7. Bellaterra, 1993.

BANKS, PH. The Roman inheritance and toppographical transitions in early medieval Barcelona. In: BLAGG, JONES, KEAY (Eds.). *Papers in Iberian Archaeology*, BAR, 193, 1984, p. 600-634.

BERNI, P.; CARRERAS, C.; OLESTI, O. La Gens Licinia y el Nordeste Peninsular. Una aproximación al estudio de las formas de propiedad y gestión de un rico patrimonio familiar. *Archivo Español de Arqueología* 79, 2005, p.167-187.

BERNI, P.; REVILLA, V. Los sellos de las ánforas de producción tarraconense: representaciones y significado. En Homenatge a Ricard Pascual, Barcelona (2005). Barcelona, 2006.

BOLOS, J. Onomàstica i poblament a la Catalunya Septentrional a l'alta edat mitjana. In: SENNAC, Ph. (ed.). *Histoire et archéologie des terres catalanes au moyen age*. Univ. de Perpignan, 1992, p. 49-65.

BRACONI, P. Les premiers propiétaires de la villa de Pline le Jeune. *Histoire & Sociétés Rurales*, 19, 2003, p. 37-50.

CARRERAS, C. ; OLESTI, O. Denominació d'origen *M. PORCI:* Reflexions al voltant d'una marca d'àmfora tarraconesa. *Laietania*, 2002.

CHOUQUER, G. ; FAVORY, F. *Les arpenteurs romains. Theorie et practique.* Paris, 1992.

CLAVEL-LEVEQUE, M. *Beziers et son territoire dans l'Antiquité*. Paris, 1970.

COROMINES, J. (Ed.). *Onomasticon Cataloniae*, I-VIII vols. Barcelona, 1993-1997.

CRAWFORD, M. *Roman Statutes.* II vols., Londres, 1996.

FABRE, G. ; MAYER, M. ; RODA, I. *Inscriptions romaines de catalogne (IRC). IV. Barcino.* Paris, 1997.

FABRE, G. ; MAYER, M. ; RODA, I. *Inscriptions romaines de catalogne (IRC). V. Supplementum.* Paris, 2003.

GRANADOS, O. ; RODA, I. *Història de Barcelona.* Barcelona, 1993.

HINRICHS, F.T. *Histoire des institutions gromatiques*, Paris, 1989.

LOPEZ BARJA, P. *Epigrafía Latina. Las inscripciones romanas desde los orígenes al s. III d.C.* Santiago de Compostela: Ed. Tórculo, 1993.

LOPEZ MULLOR, A. Une nouvelle fouille dans le centre producteur d'amphores de Sant Boi de Llobregat (Barcelone). *SFECAG: Actes du Congrès de Mandeure-Mathay*, 1990, p.187-198.

_____. El centre productor d'àmfores de Sant Boi de Llobregat (Barcelona). In: *El Vi a l'antiguitat. Economia, producció i comerç al Mediterrani occidental. Actes del II Col·loqui Internacional d'Arqueologia Romana*, Badaló 6/9 de maig 1998. Monografies badalonines 14, Museu de Badalona, Badalona, 1998, p. 233-245.

LÖRINCZ, B. *Onomasticon Porivinciarum Europae Latinorum.* Viena. IV vols, 1994-2002.

MANGAS, J. Esclavos y libertos en *Asturica Augusta.* In: *Esclavos y semilibres en la Antigüedad clásica.* Madrid, 1990, p. 207-219.

MAYER, M. *Gal.la Placídia i la Barcelona del s. V.* Reial Academia de Bones Lletres. Barcelona, 1996.

OLESTI, O. Propietat de la terra i élits locals. L'exemple de l'*ager Barcinonensis. Laietania,* 16, 2005a, p. 163-176.

_____. Propiedad de la tierra y élites locales. El ejemplo del *ager barcinonensis, Memoire, Histoire, Paysage, Hommages a Monique Clavel-Léveque,* IV, 2005b.

PALET, J.M. *Estudi territorial del Pla de Barcelona. Estrutures i evolució del territori en l'època ibero-romana i l'altmedieval segles II-I aC X-XI dC.* Barcelona, 1997.

PRIETO, A. Aproximación a las formas de dependencia en los territorios de *Baetulo* i *Iluro. Esclavos y semi-libres en la Antigüedad clásica.* Madrid, 1990, p. 179-185.

RODÀ, I. Lucius Licinius, liberto de Lucius Licinius Sura. *Pyrenae,* 6, 1970, p.167-183.

RODÀ, I. ; MARTIN, A. ; VELASCO, C.; ARCOS, R. Personatges de *Barcino* i el vi laietà. *Quaderns d'Arqueologia i Història de la ciutat de Barcelona,* 1, 2005, p. 47-57.

VEYNE, P. Vida de Trimalción. In: *La Sociedad romana.* Madrid: Mondadori, 1990, p. 11-51.

Abstracts

CLÁUDIO U. CARLAN

The paper aims at studying the Rome History just before Constantine ruled the Empire, considering that Constantine is considered as a direct heir of his four predecessors. The main sources are the coins issued by Diocletian and Constantine, comparing them with the monetary emissions in early Brazilian Republic in the 1920s, both collections stored at the National Historical Museum at Rio de Janeiro, Brazil. Historians have studied coins as a commodity. Studied as part of social history, coins are considered as part of wage payment among other social practices. Scholars are mostly interested in social and economic aspects, relegating to a secondary role the raw material and even the ideological concerns, so important ideologically.

MARGARIDA M. CARVALHO

This chapter is aimed at a new interpretation of the discourse *Against Julian* of Gregory of Nazianzus, an orthodox Christian author of the middle of the 4th century. During decades, *Against Julian* was considered a purely religious treatise that reinforces the idea that the Emperor Julian was a Christian persecutor. The present work will show how such dual vision, Christianity x Paganism, has become faulty in the face of the new historiographic advances that articulate the religious happenings of the period in the field of politics. In such way, in a subjective perspective the discourse would focus on the differences of standpoint among Christians and non-Christians regarding the political imperial Roman unity of the 4th century A.D., period inserted in the chronological arc of the Late Antiquity.

FÁBIO V. CERQUEIRA

We study and admire the testimonies of the musical culture of the ancient Greeeks. Its level of sophistication is indicated through the iconographical representations of the musical competitions, depicted in many Attic vases. To understand the meaning of these social practices, we have to consider that the musical concerts realized during the festivals, much more than having place in sacred spaces and rituals, they were indeed sacred, religious acts of communication with the divine dimension. Nevertheless, there was no clear separation between the sacred and the profane domains: in the musical performance, we perceive an intensive tension between the sacred level (impositions of religious order and ritualistical rules) and the profane level (impositions of the esthetical performance and consequences of the musical taste).

RENATA S. GARRAFFONI

This paper aims at discussing recent studies on stones amphitheatres built in early Empire, with emphasis on those from Rome (Italy) and Segóbriga (Spain). I will focus my analysis in the way these arguments were constructed, especially in what concerns about the relationship between material culture and written sources, to try to propose more pluralist approaches to the Roman culture and identity.

ANA T. M. GONÇALVES

The Roman Emperor Septimius Severus and his son and heir Caracala inscribed their names in the roman political memory with the public constructions and inscriptions. There has always been a symbiosis between the will to power and monumental display. In Rome, the Severans Emperors incited the construction and reconstruction of the several buildings, like the Ancient Antoninan *Domus*, the *Septizonium,* the Septimius´ Triunfal Arch and the Caracala´s Baths. Our aims in this chapter is to analyse these monuments and the simbolic power of the imperial images.

RAQUEL S. FUNARI

Egypt has been taken as a symbol since ancient times. The Greeks were charmed by the ancient civilization and in a way are the first to foster admiration for Egyptian subjects, starting Egyptomania. Modern Egyptomania has gained momentum with the Napoleonic intervention in Egypt. This move also led to the development of a new scholarly endeavor, Egyptology. It is impossible to disentangle the popular perceptions, Egyptomania, from the scholarly study of Egypt, and this is a challenge for all those concerned epistemological issues relating to knowledge about ancient Egypt. Modern lenses are also involved in the study of Egypt.

PEDRO P. A. FUNARI

Colonial discourse is a particularly useful tool for studying the role of archaeology of the Roman world in shaping Brazilian identities. Starting with the 19th century collection of Roman antiquities, Roman aristocratic ethos was fostered by the Brazilian Court in Rio de Janeiro. The Brazilian emperor, Peter the Second, used the Roman concept of moderation to impose autocratic rule. From the late 19th century, the new Republican regime also took inspiration in Roman mores and ways. The patrician Republican Rome was taken as a model for the elites and Roman remains continued to fascinate. The Brazilian pioneers, known as "bandeirantes", were painted as Roman patricians. The development of the scholarly study of Roman archaeology in Brazil is a recent move. Roman archaeology plays a mixed role, contributing not only to scholarly issues, but also to the discussion of social identity issues.

FÁBIO D. JOLY

This article takes into account a peculiarity of Roman slave society: the concession of citizenship to slaves freed by Roman citizens. This procedure was unique in comparison with other slave societies, ancient and modern, and had profound social and political consequences. In Rome, during the first century AD, emperor and Senate debated over the status of freedmen and their relationships with their patrons. As depicted in the Tacitean narrative of the reign of Nero, an emperor usually considered opposed to the *mos maiorum*, the status of freedmen were protected by law against some senatorial attempts to deprive them of their freedom. Slavery and politics were thus closely linked.

AIRTON POLINI

By taking a single region, that of Magna Graecia, and two authors preoccupied with geographical description of that region, Strabo and Diodorus Siculus, this paper analyzes the terms used to define a limit between two territories. The aim is to apprehend the notion of frontier and to observe which word is the most appropriate one for each different notion. Despite a certain ambiguity in their use, the two authors taken into consideration show the existence of a notion of frontier as a precise limit between two different territories. Even though the uses of the same words vary depending on the context and can also be used in an abstract (or metaphorical) meaning, when those two authors wanted to give a precise notion of limit they used words coming from concrete objects, such as those from the family of *horos*, mainly *methorios*; for a more imprecise notion of frontier, they used terms taken from abstract concepts, such as *eschatia* and *teleute*.

PILAR RIVERO-GRACIA

This paper analyzes the coinage of imperatores during the Roman Republic according to the responsability in the issue, the mint, the iconographic representations and the title of the magistrat. The praise of the militar virtues, the legality of exercise of imperium and the link between the imperator and the goddess, according his auspicia or his personal cualities, are fundamental aspects in these coins.

IVAN E. ROCHA

The Ancient History studies in Brazil have been enlarging in the last years, counting with a crescent number of research groups that involve a number more and more expressive of researchers. Here we detached the studies accomplished in the Saint Paul State University - UNESP, Campus of Assis-SP.

MARIA A. DE O. SILVA

Plutarch belonged to a cultural phenomenon known as the Second Sophistic, a movement that uses rhetorical art as its main literary characteristic especially concerned in exalting the magnificence of the Roman Empire, specially in the Trajan's government. In our view, the Second Sophistic is a literary movement turned on the form and the style of writing rather than an ideological movement. Our analysis upon Plutarch's narrative is based on Foucault's theory of cultural resistance; we intend to demonstrate that writing was an important instrument to transmit ideas against Roman politics.

GLAYDSON J. SILVA

The purpose of this article is to propose a compared reading of the uses of the History and Archaeology about the Ancient world a way of legitimacy of contemporary values. This instrumentalization of the Antiquity is analyzed, above all, during three European authoritarian regimes: Nazism, Fascism and Vichysm. This article is base don the principles that a similar fund of appropriation of Greek, Roman and Gaulish Ancient History acted on behalf of justification end legitimacy of these regimes.

RENATA L. B. VENTURINI

Among the documents produced in the Classic Antique, many represent in the form of letters. While literary gender, or as a reserved activity the some privileged, the use of writing letters met notable pulse among Greek and Roman writers. In matter, the writings of Pliny, the Young constitutes a singular example of correspondence. It presents a total of three hundred and sixty eight letters, distributed in ten books. Although it is not possible to identify the thematic unit, along the correspondence is possible to know his private life, their properties, his performance in the public life, his circle of personal relationships. The letters are a singular example of the daily Roman in the century I and II d.C.

ORIOL OLESTI-VILA & CÉSAR CARRERAS-MONFORT

The present paper shows a new methodology used in studies of Roman landscapes attempting to discover social relationships between characters present in archaeological and historical documentation. Such methodology has been applied to the Northeastern Spain where medieval documents record places names that may correspond to ancient Roman States (*fundii* and *praedii*). Apart researchers enjoy a rich monumental epigraphy in the main urban centers in places such as Barcelona (*Barcino*) and other epigraphy on amphorae and *dolia* related to some rural workshops and villae. Combination of these different information sources has provided a new picture of social relationships in the Roman countryside over the time.

www.ingramcontent.com/pod-product-compliance
Lightning Source LLC
Chambersburg PA
CBHW041707290426
44108CB00027B/2882